互联网时代的
事实核查嬗变研究

RESEARCH ON THE EVOLUTION OF FACT
CHECKING IN THE INTERNET ERA

郭 栋 著

人民出版社

目　录

序　言

　　事实核查是新闻生产过程中的一个重要环节，它是保证新闻客观真实的一个操作性较强的措施。随着互联网的发展，新闻信息的传播似乎强调以快速为胜，部分传统媒体的看家本领也在求快的过程中被忽略，新闻生产的原材料，往往不经过核实把关的环节，就被直接推送给媒介受众，这样造成的一个后果是，消息传播的速度快，但是虚假消息多，给人们带来沉重的心理压力。这部专门研究事实核查嬗变的著作在这种背景下问世，可以说正当其时，尽管近年来我国学术界已经意识到这个问题的重要性，但是到这部书出版时为止，与此有关的学术专著还是凤毛麟角。

　　本书的一个核心观点是，我国大众媒介新闻生产实践中的事实核查经历了一个明显的嬗变过程，这体现在主体、空间、手段和对象等各个层面，形象地说，事实核查走出了大众媒介生产流程，转而在网络内容生产中以不同的面貌扩展开来，在网络内容的把关方面显身手，和其他关于内容把关的手段相比，这种嬗变后的事实核查有如下几个特点：一是效果明显。作者在内文中用"擒拿技"来形容这种策略即刻而明显的效果，可以说是拿捏得相当到位的，因为从互联网管理的角度来说，其他任何一种措施，似乎都没有这种把关手段的专业性特点以及即刻明显的效果。其次是，文中反复强调事实核查在嬗变的过程中有一条一以贯之的主线，即核查的内容偏向于日常生活常识层面，内文既对这种现象感到惊奇，也试图对这种现象做一些学理层面的解释，其实有着越来越

1

丰富的主题交织于其中，比如这条主线发展的内在逻辑是什么？在跨媒介嬗变的过程中，不同的媒体中同样的现象背后的社会和文化因素有哪些？这些问题也都说明本研究深入的层次还有提升的空间。和核查的日常生活化相关联的另一个问题是，我国事实核查类内容产品，包括新闻，也包括科技方面的内容，它们都有一个特点是存在的时间不长，这种现象又有着什么样的社会学意义呢？内文的观点说，这种现象是正常的文化现象，就如同人的个体和整个人类的发展一样，个体的有限性汇聚在一起就形成了整个群体的长久性，其实这种生物学上的观点固然有其合理之处，但是从社会和政治的复杂情境而言，这也反映某个时期社会氛围的不同，所以，与事实核查有关的内容产品有记录历史上的特殊时刻的功能。

事实核查在不同大众媒介中的发展是本书花费很大气力来论述的一个问题，这些内容给人的一个感觉是，就像普通人的日常生活那样，平平淡淡、波澜不惊，但恰恰是这样的如同平静湖面的静谧之美，静水的下面可能有深流，无论是报纸、电视还是网络媒体，其新闻生产的内部流程中的事实核查实践，都在为走出这个空间而反复进行着操练。各种音视频平台如同雨后春笋般兴盛起来，这为事实核查嬗变提供了最大的时代注脚，专著中研究了内容鉴定员从传统机关到互联网中的空间嬗变，从事实核查员到内容审核员而产生的主体嬗变，从新闻内容到网络上几乎所有的内容而产生的对象嬗变，从核实与查证，到审视、核实与查证并重的方法上的嬗变，作者扩大了研究的视野，对上述四个层面的论述凸显了本书的价值所在，遗憾的是，对这些问题的论述，本书只是局限在就事论事的层面或大众文化的层面，对政治和人们的心理层面关注得较少，然而，事实核查的不同要素的嬗变，它之所以能够顺利地从大众媒体外溢到其他领域并且成为社会结构的一部分，这不是文化或者事实核查本身因素所能起到决定性作用的，其背后有着复杂的社会、技术和政治等诸多因素的推动，从这个角度来说，作者驾驭这些更复杂要素的能力还略显欠缺。这本专著的最终落脚点是与事实核查有关的不同真实，书中区分了客观真实、媒介真实和受众真实，这种做法和文章开始就强调的各种后真相遥相呼应，这种转变的一个重要作用是，避免了"真实"这个新闻生产所念兹在兹的东西陷入"虚无主义"的困境，不论后真相如何泛滥，该书最后还是赋予这种事实核查所维护的东西一种乐观的期待。诚然，不论信息传播的大环境如何改变，不论新技术给人们的心理和认知带来何种挑战，一些基本的底线问题，还是不能突破的，要不然，这本书就失去了立论的根基。

事实核查的嬗变过程也是它为各方主体所用的过程，它一方面具有工具性，另外还试图保持一种新闻生产的专业性本色，这种变与不变的博弈，足以显示出这个问题论域的广阔性，既然如此，仅仅若干论文或专著不能反映出这个问题所具有的传播学意义，因此，这部文字平淡、论述朴实的著作更多呈现出一种象征意义，它意味着在这个领域，已经有人开始花费精力去关注了，未来还会有更多的研究者从事这方面的工作。

复旦大学新闻学院教授

刘海贵

2021 年 8 月

导　论

愁因何起，何故、何径而昭？由何道出生？凭何物而造？我待要细斟慢考。

——莎士比亚

2013 年，国内首次正式使用"创新社会治理体制"的概念，强调"改进社会治理方式""最大限度激发社会活力"。党的十九大报告指出，要打造共建共治共享的社会治理格局，加强社会治理制度建设，提高社会治理社会化水平。十九届四中全会提出"建设人人有责、人人尽责、人人享有的社会治理共同体；推动社会治理和服务重心向基层下移，把更多资源下沉到基层，更好提供精准化、精细化服务"。十九届五中全会提出了建立网络强国和推进治理能力和治理体系现代化。在社会治理重心下移的背景下，各种媒体上的内容良性发展成为共建共治共享社会治理格局的重要切入点。本书通过分析事实核查在主体、空间、手段和对象方面的嬗变，来揭示新闻生产中的专业技能是如何被用于互联网场域中的内容把关的。

一、新场景与新视角

当前呈现出一种后现代的景象：商业网络机构迅猛扩张，通过在制度和组织里的嵌入来显示自身的各种文化大行其道，消费狂欢无以复加。弥散到人们日常生活结构中的电子媒介所展现的话语躁动不安，短短数秒便呈现出诸多重要的信息，呈现给普通人的早已不是现实本身，而是一种超现实，一种媒体给大众营造的虚拟之物。

（一）新的场景与"游牧者"

新的景象使人们产生了苦恼，需要忍受非现实的表象，在虚拟的复制粘贴的文化情境中，海量的、丧失意义的符号裹挟了人们的生活。新技术远远跑在了现实生活的前头，人们的日常生活从平静的家园变成网络场域中充满过客喧嚣的驿站。新媒介营造的环境像人的皮肤一样包裹着人们的肉身，人们身处这样的环境中却无法知晓和辨别，形成独特的互联网文化，这种"文化是由相信人类通过技术而进步的技术专家治国论的信念构成的，是由依靠自由开放的技术创造力而蓬勃发展的网络空间制定的，这种文化被嵌入旨在重塑社会的虚拟网络中，并由企业家物化到新经济的运行之中"①。对于网络内容生产而言，事实自然成了备受关注的对象，在英文中事实一词最早出现于 16 世纪，指"真正发生或真实存在的事物。因此，与纯粹的推断相反，它是一种经过观察或可靠证据证明的特殊的真相"②。本书拟以事实为起点，关注基于事实而产生的事实核查、内容审核或者一些具有新范式意义的报道或相关举措等。

后真相是当前研究事实核查重要的语境之一，"每个故事都有多面性，任何一组事实通常都可以得出不止一个真相，你可以通过许多方式描述一个人、一起事件、一件事物或者一项政策，这些描述可能具有同

---

① ［加］菲利普·N.霍华德：《卡斯特论媒介》，殷晓蓉译，中国传媒大学出版社 2019 年版，第 64—65 页。

② ［美］比尔·科瓦奇、汤姆·罗森斯蒂尔：《真相：信息超载时代如何知道该相信什么》，陆佳怡、孙志刚译，中国人民大学出版社 2014 年版，第 17 页。

等的真实性"，这种真实被称为"竞争性真相"。真相被分成四类：片面真相，即大多陈述是真实的，但并没有传达完整的真相；主观真相，当我们宣布某件事物很好、很理想或者具有财务价值时，就是在表述主观真相；人造真相，用新的名字和定义迎合个人目的的沟通者实际上在打造新的真相；未知真相，只要是无法证明某一种事物是错误的，它就是真相的一种形式。① 互联网重塑了现代社会的结构，"人与人之间的关系更多的是'想象'的或泛社会的，而非'真实'。在这种新的社会结构之中，出现了所谓'想象'的'真实'"②。后真相和真实之间的关系在场景的变化中更为复杂，"电子媒介最根本的不是通过其内容来影响我们，而是通过改变社会生活的'场景地理'来产生影响"③。

　　场景最大的特点是，"地点是不固定的，它可能不会拘泥于某一物理场所，而是多点的、移动的。场景是因为某个目的或兴趣随时呈现的关系连接或行为图景。不同的场景会有不同的社会规则，直接决定个体的角色定位和关系呈现，不同场景下的行为含义也都与周围的环境和特定的语境相关"④。把场景作为研究事实核查的逻辑起点，能够突破基于地理位置的在场调查，多点、移动随时呈现甚至社会规则的漂移等诸多特点使得传统的受众变成了"新闻游牧者"，"他们以自我需求为中心，在多个屏幕之间切换，找到需要的新闻"⑤。这种漂移导致"嗓门大"、

① 参见［英］麦克唐纳：《后真相时代》，刘清山译，民主与建设出版社2019年版，第6、16、21页。
② 杨立雄：《赛博人类学关于学科的争论、研究方法与研究内容》，《自然辩证法研究》2003年第4期。
③ ［美］梅罗维茨：《消失的地域：电子媒介对社会行为的影响》，肖志军译，清华大学出版社2002年版，第5—6页。
④ 江飞：《场景研究：虚拟民族志的逻辑原点》，《学海》2017年第2期。
⑤ ［美］比尔·科瓦奇、汤姆·罗森斯蒂尔：《真相：信息超载时代如何知道该相信什么》，陆佳怡、孙志刚译，中国人民大学出版社2014年版，第179页。

声音动听的传播者最有可能被关注，打动人的内容最有可能被生产出来给用户消费，"快感"麻醉了互联网用户思考的神经，真相往往成了首先被牺牲的对象。

（二）内容把关中的主体性问题

"在今天广阔无涯的事实世界里，我们是被投入到第二手的材料之上的，它们以文字并以图像呈现在我们面前，各有不同程度的可信性"[1]，有时候情况可能更复杂些，近年来一些媒介上的内容愈发小报小刊化，如在写作本书期间，作者随意打开某知名门户网站的一个页面，上面的广告十分让人倒胃口，还有下载的一些软件，强制推送广告，内容也十分低俗，甚至"就在新媒介诱发的新环境无所不在，并且使我们的感知平衡发生变化时，这个新环境也变得看不见了"[2]。这些问题让我们意识到，网络场域中的内容把关模式出现了某些不容回避的问题，"新传播技术科技迅速发展，个人因为严重地依赖机器和社会而失去自由和'自主性'"[3]。这种令人困扰的不安，形成涂尔干所谓的"失范"——旧的价值观失去对人们的掌控，新的价值观却没有建立起来。

孙立平认为："单纯把握事物的结构因素很难求解事物发展与运动的结果，从而不能不去关注在特定结构展开过程中国家与农民的互动过程。"[4]这种对知识的想象力为我们求解内容规范过程中种种有悖于制度设计的复杂现象提供了一个思路。在这样的情景下，即便是政府部门或

---

[1] ［德］阿诺德·盖伦：《技术时代的人类心灵：工业社会的社会心理问题》，何兆武、何冰译，上海世纪出版集团 2008 年版，第 59 页。

[2] 石义彬：《批判视野下的西方传播思想》，商务印书馆 2014 年版，第 166 页。

[3] 李河：《得乐园，失乐园：网络与文明的传说》，中国人民大学出版社 1997 年版，第 202 页。

[4] 吴毅：《何以个案，为何叙述》，《探索与争鸣》2007 年第 4 期。

垄断企业出台的规定，也能从中看到其开放性，即它们不是封闭的，而是体现出一定的"相互文本性"，从某一个文本中可以看到其他诸多文本的痕迹。当然，理解这个观念，需要把其纳入一定的公共话语系统。治理理论分为全球治理、民族和国家治理、地方治理这三种主要的理论，其中，地方治理被认为是，"在一定的接近公民生活的多层次复合的地理空间内，依托于政府组织、民营组织、社会组织和民间公民组织等各种组织化的网络体系，应对地方的公共问题，共同完成和实现公共服务和社会事务管理的改革与发展过程"①。

　　在新媒介场域中，地方性治理的权力还存在于媒介网络中，而该网络是由社会关系和传播技术建构的，在当代网络社会，存在于媒介网络之中的权力比存在于国家之中的权力更强大。② 尽管互联网治理受社会结构、正式和非正式制度的影响，但内容生产把关中的行动者，尤其是编辑和新兴的内容核查者等把关主体是关键行动者。实施事实核查制度需要承认存在跨越社会情境的客观实体，这意味着各种网络平台处于复杂的社会系统中并受到各方力量的牵制，因此揭示内容核查背后的社会组织嵌入性地参与互联网治理的内在机制和互动逻辑尤其必要。关于事实核查的一些背景性条件是，诸多作为治理主体的边界组织（如和互联网相关的协会、自律性组织，甚至包括一些相关的基金组织等）所提供的服务和作为被治理对象的网络平台的需求之间存在"脱域"现象，导致个别治理主体悬浮在网络秩序建构的诉求之上，这些悬浮者无法实现基于互联网治理需求的公共性培育与生产。

　　本书拟寻找关于内容把关的一种独特的视角，来探讨其中的主体性问题。想表达的是参与主体包括互联网公司、网络意见领袖或者草根群

① 孙柏瑛：《当代地方治理》，中国人民大学出版社 2004 年版，第 33 页。
② 参见［加］菲利普·N. 霍华德：《卡斯特论媒介》，殷晓蓉译，中国传媒大学出版社 2019 年版，第 20—21 页。

体等，治理的方式和目标是"参与治理的行为主体在此不再形成一种等级隶属关系，而是结成一种平等的合作关系或伙伴关系，它们通过多元互动，找到共同的利益和目标"①。这种多元主体参与、不同群体协商、被纳入法律框架内的互联网内容治理机制，不唯独指政府部门出台法律或开展专项整治活动，也不指企业可随意处理用户账号、出台自己的标准体系，而是更多地从用户，尤其是从前期是精英群体参加，到了现在则是粉丝以社群的形式介入这种治理模式并渐成气候，形成与诸多经济或政治利益群体对话的格局，这和社区治理有所类似，社区治理指"在接近居民生活的多层次复合的社区内，依托于政府组织、民营组织、社会组织和居民自治组织以及个人等各种网络体系，应对社区内的公共问题，共同完成和实现社区社会事务管理和公共服务的过程"②。从内生动力来看，随着越来越多的网络意见领袖主动加入各类网络虚拟社会组织形成互联网空间的结社力量，这些虚拟社会组织已经深入参与到互联网治理的诸多方面。"要使政府的功能得到更好的发挥，最好的办法就是鼓励那些一向被排除在决策范围外的成员，使他们有更大的个人和集体参与空间"③，把普通人纳入网络治理的进程中来考察，或许能让人明白得更透彻。本书经常关注一些小人物，尽管他们一段时间以来都是治理实践中的边缘群体，事后这些人被迅速遗忘，从而显示出其无身份之身份，然而恰恰因为他们处于传播技术和管理的边缘位置，在这里他们不拘泥于传统社会强加的各种法则，不在意强势群体的目光，有的普通人甚至身处绝路，除了以肉身相搏之外，别无他物。在这种情况下他们才得以施展普通人所特有的想象和创造力，本书尝试站在普通人的立场来

---

① 夏建中：《治理理论的特点与社区治理研究》，《黑龙江社会科学》2010 年第 2 期。

② 夏建中：《治理理论的特点与社区治理研究》，《黑龙江社会科学》2010 年第 2 期。

③ ［美］盖伊·彼得斯：《政府未来的治理模式》，吴爱民、夏宏图译，中国人民大学出版社 2013 年版，第 42 页。

探讨个体、社会与内容把关之间的关系，还原事实核查实践中活生生的
人以及由这些人构成的故事，因为这些人很可能为网络治理找到未来。
在未来的实践中，未知的、无法辨明其可靠性的普通人占有很大比例。
普通人参与网络治理的使命应当是捍卫其自由和文化，不让他人和社会
骚扰自己、危害自己的合法利益。政府治理和互联网内容生产者的自治
两者之间存在某种张力，前者强调科层制权威，后者强调横向的社会整
合和互动，而事实核查制度在某种程度上缓解了这种张力，是现阶段破
解互联网内容生产过程中治理难的重要议题。

　　本书先对事实核查做了历史的考察，发现关于其设论框架、概念工
具等多以传统媒体内容把关的历史演化经验为前提。其次，本书对人们
曾经非常关心的一些问题进行分析，秉持一种非情绪性的认知态度，让
人和互联网的关系从"役于物"的关系变成"役物"的关系，前者指人
们受互联网的控制，后者指互联网为我所用，非信念式的"中立"性知
识学态度或许是内容把关的哲学气质所在。研究网络治理时，需不为规
范之名所弊，要探究那些冠之以规范的东西中究竟是否包含着真正的
善。事实核查其实是对内容失范问题没有获得解决并不断出现新症候的
激进反应，是对既有内容把关图景的调校，笼统地谈事实核查与治理优
化之间的动力性关系难免大而无当，因此需要对这种新的治理观点的
内涵进行全面的探讨、理解，并和传统内容把关模式相比较，在这个过
程中需要米尔斯所谓的社会学的想象力，"要求我们'想象我们脱离了'
日常生活的熟悉惯例，以便从一种新的角度看待他们"①，否则得出的结
论是缺乏解释的效度的。在这样的背景下，本书尝试把事实核查作为格
尔兹所谓的"典范事件"，展示这种新形式给网络生活带来什么样的新

---

① ［英］安东尼·吉登斯、飞利浦·萨顿：《社会学》，赵旭东译，北京大学出版社
　　2018 年版，第 4 页。

尺度,对社会结构有何种影响,以及生活于其中的人们的自我感觉如何等。

二、研究意义和概念界定

卡斯特把网络社会构成的文化称为"真实虚拟文化","一方面,社会中的支配性功能与价值无须接触就可以同时被组织起来,亦即在无须任何地域具体经验的信息流动里就可以被同时组织起来。另外,支配性的价值与利益无须参考过去或未来就能在电脑网络与电子媒体的无时间性的景象中被建构起来"①。在这种真实虚拟文化中探讨事实核查这一话题,更具有重要的理论和现实意义。

(一)研究的意义与创新

理论意义:对事实核查的学术关照,有助于解释网络社会变化的偶然性成因,以及分析过程性增量对网络社会结构及其事件结果的影响,也有助于通过地方性知识对宏大叙事的破解来尝试一种新知识的发现。② 从内容把关的角度而言,意味着从抽象理论走向经验把握的意识形态转换,这种转换中蕴藏着研究的立场、信仰、方法论变化的因素,从而能开辟出一个新的思考的疆域。

现实意义:事实核查制度嵌入对内容进行规范的实践以后,对互联

---

① [美]曼纽尔·卡斯特:《千年终结》,夏铸九译,社会科学文献出版社 2006 年版,第 333 页。

② 参见吴毅:《何以个案 为何叙述——对经典农村研究方法质疑的反思》,《探索与证明》2007 年第 4 期。

网空间原有的把关主体形成了适应和挑战的过程：一方面是复杂的互联网社会、复杂的制度与部分用户行为规则的分离；另一方面是高度精致化与结构化，同时又略显解释乏力的诸多理论。这两者的不对接似乎构成了理解互联网社会发展与特性的障碍。对事实核查进行场景化和过程化的研究，或许是消除这一障碍的可行性途径。在信息超载的世界里关注事实核查还能让网络用户成为移动互联网时代的参与者而非受害者。

创新性：以往研究薄弱且过于关注从制度出发的规范研究，基于此，本书尝试从两方面作出调适：一是关注具体事实核查案例的微观研究；二是围绕事实核查的全方位相关数据，在中观层面展示内容把关的整体情况，努力描绘出一个更为全面、整体的图景。

（二）核心概念界定

"厘清概念，下文易行"，概念界定是科学研究必不可少的首要环节，也是展开论述的前提与基础。[①] 事实核查概念一直充满争议，直到当前甚至都没有完全形成定论。2003 年最早开始事实核查实践的 Fact Check.org 从领域和目标两个角度做了界定："针对的主要是美国政治领域的电视广告、辩论、演讲、采访和新闻发布，目标是要提供业界和学界最好的新闻实践，从而增强公共的知识和理解力。"[②]

《牛津新闻业词典（2014）》中对事实核查的界定是：第一，在新闻作品发表或发布前，对其中信息的真实性进行评估。事实核查本应是所有记者的分内工作，但很多时候是由助理编辑完成的，美国媒体历来有雇佣年轻记者专门进行事实核查的传统。第二，由博客或媒体组

---

① 石义彬：《批判视野下的西方传播思想》，商务印书馆 2014 年版，第 307 页。
② 张海华：《传统、形态与效果——后真相语境下西方事实核查新闻面临的三重挑战》，《新闻战线》2018 年第 9 期（上）。

织在新闻已经发表或发布后对其真实性进行调查核实，并将结果公布于众。①

美国新闻学会（American Press Institute，API）对事实核查新闻的定义是："以政客和影响他人生活与生计者为对象，由事实核查人员对上述人士（发表或被记录在案的）言论中的事实进行调查验证，其工作独立于党派、利益和游说。目的是向用户提供清晰的、经过严格核查的信息，以帮助用户运用事实，在投票和其他必要的场合作出基于事实判断的选择。"②此处指明了核查的对象、主体、性质和目的，但是政治语境下的核查和新闻生产流程中的核查又有所不同，前者是"对政客的竞选海报、公开言论以及与之相关的新闻报道中的事实、信息的核查。事实核查员从事的工作便是对已公开发表的报道的核查"③。后者则"通过新闻机构专门的事实核查人员对其进行再次核查与研究进而生产出相应的新闻报道，这种新闻样式被称为事实核查新闻"④。

本书的观点为，事实核查是媒体机构中的职业群体利用符号权力通过诸多传播渠道把重新选择的事实和观点进行传播，让用户接受媒体所希望的思考方式。它和我国清代朴学提出的一些观点有些类似之处，如不以论带证，不移的就矢，重视一手材料的收集，即顾炎武提倡的"采铜于山"，还强调对证据的审察和别择。⑤ 事实核查也提倡对证据的审查，此举既体现出价值立场倾向也体现出利益选择倾向，但它不会质疑

① 转引自周炜乐、方师师：《从新闻核查到核查新闻——事实核查的美国传统及在欧洲的嬗变》，《新闻记者》2017 年第 4 期。
② Elizabeth, J., "Who are You Calling A Fact Checker", American Press Institute.
③ 王君超、叶雨阳：《西方媒体的"事实核查"制度及其借鉴意义》，《新闻记者》2015 年第 8 期。
④ 牛静、黄彩莉：《事实核查新闻的创新实践及其评价》，《新闻爱好者》2018 年第 12 期。
⑤ 参见龚刚：《钱钟书：爱智者的逍遥》，文津出版社 2005 年版，第 116 页。

整体的语言或意义体系，更像是内容产业和现存社会制度之间的一种黏合剂，在这个过程中，具有把关性质的事实核查者成为"信息精英"。事实核查有着明显的多义性特征，它既包含着新闻专业化操作的身影，也闪烁着有关部门规范手段的光芒。那么事实核查追求的真实是一种什么样的真实呢？本书认为是一种事实真实，黄旦认为，事实真实分为客观真实和再现的真实，后者关系到事实的各个方面和表达的技巧。[①] 从传播的仪式观的角度来说，我们还认为事实核查是一个修改和改造共享文化的过程，它不是对原有信息进行空间层面的拓展，而是从时间层面对社会进行维系，是一种对共同信仰的创造和表征，核心是将不同用户之间共同认可的常识维系在某一稳定的层面上。

三、国内外研究综述

事实核查大概有 200 年的演进历史。19 世纪早期，在媒体行业中就出现了事实核查从业者，在当时被称为"信息核对员"。20 世纪 20 年代，在美国的一些主流期刊中，成型的核查机构开始出现。20 世纪 80 年代，报纸上出现事实核查方面的举措。20 世纪 90 年代，专门用于核查政治广告准确度的"广告监看"（adwatch）出现，被视为现今普及的事实核查操作的前身。[②] 在 2016 年的美国总统选举和英国脱欧公投中，假新闻泛滥，事实核查新闻影响日甚。2017 年，在路透社新闻研究所发布的年度媒体预测报告中，事实核查新闻备受重视。由于全球兴起事

---

① 转引自米丽娟：《新闻求真方法论研究》，四川大学出版社 2014 年版，第 83 页。
② 参见周炜乐、方师师：《从新闻核查到核查新闻——事实核查的美国传统及在欧洲的嬗变》，《新闻记者》2017 年第 4 期。

实核查运动的浪潮，2017 年又被称为事实核查爆发年。[①]

事实核查和媒体的发展进程密切相关，它重视给受众提供何种声音，而非信息的数量，在这个过程中，事实核查溢出传统媒体的边界，扩散到网络媒体和社交平台，核查的流程节点也从传统媒体时代的业务核查，变成新媒介环境下政治、观点和业务核查并重的模式，事实核查的多路径呈现逐渐明朗。我国学者在 2012 年前后将"事实核查"概念引入国内并带动相关研究的发展，我国近年来对于事实核查的研究方兴未艾。厘清事实核查发展的脉络有助于把握转型期我国内容把关的实质，不过目前还缺乏对该领域实践层面的理论研究以及外部制度构建的深入探讨。

（一）20 世纪 20 年代至 80 年代的事实核查发展

新闻事实核查制度兴起于 20 世纪 20 年代，其出现初期被当作新闻编辑室内部的一种纠错机制，后来逐步被世界范围内的新闻业所接受。《时代周刊》和《纽约客》最先引入该制度，前者在 1923 年创刊，创立后不久，两位创办人便决定成立一个由女性组成的事实核查团队，这是历史上首个事实核查团队。该刊编辑说："在核查中要时刻牢记，文章的作者是你的'天然敌人'。他试图想尽一切办法蒙混过关。但你要记住，当读者来信指责我们的错误时，他们会直接将矛头指向你们而非作者。"[②]1927 年，《纽约客》也成立"事实核查部"，核查员由杂志社统一培训，正式入职时他们会领到红色和普

---

① 参见邱江华：《新闻类型的生成与控制机制研究》，重庆工商大学硕士学位论文，2020 年。

② 张滋宣、金兼斌：《西方媒体事实核查新闻的特点与趋势》，《中国记者》2017 年第 2 期。

通铅笔各一盒，分别用来标注包含可能需要核查的事实的语句和已核查过的表述。① 其审核范围甚广，"我们在诗歌方面也要核查实事，不管这样做是对是错。那些事实核查员非常严谨，他们不在诗意与事实之间作出区分。他们至少在理论上不允许一首诗在虚构性方面肆意扩张"②。

此后，一些媒体也相继建立与事实核查有关的机构或职位，对报道涉及的内容进行把关，例如，德国的《明镜周刊》(Der Spiegel) 建立"档案部"、《华盛顿邮报》设立"新闻监察官"(Ombudsman)、《纽约时报》有"公共编辑"(Public Editor) 一职。③ 其中，《明镜周刊》的"档案部"设立于 1946 年且延续至今，职责是整理、收集、核对新闻报道所涉及的材料。该部门兼具资料收集和事实核查两种功能，前者是部门创立的初衷，在实践中，"档案部"又增加了事实核查工作，团队成员中有很多人是某领域的专家或拥有博士学位。周一到周三无稿件审核时，核查员会根据选题需要，提供相关资料和个人意见，每周四和周五进行事实核查。2013 年该杂志的采编人员有 250 人左右，"档案部"有 100 人，其中 35 人做资料归档工作，65 人同时兼做研究与事实核查，是当时世界上拥有最大事实核查团队的传媒机构。④

（二）21 世纪以来的事实核查发展

2016 年 9 月，来自 27 个国家的 35 个事实核查团体签署了一项共

---

① 参见王君超、叶雨阳：《西方媒体的"事实核查"制度及其借鉴意义》，《新闻记者》2015 年第 8 期。
② 黄灿然：《希钦斯，把编辑变成"事实核查员"》，《时代周报》2012 年 1 月 5 日。
③ 参见王君超、叶雨阳：《西方媒体的"事实核查"制度及其借鉴意义》，《新闻记者》2015 年第 8 期。
④ 参见丘濂：《解密德国〈明镜周刊〉事实核查部》，《三联生活周刊》2013 年 11 月 7 日。

同行为准则，被认为是事实核查开启制度化进程建设的尝试。①2017年，各媒体纷纷展开事实核查工作，形成事实核查运动。② 但总体而言，美国的事实核查运动发展最迅猛，其次是欧洲、亚洲和大洋洲等地区的一些国家。

美国引领事实核查运动的发展。2003年，美国第一个由专业记者团队组成的事实核查网站（Fact Check.org）成立，开启了事实核查运动的新起点。在2004年美国总统大选期间，事实查验已在美国新闻版面上取得相当突出的地位。③2007年9月，《华盛顿邮报》开设"事实检查器"栏目，拟对2008年的美国总统大选进行事实核查，但该栏目创始人从1992年起就已对总统参选人的竞选活动和政策进行事实核查。④"事实核查器"主要致力于"事后核查"，即对已发表的政治言论进行核查，用"匹诺曹测试"直观地评估结果：匹诺曹头像的图标越多，政治言论的可信度越低。⑤ 此外，核查的结果也处于动态之中，已刊文章如有新证据证明事件真实性存疑，之前的评价会被新结果所迭代，栏目还会根据读者的需求和口味来确定核查的人物或政策等。2007年，《坦帕湾时报》开设Politi Fact网站，2010年核查网站Storyful成立，2010年Fact Check.org由于揭露美国联邦医疗保健立法中的欺骗性主张而被授予专业记者协会大奖（Sigma Delta Chi Award）。随着这三大项目的影

① 参见雷晓艳：《事实核查的国际实践：逻辑依据、主导模式和中国启示》，《新闻界》2018年第12期。
② 参见张海华：《传统、形态与效果——后真相语境下西方事实核查新闻面临的三重挑战》，《新闻战线》2018年第9期（上）。
③ 参见周睿鸣、刘于思：《客观事实已经无效了吗？——"后真相"语境下事实查验的发展、效果与未来》，《新闻记者》2017年第1期。
④ 参见张滋宜、金兼斌：《西方媒体事实核查新闻的特点与趋势》，《中国记者》2017年第2期。
⑤ 参见郑晓迪：《西方新闻事实核查的研究与应用成果引介》，《编辑之友》2018年第1期。

响日增，事实查验在全球传媒行业中的地位日益重要。①

　　媒体的核查实践在欧洲的火热程度仅次于美国。2005 年，英国"第四频道新闻"对议会选举进行事实核查，并在 2010 年推出事实核查博客（The Fact Check Blog）。②2016 年 BBC 成立"真相核查"栏目，2017 年 1 月又专门组建事实核查团队，针对的是社交媒体头条新闻中那些未经验证的故事和虚假信息。③2008 年法国《解放报》推出 Désin-tox 专栏。解码器网站（Les Décodeurs）成立于 2009 年，是附属于法国第二大报纸《世界报》的事实核查机构，专门核查政治家和公共人物的声明，2011 年其核查策略从 UGC 模式变成 PGC 模式，从号召读者收集、澄清事实，转向以传统方式由记者承担全部核查工作。④2017 年法国媒体成立"交叉核查"机构。2012 年，德国《明镜》集团推出 Münchhau-sen-Check 专栏。成立于 2012 年的意大利事实核查机构 Pagella Politica，关注政治家发表的政治性言论，很少把精力放在其他公共人物或新闻媒体上。⑤

　　事实核查在其他地区的发展同样引人注目。在亚洲，2017 年韩国首尔大学与《韩国日报》、《亚洲经济》、中央东洋放送株式会社等 16 家媒体联合成立 SNU Fact Check。在大洋洲，澳大利亚 ABC 电视台成立"事实核查"（Fact Check）栏目，澳大利亚皇家墨尔本理工大学（RMIT）

---

① 参见周睿鸣、刘于思：《客观事实已经无效了吗？——"后真相"语境下事实查验的发展、效果与未来》，《新闻记者》2017 年第 1 期。

② 参见牛静、黄彩莉：《事实核查新闻的创新实践及其评价》，《新闻爱好者》2018 年第 12 期。

③ 参见张海华：《传统、形态与效果——后真相语境下西方事实核查新闻面临的三重挑战》，《新闻战线》2018 年第 9 期（上）。

④ 参见周炜乐、方师师：《从新闻核查到核查新闻——事实核查的美国传统及在欧洲的嬗变》，《新闻记者》2017 年第 4 期。

⑤ 参见周炜乐、方师师：《从新闻核查到核查新闻——事实核查的美国传统及在欧洲的嬗变》，《新闻记者》2017 年第 4 期。

和美国广播公司（ABC）于 2017 年合作推出 RMIT ABC Fact Check，用以核查公众人物的事实性主张。①

（三）网络传播时代的事实核查

互联网时代的事实核查研究既有理论层面上的探析，但更多的是对实践中的经验材料的爬梳与集纳。对于国内外事实核查的描述性研究则相当充分，这类研究又可以分为对国外事实核查的介绍性研究、对事实核查方法的探析、互联网时代事实核查体现出的症候等。

西方许多网络媒体在官方网站上开设"新闻事实核查"专区，邀请专家对新闻进行事实核查。② 网络时代的报道后事实核查有两种类型：一种是媒体或研究机构开辟核查专栏；另一种是推出新的事实核查网站或互联网产品。如《明镜周刊》在网站"明镜在线"（Spiegel Online）上设立"敏豪森—核查"（Münchhausen-Check）专栏，《华盛顿邮报》推出一款 Truth Teller 客户端，用机器人和网上数据库实时核查政治人物的公开演讲。《华尔街日报》成立负责检测和抵制伪造图像和视频的鉴别委员会。③ 互联网时代事实核查工作更普遍的一种方式是建立专门网站，较为著名的有美国的 Fact Check.org、Politi Fact.com。综合性的核查网站还有英国的 Full-fact.org 和美国的 Storyful.com 等。④

---

① 参见牛静、黄彩莉：《事实核查新闻的创新实践及其评价》，《新闻爱好者》2018 年第 12 期。
② 参见王君超、叶雨阳：《西方媒体的"事实核查"制度及其借鉴意义》，《新闻记者》2015 年第 8 期。
③ 参见全媒派：《2019 年事实核查趋势预测》，虎嗅网，2018 年 12 月 27 日。
④ 参见王君超、叶雨阳：《西方媒体的"事实核查"制度及其借鉴意义》，《新闻记者》2015 年第 8 期。

Storyful 是首家社交网络通讯社。该机构用电脑程序和信息监测工具 Newswire 等新手段，对 Twitter、Facebook、YouTube、Instagram 等社交媒体上的 UGC 内容进行实时监测与事实核查。①Storyful 修正社交网络上的信息时分三步：发现线索，通过监控软件扫描主流社交平台的突发信息，寻找突发新闻事件；进行人工编辑，对其中的图片、视频真实性进行识别；向合作媒体分发确定后的新闻源并从中收取一定费用。② 视频资源的核查步骤有：确认消息源身份；核验新闻发生的地点；核验新闻发生的时间。该网站还发布相关注意事项："要意识到永远有更接近事实的人，不要先入为主，重视细节，时效很重要但真实性更重要"等。路透社、《纽约时报》、BBC 等多家主流媒体成为 Storyful 的注册用户，该机构将非职业记者、传统媒体和用户串联起来。③

Politi Fact 的事实核查实践。2007 年 8 月，《坦帕湾时报》创办 Politi Fact，这是新闻事实核查研究的代表性项目。创立初期主要核实 2008 年美国大选期间总统候选人的公开言论，被核查者的原始言论会被公布，然后通过"真实性测量仪"（Truth-O-Meter）的六级量表进行赋分，分别是"真实、基本真实、部分真实、大部分失实、失实、完全失实（裤子着火）"。④ 之后该机构的核实范围逐步扩展至一些群体的事实性言论，包括国会议员、白宫官员、政治游说者、利益团体代言人等。2009 年，Politi Fact 因"核查超过 750 条政治性声称（political

① 参见陈昌凤、李宏刚：《人机大战时代，媒体人价值何在》，《新闻与写作》2016 年第 4 期。

② 参见郑晓迪：《西方新闻事实核查的研究与应用成果引介》，《编辑之友》2018 年第 1 期。

③ 参见张滋宜、金兼斌：《西方媒体事实核查新闻的特点与趋势》，《中国记者》2017 年第 2 期。

④ 郑晓迪：《西方新闻事实核查的研究与应用成果引介》，《编辑之友》2018 年第 1 期。

claims），成为首家获普利策新闻奖的网络媒体"。①PolitiFact 网站自创四个核查工具：真实性测量仪（Truth-O-Meter），根据事实性言论的真伪度，依次划分为六个等级。一致性测量仪（The Flip-O-Meter）被用来测量政治人物言论立场的前后变化幅度。此外还有两个承诺测量仪，第一个承诺测量仪专门用于监督时任总统奥巴马在施政中履行竞选承诺情况，另一个则被用于监督共和党人士履行承诺的情况。② 这种对不实信息进行量级划分的做法和技术在我国尚不普遍，但是对于事实核查的纵深发展而言，这又是必经的阶段。

（四）网络社交平台上的事实核查

脸书携手新闻机构和事实核查公司共同打击假新闻。2016 年末，脸书称将通过"第三方事实审查"组织——Poynter 来甄别假新闻。两年时间内，其已与 49 家机构达成合作，在 23 个国家展开这项工作。③脸书强化核查的系列措施包括：升级智能甄别系统，加强与事实核查组织的合作，设置质量管控层，实时监控"网红"的内容更新状况；引入第三方验证；完善推荐机制；斩断虚假新闻发布者"财路"；请专业的媒体从业者解决问题，设立"虚假标签"提醒用户；等等。④

2016 年，谷歌新闻应用中增加"事实检查"标签，重点标注经过专业事实核查机构调查过的虚假报道，浏览器中还设置扩展程序自动进行安全、待查和不安全等新闻分级措施。⑤ 谷歌通过"知识型信任"

① 万小广：《"事实核查"类新闻初创项目的启示》，《传媒评论》2014 年第 11 期。
② 参见牛静、黄彩莉：《事实核查新闻的创新实践及其评价》，《新闻爱好者》2018 年第 12 期。
③ 参见《2019 年事实核查趋势预测》，虎嗅网，2018 年 12 月 27 日。
④ 参见《不想背假新闻的锅：围观脸书 7 大举措》，全媒观，2016 年 11 月 22 日。
⑤ 郑晓迪：《西方新闻事实核查的研究与应用成果引介》，《编辑之友》2018 年第 1 期。

（Knowledge-Based Trust，KBT）的新型事实检验员，对事实陈述进行核查，将超链接加到适当的词汇上。[1]"Notim.press"是一款智能检测假新闻的应用程序，用户在谷歌中输入链接时，这一应用程序自动呈现Alexa排名、网民喜好分析、地理位置和clickbait（点击诱饵）检测得分等，以帮助用户辨别信息的真实度和友好度。[2]

（五）第三方机构主导下的事实核查发展

英国的事实核查机构"全部事实"（Full Fact）是一个独立的非营利性智库，主要工作是核查各类信息。[3]2013年，Politi Fact网站和新闻研究机构Poynter Institute合作创办Pundit Fact项目，主要核查专家学者、专栏作家、博主、时政分析人士、主持人、脱口秀主持人，以及其他媒体从业者的言论真实性。[4]

一些高校也纷纷和社会机构合作，成立事实核查机构，这一现象特别值得注意。杜克大学的新闻实验室网站下设"科技与核查合作社"，报道全球新闻事实核查的研究成果和技术应用等。[5]伦敦创业公司Fact-mata和得克萨斯州阿灵顿大学开发自动事实核查平台Claim Buster和事实核查APP Fact Stream。[6]宾夕法尼亚大学建立非营利、无党派的独立

---

[1]　参见［美］凯文·凯利：《必然》，周峰等译，电子工业出版社2016年版，第142页。

[2]　Jessica Davies, J., "5 New Automated Fact-checking Projects Underway", Digiday.

[3]　参见雷晓艳：《事实核查的国际实践：逻辑依据、主导模式和中国启示》，《新闻界》2018年第12期。

[4]　参见牛静、黄彩莉：《事实核查新闻的创新实践及其评价》，《新闻爱好者》2018年第12期。

[5]　参见王君超、叶雨阳：《西方媒体的"事实核查"制度及其借鉴意义》，《新闻记者》2015年第8期。

[6]　参见卢卡斯·格雷弗：《人工智能助力事实核查？一文读懂自动事实核查的最新进展》，RUC新闻坊，2018年4月4日。

网站"Fact Check.org"。① 亚利桑那州立大学新闻与大众传播学院与亚利桑那共和报、12 News 电视台合办 AZ Fact Check，口号是"让亚利桑那保持诚实"。AZ Fact Check 用不同数量的星星对言论的真假程度作出评价：误导、大部分虚假、半真半假、大部分可靠、真实。②2015年 9 月，波因特学院开展名为"国际事实核查网络"（International Fact-Checking Network，IFCN）的在线项目，成为在全球范围内进行新闻事实核查的论坛。③ 乌克兰基辅莫希拉新闻学院发起的 Stop Fake 项目，只针对乌克兰危机展开事实查验。④ 大多数的数据核查机构是独立运营数据核查的，但在资金方面，不少机构接受合作基金会支持。

以上内容为我们理解事实核查的复杂性提供了多维视角，其背后隐含着政治制度和社会秩序重新安排上的冲突，但总体来说，既有研究的特点是解放主张多于症候分析，新异知识话语的建构多于对现存知识论述的审理。⑤ 事实核查的理念和具体实践并非来自中国传统媒体，不同国家的事实核查分属不同的社会空间，有着迥然而异的结构、历史和活力，作为一种外来模式，这无疑会涉及制度引入与变异、一般规则和特殊变通之间的关系。因此，关于事实核查的适用性需要结合微观场域的具体情境和权力视角来探究，以建立中国本土的恰切设问和概念工具。

---

① 参见虞鑫、陈昌凤：《美国"事实核查新闻"的生产逻辑与效果困境》，《新闻大学》2016 年第 4 期。

② 参见张海华、陈嘉婕：《美国"事实核查"网站的经验与启示》，《现代传播》2012年第 3 期。

③ 参见郑晓迪：《西方新闻事实核查的研究与应用成果引介》，《编辑之友》2018 年第1 期。

④ 参见张田田：《真相是"后真相"时代的解药吗？——"后真相"语境下事实核查新闻的发展与挑战》，《新闻战线》2019 年第 1 期。

⑤ 参见刘小枫：《现代性社会绪论》，华东师范大学出版社 2018 年版，第 11 页。

（六）事实核查的趋势与模式

传统媒体时代的媒体机构所进行的事实核查多属于业务性核查，互联网时代的事实核查兼顾新闻业务与价值判断维度。事实核查新闻的发展趋势有：从事前核查到事后核查；从政治人物言论到互联网热点；从文献、回访到大数据核查。①也有学者认为事实核查的形式转变体现在，"从以发布前的核查为主转变为以发布后的核查与第三方的核查为主；核查变成社交媒体和大众共同参与的事情，同时第三方专业平台崛起；核查的内容由单一的政治内容转向社会化内容；核查开始对抗各个领域的不实信息"②。

国际上事实核查的实践可总结为编辑室主导型、NGO 主导型、政府主导型以及公民参与型四种模式。③按照用户参与程度的高低，可分为三个层次：政府主导型参与，即公民在政府的管理、教育、倡导等方式下参与事实核查，旨在监督政府行为和政治言论，但公民实际参与度很低；象征型参与，公民拥有有限的事实核查权限，能参与部分核查话题的讨论、过程；完全型参与，公民自主选择需要核查的内容、核查方式，自发提供事实核查的依据，自由发布事实核查的结论，管理较为自主。④

既有研究的一大特点是，通常是通过著名的事实核查机构来论述问题，用很长篇幅介绍不同事实核查机构的内部管理、日常运行等，一些

---

① 参见张滋宜、金兼斌：《西方媒体事实核查新闻的特点与趋势》，《中国记者》2017年第 2 期。

② 参见马晓彦：《"事实核查"在新传播生态环境下的演变及应用》，《编辑之友》2017年第 10 期。

③ 参见雷晓艳：《事实核查的国际实践：逻辑依据、主导模式和中国启示》，《新闻界》2018 年第 12 期。

④ 参见雷晓艳：《事实核查的国际实践：逻辑依据、主导模式和中国启示》，《新闻界》2018 年第 12 期。

研究文章调查翔实，使得我们便于观察该模式背后的社会约束与价值偏向，但是，既有研究在很大程度上局限于对多种事实核查机构进行描绘这一水平上，多数侧重介绍事实核查新闻的历史流变、特点、趋势以及事实核查新闻的功能性效用等。从社会分析的角度来说，这些研究尚且停留在相对肤浅的层面，缺少系统化、理论化的研究视野，事实核查从媒体机构内部的一项业务制度，逐渐演变成外部组织对内容产品进行风险评估的样式，其业务操作、生存状态、生产逻辑、组织管理和之前相比都有很大不同。目前，事实核查被广泛应用于政治、科技、金融等领域的谣言和假新闻治理。① 改革开放以来，我国政府逐步借鉴国际经验中的柔性管理和新管理主义，"事实核查"就是其中之一，它的出现与社会转型带来的新问题有关，更与政府对解决新问题的思路变化有关。中外互联网内容核查员存在显著的区别：其产生的背景、核查的对象和核查所依据的规范等皆不同，这折射出互联网场域的异质性、复杂性和不确定性。既有研究存在的问题还有，过于孤立地分析这种治理结构，易言之，对事实核查的分析非社会化，与广阔的社会和文化情境相互剥离，从而忽略对互动过程复杂性的考虑，也忽略了事实核查如何介入文化建构、权力博弈、内容和文化接受等。

因此，既有研究从两个方面影响了本书的研究思路：一是关于事实核查制度意义问题的处理，作者通过比较中外、传统媒体和网络媒体等不同传播情境中的差异，形成实质性的因果解释，实现对既有理论的深化与重构。二是关于事实核查制度分析层面的研究，它呈现出更复杂的权力关系。笔者意在揭示微观内容核查行为背后的宏观基础，去理解这种微观情境是如何被诸如国家、经济等宏观力量所形塑的。

---

① 参见雷晓艳、曾慧卿：《事实核查研究前沿及热点分析：基于新世纪 SSCI 数据库》，《湖南工业大学学报（社会科学版）》2019 年第 6 期。

四、理论、方法与主要内容

　　除了知晓事实核查这个社会事实以外，我们更需厘清该事实是如何发生的，为此，就需要建构解释这些事实的理论。理论无法也不应当超脱于现实之外，相反，它是植根于其中的。理论是"以一系列逻辑上相关的陈述来说明多种多样的经验和'真实'情境"①。在理论的选择上，"社会理论的责任当是知性地把握现代性危机，而非沉湎于文人式的冷嘲或社会救世主式的批判：社会理论必须保持反省的理论状态"②。参与式发展理论和嵌入式治理理论是本书拟使用的两个主要的分析工具。

（一）参与式发展理论

　　参与式治理被称为"赋权参与式治理"，即赋权给那些与政策具有利害关系的个人或组织，扩大其参与公共政策的决策过程。该模式中公民主动参与公共事务治理，与政府协商制定公共政策，民主决议公共资源配置，共同分享公共权力和公共责任，最终形成政府管理与公民自治良性互动的善治格局。③参与式治理为更好地处理社会问题提出一种新方案，使民众能够积极参与到公共事务中，从而弥补体制内资源不足的困境；参与式治理更为民主社会的形成指明道路，实现治理模式的转型

---

①　[英] 安东尼·吉登斯、飞利浦·萨顿：《社会学》，赵旭东译，北京大学出版社2018年版，第8页。

②　转引自刘小枫：《现代性社会理论》，华东师范大学出版社2018年版，第44页。

③　参见胡博：《参与式治理视角下农村互助养老服务的困境及建议》，《农村经济与科技》2020年第3期。

和优化，是一种兼顾"治理效果"和"民主参与"的模式，是"绩效"和"法治"的完美结合。[①]

参与式发展理论的关键点是"赋权"（empowerment）。其核心是赋予社区和边缘群体在发展活动中的发言权和决策权，前提是草根声音的传播渠道畅通。参与式传播理论认为，须将传播实践从单一的、与社区相分离的垂直信息传送模式转变为将草根民众的参与纳入其中的横向和自下而上的传播模式，使传播更倾向于多元化、小规模、当地化、非体制化，加强传受之间的意见交换以及在社会各个层面的水平传播。[②]网络平台上公众参与方式的特点是：时间上有实时共享性；过程上有互动、激发和涌现性；实施上方便多方参与、达成共识。[③]参与还是双向的，一方面媒介用户有主动参与公共事务的兴趣和能力；另一方面，制度影响参与者以及如何参与，制度促进或限制用户参与。从社区参与类型来看，有娱乐性参与、互助性参与、志愿性参与和决策性参与。[④]事实核查在实践中呈现出草根民众参与的特点，无论网络用户所处的阶层、收入与文化程度如何，皆能积极参与到其中，而且形式灵活，娱乐或志愿参与的形式较为常见，故而，参与式发展理论是研究事实核查的一个切实可行的工具。

---

① 参见潘怡丞：《参与式治理视域下新乡贤参与乡村"扫黑除恶"的研究》，《安徽行政学院学报》2019 年第 4 期。

② 参见韩鸿：《参与式影像与参与式传播——发展传播视野中的中国参与式影像研究》，《新闻大学》2007 年第 4 期。

③ 参见陈宇琳等：《社区参与式规划的实现途径初探——以北京"新清河实验"为例》，《城市规划学刊》2020 年第 1 期。

④ 参见谈小燕：《以社区为本的参与式治理：制度主义视角下的城市基层治理创新》，《新视野》2020 年第 8 期。

（二）嵌入式治理理论

新经济社会学视野中的"嵌入"强调不同权力主体为了达成集体目标而采取的妥协和趋同策略，事实核查很有可能对这种理论作出更有经验主义的注解。

社会科学方面。波兰尼最早提及"嵌入"概念，他指出过分市场化、过分关注经济而忽略社会有巨大的风险。社会关系被嵌入经济体系之中……市场经济只有在市场社会中才能运转。[①] 布洛克指出，"嵌入"概念表达的理念是，经济是从属于政治、宗教和社会关系的，而不是自足的。[②] 人们原以为理性主导的经济活动其实是被种种非理性的认知、人际关系、社会价值等文化因素包围和渗透的。[③] 这倒是比较契合互联网产业中内容核查模式存在与发展的语境。

经济方面。马克·格兰诺维特以社会网为分析工具，说明经济行为是嵌入社会网中的，经济行动与社会结构二者的关系密切，[④] 其分析着眼于具体的经济行为，更细致，也更有操作性和分析性，这使得"嵌入"被充分阐释，成为新经济社会学里常被引用的概念之一。就政府与社会组织的关系而言，在我国当前的管理模式下，社会组织应对的策略就是嵌入性发展，以便获得资源和机会。嵌入性概念此后在学界被广为运用。尤其是用来描述人们的经济活动是广泛地嵌入到社

---

① 参见［英］卡尔·波兰尼：《大转型：我们时代的政治与经济起源》，冯钢、刘阳译，浙江人民出版社 2007 年版，第 50 页。

② 参见［英］卡尔·波兰尼：《大转型：我们时代的政治与经济起源》，冯钢、刘阳译，浙江人民出版社 2007 年版，第 15 页。

③ 参见朱健刚、陈安娜：《嵌入中的专业社会工作与街区权力关系：对一个政府购买服务项目的个案分析》，《社会学研究》2013 年第 1 期。

④ 参见［美］马克·格拉诺维特：《镶嵌：社会网与经济行动》，罗家德译，社会科学文献出版社 2007 年版，第 29 页。

会网之中的。[1]

嵌入式治理理论特别适合用来描述社会行动者处理国家与社会关系的策略取向。从对不同社会部门中的行动者的行为模式研究出发，有学者发现了社会组织的政治嵌入性特点，也有学者发现律师的政治嵌入性特点。[2] 这种嵌入性主要表现在两个方面：（1）国家和社会之间的行动表现为持续的互动和协商；（2）这些互动和协商是通过人际网络和关系来实现的，是破碎、小规模、关注地方性议题的。行动采取的策略是"去政治化的"和"自我审查的"。[3] 现在的专业社会工作表现出多方面的嵌入性：制度层面、项目层面以及服务层面。[4] 政府让渡空间，社会工作在政府主导下获得一定程度的自主发展，通过依附性获得发展机会。[5]

由于国家力量强大，社会力量总是试图嵌入到政治体系中，获得合法性和活动的空间，产生"政治嵌入"和"体制嵌入"等形式。"嵌入"不仅是一个解释性概念，还是信息传播机构的一种发展策略，这种深入到权力体系中的策略获得了一定的发展资源和空间，同时也使得互联网治理模式发生转化，从以前的"屠龙术"转变成操作性较强的"擒拿技"。而反向嵌入指"一种政府嵌入到社会组织以及政府力量嵌入到政府购买服务中，谋求的是国家通过直接介入到社会组织成立和运行中，形成名

---

① 参见［美］马克·格兰诺维特：《镶嵌：社会网与经济行动》，罗家德译，社会科学文献出版社 2007 年版，第 29 页。

② 参见管兵：《竞争性与反向嵌入性：政府购买服务与社会组织发展》，《公共管理学报》2015 年第 3 期。

③ 参见管兵：《竞争性与反向嵌入性：政府购买服务与社会组织发展》，《公共管理学报》2015 年第 3 期。

④ 参见王思斌、阮曾媛琪：《和谐社会建设背景下的中国社会工作发展》，《中国社会科学》2009 年第 5 期。

⑤ 参见王思斌：《中国社会工作的嵌入性发展》，《社会科学战线》2011 年第 2 期。

义上政府与社会的分离，在实质上仍能保持政府对社会的直接控制，让国家资源仍然在系统内流动"①。这一特点在一些内容把关的实践中表现得特别明显，其后果是国家进一步延伸了力量。

"嵌入性"是普遍存在的，区别仅是不同的社会体制下，嵌入的程度和方式的不同，关系嵌入、结构嵌入与政治、文化和认知嵌入等被普遍关注。② 就事实核查而言，之所以嵌入会发生，是因为它要解决问题的根源并不是存在问题的个人或者内容产品，而是相关的制度和社会政治安排。实践也表明，信息传播机构从受支配地"嵌入"国家变成有意地主动嵌入"国家"，在这个过程中，国家与社会的关系框架被重塑，同时该模式也受到来自现存社会结构和制度环境的反作用，国家与社会的关系在嵌入中发生了不同于传统意义的深刻变迁。③

事实核查机制建立并维系了相关利益主体的多元嵌入关系，进而推及对互联网平台的嵌入式治理。一个更加具有本土化解释效力的理论框架形成了，它包含嵌入关系、嵌入机制和嵌入效果三个维度。

表 0-1　嵌入式治理的解释框架

嵌入关系	嵌入机制	嵌入效果
新型治理组织	信任机制	提高内容产品的质量
与网络平台的合作式嵌入	行动机制	激发网络场域的活力
与媒体的竞争式嵌入	能力机制	再造社会资本
与主管机构的依附性嵌入		增强政治认同

① 管兵：《竞争性与反向嵌入性：政府购买服务与社会组织发展》，《公共管理学报》2015 年第 3 期。
② 参见［美］马克·格兰诺维特：《镶嵌：社会网与经济行动》，罗家德译，社会科学文献出版社 2007 年版，第 29—31 页。
③ 参见陈书洁、张汝立：《政府购买服务发展的障碍——一个"嵌入"视角的分析》，《北京师范大学学报（社会科学版）》2016 年第 6 期。

表 0-1 的关系、机制与效果是经验检视嵌入式治理的三个维度。事实核查主体作为一种新生的力量嵌入到诸多网络平台，要面对信息传播机构、大众媒介和主管机构等原有的权力结构和治理规则，在实践中，各自的功能定位和相互关系不同，从而分异出合作、竞争和依附这三种嵌入关系。事实核查组织与信息传播机构的价值同轨和目标耦合使两者形成了合作式嵌入关系。事实核查组织和原有把关群体，作为两个不同属性的利益主体围绕相同的服务对象和用户形成竞争式嵌入关系，竞争使网络空间的环境状况不断改善，最终使网络用户获益。行动机制侧重动员网络平台自身力量和开发网络空间的自组织能力，激发社区活力和再造社会资本。不同的嵌入机制带来的是嵌入效果的差异，效果会影响到信息传播机构、主管机构等多元主体对事实核查组织的评价与态度，进而再次影响到事实核查组织与网络平台之间的嵌入关系。关于政府与社会组织之间的嵌入式关系是，社会组织对政府资源的依赖使得政府对社会组织形成嵌入性控制[1]，社会组织缺乏独立性和竞争性，政府对社会组织很容易采取"过度体制嵌入"[2]。通过嵌入政府以获得资源和机会是各种社会组织谋求发展空间和政府认可的普遍做法。[3] 社会组织逐渐从受支配地被动"嵌入"国家转为有意愿地主动"嵌入"国家，通过"模仿"政府行为来积极回应这种体制嵌入。[4]

政府通过嵌入社会组织来施加影响，社会组织通过嵌入政府获取资源与机会，它们之间是主导与依附的不平等关系，这种关系的多样性决

---

[1] 参见马全中：《政府向社会组织购买服务的"内卷化"及其矫正——基于 B 市 G 区购买服务的经验分析》，《求实》2017 年第 4 期。

[2] 王志华：《论政府向社会组织购买公共服务的体制嵌入》，《求索》2012 年第 2 期。

[3] 参见管兵：《竞争性与反向嵌入性：政府购买服务与社会组织发展》，《公共管理学报》2015 年第 3 期。

[4] 参见陈书洁、张汝立：《政府购买服务发展的障碍——一个"嵌入"视角的分析》，《北京师范大学学报（社会科学版）》2016 年第 6 期。

定事实核查组织要采取多样化的嵌入机制，其中行动机制考验的是核查组织的创造力和专业性。能力机制指的是核查组织将自身不具备的资源、信息和关系等要素整合进服务项目中来的本领，该机制是内容核查组织持久良性地嵌入网络空间的必要保障，涉及熟悉互联网文化、内化本土价值和降低排异情绪等策略。嵌入机制是嵌入式治理实现的关键，社会组织通过灵活运用多种嵌入机制进而达到多赢的嵌入效果，最终实现嵌入式治理的目的。①

　　事实核查作为一种内容把关的策略承载多重使命，它植根于中国经济社会转型期的国家与网络社会关系中，是一种"嵌入"状态。"嵌入"理论有助于对内容核查这一事物进行"社会诊断"，挖掘出它的特有性质，并对它进行批判性的分析。事实核查模式下新型的组织作为核心主体审时度势，运用好嵌入机制以实现与主管机构、互联网公司、第三方边界组织等之间的多元关系嵌入，通过良好的嵌入效果赢得政府、资本和公共舆论的认可与支持，通过自上而下的资源输送与自下而上的能力表达之间的循环支持，这些主体找到了在制度场域中的有利位置。嵌入式治理提供了一个更加本土化的解释框架，来解释依附于各类信息传播机构的新型组织如何在赢得资本和权力的信任以及提高治理质量中求得平衡，由此得以管窥新型治理模式在实践中所采取的治理策略和行动逻辑。②

　　本书期望借助嵌入式治理思想去解释我国事实核查制度的发展。由于这个过程不同于波兰尼和格拉诺维特所讨论的经济行动与社会的关系问题，因此使用这些概念的适切性问题需要特别注意。根据研究的问题

---

① 参见刘帅顺、张汝立：《嵌入式治理：社会组织参与社区治理的一个解释框架》，《理论月刊》2020 年第 5 期。

② 参见刘帅顺、张汝立：《嵌入式治理：社会组织参与社区治理的一个解释框架》，《理论月刊》2020 年第 5 期。

特殊性，笔者认为在结构意义上借用嵌入性概念或进行嵌入性概念的理论迁移是可行的。

（三）研究方法

对网络内容核查的研究，并不能也不会反映内容把关的整体，因为内容核查会随时间、空间和政治气候的改变而改变，但是能建构一个关于互联网研究的"概念实体"，具体的路径是对象征系统的各个部分进行关联分析，借以理解各类平台进行内容把关的内在结构，同时，读者也会被置身于本书所建构的场景和情节性描述中，去理解事实核查，感悟传播技术与社会发展的万千气象。

网络社会是由诸多部分构成的整体，而个案作为部分可对其进行说明。因此，本书多采用个案研究（Case Study）的形式展开，该研究方法最显著的特征是"以小社区来寄寓大社会"，"描述客观世界的真实故事"，优势是在可支配的研究资源有限的条件下，通过案例进行深入观察。①

个案研究可分为普遍性个案研究、反常性个案研究和揭示性个案研究，不论个案研究的类型是什么，主要研究目的是对具有典型意义的个案进行研究，形成对某一类共性（或现象）的较为深入、详细和全面的认识，包括对"为什么"（解释性个案研究）和"怎么样"（描述性个案研究）等问题类型的认识。个案研究方法的逻辑基础不是统计性的扩大化推理（从样本推论到总体），而是分析性的扩大化推理（从个案上升到理论）。② 其实质是通过对某个（或几个）案例的研究来达到对某一

---

① 参见周忠丽：《比较政治学研究中的个案方法：特征、类型及应用》，《比较政治学研究》2011 年第 2 期。

② 参见王宁：《代表性还是典型性？——个案的属性与个案研究方法的逻辑基础》，《社会学研究》2002 年第 5 期。

类现象的认识，而不是达到对一个总体的认识。① 这个过程被称为"个案的外推"，外推范围越大，它的价值就越大。

个案研究通过深入、扎根研究对象所处的各类平台，获得相当丰富的资料与素材，形成对研究对象直观性和全局性的认识，这是网络传播领域的学者所习惯使用的研究路径。

但个案研究局限于部分网络平台，忽略了整个网络空间的异质性，很难认识整体复杂的互联网社会，这种将调查区域视作尺寸合适的"缩影"的方法曾被广泛质疑。本书解决该问题的方法是：通过对不同网络平台事实核查的比较研究来逐步接近认识整体，具体的媒体形式有：报纸、电视等传统媒体、网络媒体、微博、抖音以及各级网络联合辟谣平台等。本书以这些个案来展示影响网络社会内部运动变化的因素、张力、机制与逻辑，展示的具体途径是"类型比较法"和"扩展个案研究法"，前者源于当年费孝通先生从村庄"社区研究"转向村庄"类型比较"，"类型比较"的视角将个案视作基于主要相同条件所形成的某种类型的代表，通过"类型"比较可以从个别逐步接近整体。② 类型比较分两个层次：一是分类学的，参照研究的特定问题和兴趣界定类型划分的基本特征，以此描述"类型"。二是解释性的，即通过比较澄清影响类型异同的因素，从而解释不同类型之间的差异。

但类型比较法也有一定的局限，它没有相应的手段去解决所谓"代表性"问题。在本书写作的过程中，碰到这方面的问题时，笔者会调转关注的视角，忽略掉个案研究对认识更大范围事实的意义，转而寻求微观研究所能带来的理论启迪，这样的情形出现在对于短视频平台内容核

① 参见王宁：《代表性还是典型性？——个案的属性与个案研究方法的逻辑基础》，《社会学研究》2002 年第 5 期。
② 王富伟：《个案研究的意义和限度——基于知识的增长》，《社会学研究》2012 年第 5 期。

查的研究中。这种个案的超越途径就是格尔茨所谓的"深描",即描述性的解释,并不是要刻画"原始事实",而是要说清那些地方发生了什么,以便"能使我们与陌生人们建立起联系"①,其关键在于"从当地人的视角看事情",研究对象所处的社会系统具有整体性,而基于个案描述的合理性可以在这一整体关照中得到呈现。"理论建设的根本任务不是整理抽象的规律,而是使深描成为可能;不是越过个体进行概括,而是在个案中进行概括。"②

本书还试图借鉴"扩展个案法"来弥补以上方法的不足。"社会学马克思主义"的旗帜性人物布洛维提出了"扩展个案研究法",指在"既有理论"基础上进行的个案研究,目的是从"特殊"抽取"一般"、从"微观"移到"宏观",将"现在"和"过去"联系起来以预测"未来",是"反思性科学"在民族志上的应用。③ 该方法主要采用参与观察技术,积极利用"情境效应",有四项原则:(1)介入。对研究者的进入所形成的反应保持敏感。(2)过程。要理解具体情境中的多重意义和知识,从时间维度上把其简化成"社会过程"。(3)结构化。研究者要观察研究场所之外的社会力量,注重宏观力量的相互形塑。(4)重构。通过个案的独特性重构既有理论。最关键的是第四项原则,布洛维认为个案的一般性意义在于理论重建,而不是对整体认知的追求。通过借助理论和宏观分析阐明整体,布洛维实现了马克思主义理论的改进。④ 这种方法给本书的启发是"将情境中的主体参与和外部的宏观力量都视为权力因素"。因此,内容核查模式下存在"支配"与"积极良性的互动"行为。

---

① [美]克利福德·格尔茨:《文化的解释》,韩莉译,译林出版社1999年版,第21页。

② [美]克利福德·格尔茨:《文化的解释》,韩莉译,译林出版社1999年版,第33页。

③ 参见王富伟:《个案研究的意义和限度——基于知识的增长》,《社会学研究》2012年第5期。

④ 参见王富伟:《个案研究的意义和限度——基于知识的增长》,《社会学研究》2012年第5期。

怎样才能避免纠缠于案例？本书的做法是："尽量把不同观点放在同一个阅读单位之内，让它们有机会发生交集甚至碰撞；这种体例还可以彰显得到直接分析的案例的代表性。"①

上述对个案研究的修补表明，个案其实依然遵循着研究小叙事归依"宏大叙事"的逻辑推演。事实核查背后的代表性和普遍性问题并不是本书特别强调的问题，笔者只是想借事实核查对不同的结构和个体行为进行理论反思，从而提醒读者理解网络社会的多样性和复杂性。因此本书只是互联网社会研究的一个基点或者杠杆，这种基于现实的考量有利于形成从局部到整体、个别到一般的学术转换，对于研究网络内容治理问题的意义非凡。

本书的资料搜集方法有：时间跨度为 1—2 年的网络田野调查；对各类事实核查或者内容核查产品的参与式观察（具体做法有潜水、主动参与或者反串角色等），在采用这种观察方式时，笔者不以身体在场为前提，而是关注文本、图像和情感符号以及场景中的社会互动等，在对文本生产进行情景还原的过程中，感知和理解文本生产过程中使用者的动机、情感、愿望②；对信息"清道夫"或开展内容把关业务传播机构的负责人进行访谈；收集和研究相关的内容产品等。本书的研究流程大致可以分为五个步骤：定义研究的问题，社交网站或者调查主题；选择典型的网络社区；在网络社区中参与观察和搜集资料；分析资料并找出所收集数据的隐意；报告研究结果，呈现事实核查和内容审核的意义，厘清和之前研究的关系所在。③

---

① ［法］皮埃尔·布尔迪厄:《世界的苦难:布尔迪厄的社会调查》，张祖建译，中国人民大学出版社 2017 年版，第 2 页。

② 参见江飞:《场景研究:虚拟民族志的逻辑原点》，《学海》2017 年第 2 期。

③ 参见郭建斌、张薇:《"民族志"与"网络民族志":变与不变》，《南京社会科学》2017 年第 5 期。

（四）研究内容

本书以事实核查演进的历史梗概为主线，试图设立关于这一现象的学问逻辑和结构性题域。如何对研究对象进行组织、分析和表达？笔者试图确立对作为研究对象的事实核查的"情境性"理解，因为"每个情境其实都是一个社群的运行空间，具有自身的亚文化特质"①。基于此，在理解本书从报纸、电视、网络等维度分析核查实践的发展时，其实不在乎媒介的不同，而是强调媒介所建构的场景之间的巨大区别。社会科学研究应同时包括"理解"和"说明"两个维度，即作为"参与者"切身体验和解释特定情境的意义，作为"观察者"借用理论对影响情境的宏观力量进行科学说明。②本书拟从互联网场域复杂的需求结构、核查主体的问题世界，以及制度建构是否符合中国文化情境来展开研究。

第一，经济的、政治的和文化的权力不再单独存在国家之中，还存在于微博、微信、抖音、快手之类的媒介平台上，治理权力是通过何种途径迁移到这些媒介平台上的？事实核查的定义、主体以及目标等如何界定？在事实核查概念泛化的过程中，内容审核是如何被囊括进来的？内容核查又是如何嵌入到内容把关结构中去的？这种嵌入的发生和政府自身利益需求、社会结构的变动和整合、权力资源的配置和应对之间有着何种关联？这种嵌入在带来网络治理转变的同时，有没有在卷入网络权力关系以后迷失其专业价值？它与其他手段有何联系与区别？

第二，通过对一些个案来分析事实核查在嵌入性发展中的权力关系，以及这种嵌入对网络社区的权力结构和把关主体的影响。本书场域建构在研究的问题、论点或分析架构的基础上，这有助于发展出一套论

---

① 江飞：《场景研究：虚拟民族志的逻辑原点》，《学海》2017年第2期。
② 参见王富伟：《个案研究的意义和限度——基于知识的增长》，《社会学研究》2012年第5期。

点或解释疑虑。本书选择了报纸、电视、网络等不同媒介建构的场域来作为多个田野点，试图回答的问题有：国家与社会关系在事实核查的"嵌入"后发生了怎样的演变？把关行为的"嵌入"受到了何种社会结构与制度因素的反作用？这种嵌入困境的典型性究竟是什么？

第三，内容核查的动力机制和行动逻辑是"谁主张、谁受益、谁负责"，这背后的具体问题包括：为了避免陷入窠臼，需要什么样的制度对其进行保障？支撑这些制度落地又需要什么样的组织架构？需要什么样的运行机制来促进内容核查的发展？

媒体融合和我国社会转型是本书的两个大背景，在此背景下，现代主义和传统文化、信息与信念、经验与信仰同时存在，这其中有的内容核查起来相对比较容易，但是对于一些主观性的东西，它们和事实核查究竟有着怎样的关系？核查又该如何在其中展开？事实核查该如何处理事实和价值之间的矛盾？这些问题是本书的难点所在。

在上述三个问题的基础上，本书的章节安排拟分为四个部分，具体如下：

第一部分是绪论和溯源。综述部分包括：对事实核查的发展做了梳理，提出使用的理论是参与式发展理论和嵌入式治理理论，还认为核查策略在 19 世纪的《申报》和《循环日报》就存在，真正提出澄清性新闻概念的是新华社前总编辑南振中先生。本部分分别从 BBS 对个人信息的核查和 2006 年《人民日报》对博客第一案的报道来分析核查策略在网络平台的嬗变。最后，本部分从多部规范性文件分析了平台上核查实践的制度化保证。

第二部分从求证的第一个层面"主观意识中的真实和客观真实的一致"，对中国新闻奖中的澄清类获奖作品、都市报、中央电视台和网络媒体和商业网站上的"求证"、"求真"、"辟谣"等新闻产品进行分析，指出这些核查类内容有日常生活化的特点，有的节目还采取娱乐的形式。此外，还深入分析当前发展迅速的网络联合辟谣平台，认为其是一种根系状的传播模式，而且是在主管机构和媒体合作下的一种联动澄清模式。

第三部分从求证的第二个层面"符号表达与主观意识的一致"，探析了传统大众媒介场域之外的核查实践，此部分先是分析早期网络用户中的精英参与低俗内容鉴定的事件与模式演进，还分析了短视频平台上的内容审核员，指出内容产业的良性发展离不开这种新的核查模式，同时还需要解决这个群体面临的一些困境。

第四部分通过分析主流媒体对网游成瘾的报道以及某企业传播的案例，来探析大众媒介在符号表达中建构出的媒介真实问题，指出实践中对"真实进行合规则的表达"也是核查需要关注的命题。

第一章　核查溯源与制度化支撑

> 法律是义务的道德的最近的表亲，而美学则是愿望的道德的最近的亲属。
>
> ——富勒

2020 年初，疫情尚处肆虐态势，世界范围内有数量庞大的人群处于禁足状态，能做的事情很有限，人们的生活出现了严重的同质化趋势，成千上万的网络用户不分昼夜，将时间拱手相让于互联网的信息洪流，给互联网内容产业的繁荣发展提供了一个意外的机会。在传媒行业发展的过程中，事实核查工作一直都存在，比如传统媒体中的责编和校对等人员，各自从不同的角度从事了内容把关工作。进入互联网时代，不同的媒介也都有人从事内容核查方面的工作，形成一种新的"地方性知识"，格尔兹认为它是"基于地方性事实所形成的概括"，正是通过"地方性知识"之间的比较，主流社会中通行的概念才被反思，不同人类文化解释体系之间的"转译"才得以实现。①

---

① 参见王铭铭：《格尔兹的解释人类学》，《教学与研究》1999 年第 4 期。

第一节　我国澄清性新闻溯源

近年来，一些社会热点事件发生后，随着媒体铺天盖地进行报道，一些真假难辨的信息进入人们的视野，引发了一些非常值得注意的现象，其中澄清性新闻开始作为新的新闻样式兴起，如2020年5月，《南风窗》和《财新周刊》两家杂志同时报道"某企业高管性犯罪"一事，个别专业人士就两家报道的基本操作规范做了详细对比，类似之举在"刘强东案"、"北大女生自杀案"的报道中都出现过，这种专业性的反思在我国源远流长。需要指出的是，澄清性新闻更能代表我国事实核查新闻发展的特点，而且又是由我国知名的新闻专家南振中先生所提倡，基于此，本章拟用"澄清性新闻"来代替"核查新闻"这个概念。

一、澄清性新闻溯源

澄清性新闻的本质是追求新闻的真相，这种理念早在19世纪70年代我国的一些报刊中就出现了，无论是地处上海、一些外籍人士办的以营利为目的的报刊，还是一些知名的政论报刊，都非常重视在报道新闻的过程中进行"求真求实"。1872年4月30日《申报》发表《本馆告白》指出其报道，"务求真实无妄，使观者明白易晓，不为浮夸之辞，不述荒唐之语"。1874年2月5日《循环日报》发表《本局日报通启》也强调真实的重要性，"必求实录"。《申报》1876年2月23日发表《访请报事人》强调其新闻的采访与写作遵循，"采访新闻，必须事事确实，语语详明，足以广人见闻"。《申报》1876年3月14日发表《延请访事人》指出："务须探事则原原本本，吐辞则洒洒洋洋，巨细皆书，新奇是尚。"报章"材料富而当，报事确而速"。报道"是是非非、原原本本而一秉大公平"。① 到了马克思那里，这种"实"的指向更加明确，他说人民报刊是真实的、纯洁的。所谓真实就是指"事实"，而不是"希望出现的事实"，它代表社会舆论，而不是歪曲社会舆论。②

舒德森指出，"在新闻工作中，验证事实既是一种政治需要，也是一种职业技能"③。中外媒体都重视对新闻中的事实进行验证，国外媒体的实践无论从事实核查的制度化建构，抑或类似于谣言诊所的核查类新闻栏目的出现，都表明在社会发展的进程中，确保报道事实的精确是大众媒介一直念兹在兹的东西，此处媒介的定语是"大众"，而大众的特征是"由很多孤立的个体组成、社会阶层多样化、相互匿名、缺乏组织性、易于接受意见、个体具有相对独立的行动能力"④，这些特点也使得事实核查在传播中处于重要的地位。

二、澄清性新闻发展

我国不乏关注澄清性新闻报道的专家，例如，新华社原总编辑南振中先生早在 2007 年 7 月 28 日就提出要认真研究"澄清性新闻"，并把其作为解决信息干扰问题的方案，在 2013 年给郑州大学新闻与传播学院师生做讲座时，南振中提出："有三个问题值得重视：一是偏激的情绪交互感染，在口口相传中逐渐放大；二是网络水军的兴起；三是网络谣言的滋生和扩散。"他建议道，主流媒体要抓住权威、超脱和可信三个

① 米丽娟：《新闻求真方法论研究》，四川大学出版社 2014 年版，第 13 页。
② 参见吴飞主编：《马克思主义新闻传播思想经典文本导读》，浙江大学出版社 2005 年版，第 59 页。
③ ［美］迈克尔·舒德森：《新闻社会学》，徐桂权译，华夏出版社 2010 年版，"导论"第 4 页。
④ ［美］伊莱休·卡茨等编：《媒介研究经典文本解读》，北京大学出版社 2011 年版，第 115 页。

要素，这也是澄清性新闻的三要素。这是首次有专家就事实核查的实践予以理论提升，"澄清性新闻"的出发点和侧重点应放在"澄清"上，如果所澄清之事关乎大局，需要引申和阐发，可同时配发评论，最好不要在"澄清性新闻"中夹杂太多的议论。①

新华社新闻研究所此后曾就南振中提出的"澄清性新闻"做了深度挖掘，总体来说，无论是战争年代还是和平年代，无论是政治类新闻还是经济类新闻，新华社向来都很重视澄清性新闻。有学者总结了关于澄清性新闻的几种写法，具体如下：

（1）"澄清性新闻"的出发点和侧重点放在"澄清"上，而不是放在"批驳"上。（2）证据充分，用事实说话。（3）到达现场、深入调研、仔细查证。（4）善于寻找权威新闻源，对疑问作出权威性核实与解释。权威信源指一手信源或者相互独立的多重信源，而寻找则意味着在多个信源中建构出"三角化处理"的过程。②

在 2007 年时，该学者总结了澄清性新闻存在的一些问题，这距离本书写作（2020 年 11 月）已经有 13 年之久，但是，笔者发现，彼时存在的一些问题，到本书写作时还普遍存在，如网上大量的辟谣新闻媒体沉迷于用观点或立场来对谣言进行批驳，更有甚者美其名曰通过整合材料来取代澄清性新闻倡导的"去现场、做调研、细查证"。双脚不沾满新鲜的泥土，而只靠一个键盘和一个显示器就完成所谓的辟谣与澄清，这种做法在解决原来问题的同时，也带来更多新的问题。这些问题

---

① 参见童俊：《五问：网络媒体如何做好新闻求证》，《新闻战线》2011 年第 7 期。

② 参见马昌豹、李勇华：《研究澄清性新闻屏蔽干扰信息》，《中国记者》2007 年第 9 期。

包括：澄清报道中的澄清主体不权威（要么澄清主体未掌握事实真相的完整链条，要么澄清者和事件之间存在利益关联，其所发布的信息可信度较低）；澄清的效果没达到，反而加重失实的程度（尤其是谣言关系到公众的切身利益时，个别机构罔顾事实真相，把澄清变成了否认传言的发布会，加剧了传言的被怀疑程度）；澄清新闻前后冲突，导致新闻反转再反转甚至多次反转的闹剧频现。当前这几个问题仍然缺乏制度性解决的办法，所能依靠的大概只有传统媒体的专业性调查，甚至可以预测，在未来一段时间内这些问题还会局部性存在。

三、主流媒体的澄清性新闻溯源

1946 年 10 月 11 日，延安《解放日报》在一版刊发新华社稿件《蒋方捏造"负伤""牺牲"谣言　刘伯承将军一笑置之》，消息字数有 420 余字，其导语是："当记者往访刘伯承将军时，将军总部浸润在紧张而冷静的气氛中！发报机的马达隆隆作响，街上电线纵横，通讯设备极忙碌，刘将军在一幅巨大的地图前以电话指示机宜。记者以中央社捏造刘将军牺牲广播稿出示，刘将军一笑置之，仍继续其电话指挥。"[①]

上述消息发生的背景是 1946 年，巨野战争结束后，谣传刘伯承将军"负伤"甚至"牺牲"。新华总社迅速派记者予以澄清反驳，于是有了这篇消息。这应该是新华社较早发布的、影响较大的事实核查类新闻，消息的作者先用描写的手法来介绍刘伯承在采访时的状态，使谣言不攻自破，接着又分析了对方制造传播谣言的手法和动机，可以说是一篇典型的澄清性新闻。历史不是单纯让人怀旧的诗意田园，其最重要的

---

① 蓝鸿文：《用事实戳穿谣言——析邓小平口授消息　蒋方捏造"负伤""牺牲"谣言　刘伯承将军一笑置之》，《军事记者》2003 年第 9 期。

作用是为了给未来的行动提供经验。澄清性的报道模式在新华社发展的历史中一直保留下来，在国际新闻报道中，澄清性新闻报道同样有用武之地，1986年11月其一篇国际快讯的标题是《金日成前往机场迎接巴特蒙赫来访》，导语是："朝鲜领导人金日成今天上午前往机场，迎接蒙古领导人巴特蒙赫来访。金日成看上去身体很好，时而同周围的人交谈。"这篇快讯不到百字，最后一句话则是评论和描写的结合，当时的历史背景是，西方的一些通讯社不断散播金日成"遇刺身亡"的谣言，而新华社的这篇快讯则用身体很好来进行澄清，对于当时的国际政治形势发展而言，该报道相当于做了一个扫除障碍的工作。报道传播效果明显，美国有媒体在刊用新华社这条简讯时，用了"通常可靠的新华社今天报道说"的表述。① 此外，在经济和社会类新闻中，新华社也有大量的澄清性新闻出现。

无论是党报(如《人民日报》的求证栏目)还是都市报(如《钱江晚报》的真相专栏)，其核查类新闻的报道模式都是"疑问＋调查"或者"疑问＋回应"。这些媒体核查内容的特点都较少对自己刊发的内容进行核查，而是"到网络中去，关心在互联网广泛传播的内容"，到网络中去还指"报道的完成不以稿件见报为结束，而是要求记者、编辑通过传统媒体的官微、媒体网站、原帖所在网络等广为传播"②。但也有个别党报和都市报的网络版在内容核查方面的内在驱动力不足，有的事实核查类专栏的网页，点击链接无法进入到下一级页面；有的核查类专栏的微博设立在非主流的网络平台，在影响力较大的平台上反而没有开设。

在国外，从20世纪60年代起兴起了一种"鉴定式新闻报道"，这

① 马昌豹、李勇华：《研究澄清性新闻　屏蔽干扰信息》，《中国记者》2007年第9期。
② 袁舒婕：《钱江晚报：终结网络传言　还原事实真相》，《中国新闻出版广电报》2011年5月10日。

种新闻和澄清式新闻最大的不同是，它试图帮助读者来辨别何种内容是可信的，何种内容是不可信的，"这类新闻与证据有关：我所听到或读到的哪些内容可以相信？因此，这类新闻的评价标准更看重证据和确定性"①。无论是澄清性新闻报道，还是鉴定式新闻，它们主要做的工作都是尽可能搜集准确的证据，弥补漏洞，确认事实，使文章的说服力更强。由此可见，和事实核查相关的新闻多发生在复杂的场域，"是一个竞争的场所，各种组织的、文化的、商业的以及变化的职业准则决定新闻的样貌，而这个场所不断变化的状态，又为考查媒介组织内外权力的性质提供了路径"②。在核查的过程中，一些原来被忽略的信息现在被凸显，而原来被凸显的信息现在又被淡化，权力在不同的层面上交织运作，不同的权力之间多是一种竞争性的关系。

第二节　社交平台上的核查溯源

本节我们拟对网络社交平台上的内容核查实践进行溯源，内容审核与事实核查皆是历史性事物，有着一脉相承的发展逻辑，但是也形成了自己的特色，内容核查注重判断与鉴别而轻视(或者说无暇顾及)查证，这一变化改变了人们对于内容生产把关的认识，也改变了网络社交平台本身。事实核查被从自身的地方关系抽离出来之后，它在网络场域演变成内容核查，这个过程让事实核查脱离其原初的状态，本书认为这个过程是事实核查"灵韵失落"的过程。本雅明把"自然物体的灵韵"界定为："一种距离的特有现象，无论这距离有多么近"，艺术品的灵韵是"它碰

---

① 　[美] 比尔·科瓦奇、汤姆·罗森斯蒂尔：《真相：信息超载时代如何知道该相信什么》，陆佳怡、孙志刚译，中国人民大学出版社 2014 年版，第 71 页。

② 　石义彬：《批判视野下的西方传播思想》，商务印书馆 2014 年版，第 467 页。

43

巧在那个地方的独特的存在"。① 无论何种灵韵，都有一种"空间—时间"的独特性，事实核查在传统媒体中的这种"仅此一种模式的发生"情形，被延展至网络空间中的内容审核彻底改变，即内容核查既是一种职业技能，也是一种社会发展的需要。

2020 年前后内容核查的推动者是形形色色的网络社交平台，多数情况下，这些平台自身不生产内容（这是和后文探讨的各类媒体最大的区别），但是它们对内容的核查却十分重视。核查的对象也多来自用户发布的内容，那么，我国对用户型内容生产进行核查的源头在哪里？厘清这个问题对于分析内容核查中权力驱动和职业驱动的辩证关系十分重要。还有，如果想分析为什么当前内容核查实践中内容发布主体（即传播信息的普通用户）承担的责任缺少一种系统的、主动的行为惯性，这也要从网络社交媒体平台最初的核查实践中去寻找，这些实践对于之后的内容核查也有着至关重要的影响。事实核查这个概念的泛化，连内容核查也被囊括进来了，表面上看来"庶几近之"，然而这种"近之"的背后，潜在的结构性要素存在很大的差异。当前以"今日头条"为代表的平台在媒体的功能上和博客有些类似，都是普通用户通过自媒体平台来发布信息，这些信息的体量比较大，而微博等热门平台则和前期的 BBS 有些类似，也是普通用户在平台上发布信息，但是内容只言片语，多数缺少缜密的论证逻辑。我们在此探讨早期 BBS 和博客平台上的内容核查，为了研究方便，本节选取了校园 BBS 内容核查实践和《人民日报》对我国的"博客第一案"的系列报道为研究对象。

梅罗维茨用"场景"概念来解释社会生活，认为"社会现实并不

---

① 转引自［德］沃尔夫冈·希弗尔布施：《铁道之旅：19 世纪空间与时间的工业化》，金毅译，上海人民出版社 2018 年版，第 67 页。

是存在于人们行为的总和中，而是存在于所有场景行为模式的总体之中。因此，当两个不同场景之间的界限移动或消失之后，社会现实就会发生变化"①。社交媒介是制造意义的社会情境。校园 BBS 是 20 世纪末随着互联网的发展而出现的以校园为定位的电子公告栏形式。虽然这种社交媒体形式相对"古老"，保存下来的和核查相关的内容也较少，但是能刺激人的多巴胺分泌，它们所编织的社会和商业试验，使人愈发沉溺其中而无处可逃。在当前的研究中，互联网研究者闵大洪在著作中记载了一些珍贵的和本主题相关的事件。校园 BBS 在 1997 年前后影响很大，当时诸多知名高校都有其校园 BBS，而且还形成了类似微博大 V 的 BBS 意见领袖。在人类历史上，这种基于新技术而形成的新型社区并非孤例，19 世纪法国的傅立叶"特别着迷于在铸铁和玻璃这些尖端技术和材料的帮助下创造一种全新社区模式的可能性，这种社区被他命名为法伦斯特尔，这是一个四层居住社区，以方阵的结构为基础，该社区的指导原则是 12 种激情的自发性，包括五种感官激情和四种情感结构，富人和穷人将根据愉悦的原则比邻而居"②。

一、早期社交媒介上的内容规范

回到本书所讨论的话题，BBS 在发展快和影响大的同时，也带来了一些问题，最典型的是传播主体身份庞杂，一些 BBS 传播的内容也比较杂乱，闵大洪提到，"国内有关部门在 1996 年曾有过不允许开设 BBS 的动议，但电子论坛毕竟是互联网一个重要的、不可分割的组成

---

① ［美］梅罗维茨：《消失的地域：电子媒介对社会行为的影响》，肖志军译，清华大学出版社 2002 年版，第 38—39 页。

② ［韩］康在镐：《本雅明论媒介》，孙一洲译，中国传媒大学出版社 2019 年版，第 176 页。

部分"①。在这种背景下，针对这些新媒体内容的规范实践拉开了序幕，最早开展此行动的是"浣纱西子城"，原因是上面的内容有一些"丑陋的东西"，②进行规范的方法是规范传播主体，"（1998年，笔者注）1月16日前，BBS上的新老用户均需重新注册。凡要成为BBS的使用者，请持个人证件办理登记手续，逾期将取消使用权"③。这大概是国内针对网络社交平台实施的较早的关于实名登记注册方面的规定，此后各种平台对内容进行规范的实践朝着纵深的方向发展。

一是其他平台也陆续对发帖主体进行规范。如网易新干线在1998年4月提出重新审核发帖主体，"现在决定对现有的个人主页用户重新登记。请各个人用户配合本公司工作，共同清理这些网络垃圾。如果你们在网易个人主页里发现不良内容、链接，请及时报告本公司"④。不管在实践中企业把这个声明中的规定执行到什么程度，这种"重新登记现有用户"的做法也隐约透露出实名制的苗头，该企业的做法还有一点特别值得关注，即网络用户可以向网络平台报告其发现的不良信息，这是网络平台较早地提倡用户进行参与式核查的做法，这是本书重点关注的路径之一。1997年到1998年之间的这些关于网络内容核查的"小事件"，却暗藏着未来20年中国网络社交平台用户使用媒介形式的重要规定，这种模式被彼得斯称为"私人部门的管理方法"："这种通过利用私人部门的管理技术和刺激手段，能够以较少的施政成本缔造一个运作良好的机构。这种方法几乎可以说是与生俱来地优越于传统的管理方法。"⑤

二是对内容进行把关的方法被总结出不同的模式。针对BBS的内

---

① 闵大洪：《中国媒体20年：1994—2014》，电子工业出版社2016年版，第47页。
② 闵大洪：《中国媒体20年：1994—2014》，电子工业出版社2016年版，第25页。
③ 闵大洪：《中国媒体20年：1994—2014》，电子工业出版社2016年版，第25页。
④ 闵大洪：《中国媒体20年：1994—2014》，电子工业出版社2016年版，第25—26页。
⑤ ［美］盖伊·彼得斯：《政府未来的治理模式》，吴爱民、夏宏图译，中国人民大学出版社2013年版，第18、24、25页。

容规范之举逐渐被推及其他形式的论坛或者聊天室，推广开来的核查形式有两种思路，一种是用户自我规范形式："由用户作出承诺，保证不在论坛上进行违反我国的法律和法规的活动"；另一种是平台企业主导下的规范模式：设立论坛管理员即各版版主，对论坛上的内容进行检查，明确提示"站点及各栏目的版主有权保留或删除归其管辖论坛中的非法或低俗内容"[1]。后一种模式中提到了对"论坛上的内容进行检查"，这应当是后来广泛流行的内容审核制度的雏形，这也是事实核查发生嬗变的早期表现之一。笔者在2006年到2008年曾经在西部某省级报业集团网站的两个论坛担任版主，同时还担任网站首页新闻、财经频道和国际频道的编辑，日常工作主要是后者，即更新首页要闻以及所负责频道的新闻，对于重大的新闻事件做网络专题，而在论坛工作中，主要是核查内容是否符合法律规定、是否为低俗内容等。作为当时的论坛管理员，最忙碌的是早晨上班之后，因为经过一夜的时间，论坛管理员在这期间处于休息状态，加上所在的论坛没有自动拦截低俗内容的软件，所以会有一些用户发布不良内容，在这种情况下论坛管理员就需要及时打开页面，迅速删除论坛里的不良内容，此外，版主还被要求亲自写作并发布高质量的帖子，一来是提升论坛的档次，二来是强化论坛的舆论导向。从这些切身经历的事件中，可以得出一个结论：在当时，对于网络社交平台主体而言，在实践中要求用户对所发信息进行专业性的把关有一定的难度，即使到了本书写作的2020年10月底，这也是一个没有彻底解决的问题，但是，在1998年前后，对于企业而言，可能都认为不仅无法要求用户核实内容，就是网站自身核查内容也有难度。闵大洪先生记载了当时一些网站的做法，"作出网站声明，保留网站权利——声明网民在论坛上发表的言论不代表网

---

[1] 闵大洪：《中国媒体20年：1994—2014》，电子工业出版社2016年版，第25—26页。

站立场，也无法对网民提供的信息真实性加以核实，网站可以行使对网民的帖子进行删除或编辑的权利"①。这个观点本来的意图可能是给网站删帖或者编辑用户生产的内容提供合法性论证，在无形之中也显示出当时乃至 2017 年前后还流行的一个观点，"网络平台只是内容的搬运工，不负责价值观的传播"。这实际上是技术决定论的另外一种表现，如果我们明白了技术决定论的主要命题，也就知道为什么会有这种观点的出现并广泛传播。"技术决定论通常包括三个命题，第一，技术是一种自治的力量，可以自行生产新观念而不必依赖其他社会要素。第二，在社会平稳发展的前提下，技术是促使人类生存状况发生变迁的首要动力。第三，在社会平稳发展的前提下，由新技术导致的变迁对社会产生巨大的影响并可改变社会的形貌。"② 这些观点夸大了技术的作用与影响，实际上，网站作出这种免责的声明没有实质性意义，在网络内容产业的发展过程中，获得巨大利益的一方是网络公司，只想获得利益，拒绝承担责任，这种违背现代社会"权责对等"理念的想法怎么可能成为现实呢？

二、商业网站刊发新闻中的"把关"忧虑

1998 年在事实核查发展史上是个特殊的年份，如同那一年的特大洪水一样，在 20 多年后回忆起来，彼时确实是一个符号的表征，它更多意味着这个社会在转型探索中所遭遇的一些历练，但是它却处处表现出影响未来若干年的一些不起眼的事件，"我们不能预见未来，然而，

---

① 闵大洪：《中国媒体 20 年：1994—2014》，电子工业出版社 2016 年版，第 53 页。
② ［美］伊莱休·卡茨等编：《媒介研究经典文本解读》，常江译，北京大学出版社 2011 年版，第 178 页。

构成未来的种种条件就存在于我们周围"①。网络上的内容把关不仅在以用户发布为主的平台上争论开来，同时也在商业网站的业务拓展中引起关注。1998 年，诸多商业网站登上历史舞台，一些网站开始尝试刊登新闻，关于此类网站能否刊登新闻这一议题，在当时争议颇大。典型的观点是 1999 年 9 月 15 日《光明日报》的《电脑网络世界》周刊上刊出的《商业网站不应发布新闻》一文所代表的，其主要观点正如标题所言："这些'网站新闻'的发布没有像传统媒体一样，经过严格的编辑和对其真伪进行鉴别，使舆论引导社会的作用受到了严重的挑战。"②所谓没有对其真伪进行鉴别，就是指缺乏严格的事实核查，文章进一步指出这种没有经过核查的后果，"随便打开一个网站，到处都能看到不负责任的消息"。作者的这些观点实际上代表了一部分人在主流传统媒体发展黄金时代产生的一种忧虑，因为缺乏内容核查的传播环境对普通用户而言更有诱惑力，大家可以随意表达各种观点，不管真实与否，而且，这种传播行为的成本更低廉。这篇文章更多是对网络媒体的关注，这里网络媒体是指排除商业网站之后的网络传播机构，文章中也包含有关于内容把关的意见："对各种网站在网上开设的读者论坛之类的网页加以必要的管理，引导网民对一些重大新闻事件，以 E-mail 的方式向网站投稿，再经过编辑酌情选登。"③所谓的"加强必要的管理"以及"经过编辑酌情选登"恰是事实核查环节所涉及的操作层面。

这篇文章引发了一些学者的不同看法，闵大洪先生便是其中之一，他从另外的视角来探讨内容存在的问题，他说："如果国内网站发布了不实新闻或产生了不良后果，如泄露国家机密，挑起民族不和，煽动社

---

① 　[美] 孔飞力：《叫魂：1768 年中国妖术大恐慌》，陈谦、刘昶译，上海三联书店2012 年版，第 3 页。

② 　郭乐天：《商业网站不应发布新闻》，人民网，1999 年 9 月 15 日。

③ 　郭乐天：《商业网站不应发布新闻》，人民网，1999 年 9 月 15 日。

会动乱，散布色情淫秽，侵犯他人隐私权，名誉权，肖像权等，则必须承担相应的民事甚至刑事责任。"这篇文章的价值不仅止于此，更重要的是明确提出了事实核查的观点："商业网站应健全新闻发布的审核机制"[①]。在笔者所掌握的资料范围内，这是国内学者较早提出建立网络内容把关机制的文章，它是经过网络社交媒介 BBS、商业网站发布新闻等一系列事件争论之后的产物，尽管只有一句话的内容体量，但是这种观点却意味着另一种把关的逻辑，把对内容的规范以一种较为职业化或者专业主义的面目呈现出来。实际上，这种思路在网络新闻发展的实践中一直延续下来，关于内容核查更为公开的讨论则是发生在博客平台上的"第一案"事件。

三、"博客第一案"引发的思考

我国的博客在 2005 年前后发展起来，和 BBS 不同的是，博客更像一个用户在网络空间中的自留地，几乎任何用户都可以在其中深耕，发表的文章在篇幅和逻辑性等方面也远远不同于 BBS 上的杂乱信息。博客更像一个公共广场，上面众声喧哗，这背后的逻辑是，"网络社交媒介的场景解构了纯粹以地理位置为逻辑的传统社会的空间，重构了基于信息环境和技术体验的新的社会空间"[②]，政府有效规范这种新型媒介的能力面临复杂实践的挑战。人们意识到博客的内容需要进行核查源自"博客第一案"的出现。2006 年，南京大学新闻与传播学院的一位教师发现博客上有人发文说他"猥琐"、"烂人烂教材"，该教师便向博客的运营方提出删帖请求，但是在沟通过程中，由于一些理念方面存在差

---

① 闵大洪：《评论：网站可不可发新闻》，新浪网，1999 年 10 月 11 日。
② 江飞：《场景研究：虚拟民族志的逻辑原点》，《学海》2017 年第 2 期。

异，导致帖子持续存在一段时间，最后，该教师向法院提起诉讼。这个案例被形容成"博客第一案"，引起《人民日报》从 2006 年 6 月 26 日到 2006 年 7 月 6 日在政治新闻版上持续关注，先后刊发了七篇《关注博客侵权》的系列文章。除了第一篇文章以外，其余六篇文章分别是从网络平台（第二、六篇）、受众（第三篇）、管理主体（第四、七篇）和法律专家（第五篇）四个角度展开的，但是不论从哪个角度展开，这些文章都有一条主线，即网络平台的利益相关者（包括用户）要承担相关责任。

《关注博客侵权》1 刊发在《人民日报》2006 年 6 月 26 日第 10 版，引题是《老师遭学生在博客上侮辱，要求网站删帖未果怒而起诉》，主题是《"博客第一案"南京开庭》，作者是肖潘潘、龚永泉，作为系列文章的第一篇，内文中并没有体现出报社较为明显的观点，文章较注重各种不同观点之间的平衡，大致有三种观点：

（1）如果博客中有侵犯他人权利的内容，网站管理者应承担相应监管责任；

（2）博客既是私人空间，又是公共场合，有大量用户登录和浏览，博客主人应知晓该点，做到文明上网；

（3）博客就是个人日志，在上面发泄个人心情没有什么大不了的，作为博客主人，应该免责。

这三种观点实际上延续了之前的关于内容核查的主体之争，网站管理者和博客主人究竟谁应该承担这个责任？从当事人起诉博客网站而不是博客主人的做法已经可以看出，网站管理者在网络社交媒体平台内容核查方面的作用要更重要一些，但是上述三个观点中有两个都是聚焦博客用户的，不论其是否该负责，都说明该群体是核查流程中的重要节点。

51

（一）从平台的角度分析

《人民日报》关于"博客第一案"系列报道中的第二次和第六次报道是从平台的角度探析的，这两篇文章的基本观点是，一方面认为平台在核查中存在操作难度，另一方面又较为详细地报道出平台针对不同的内容所采取的不同核查策略，没有批评倾向的观点。

观点一：网络平台在核查实践中有难度，这是第二篇文章的主要观点。《关注博客侵权》2 刊发在《人民日报》2006 年 6 月 27 日第 10 版，引题是《3 名编辑应对 10 万博客，难以事事都管担心人气下降读者流失，不愿事事都管》，主题是《博客管理者自述》，副题是《"管与不管都无奈"》，作者是肖潘潘。这是系列报道中的第二篇，从复杂的标题中可以看出，该报道是从博客管理者的角度来着眼的，最大的特点是，网站管理方区分出了不同的内容核查领域，有些领域是博主自行把关的："这位（博客频道）负责人称，一般来说，博客的内容和留言由博主本人负责并进行把关，一般都应自动删除脏话和明显侮辱人的内容。"而由博客管理者把关的内容有，"国家规定的'有害信息'都会被过滤，如不利于国家安定团结，不利于建设和谐社会和网络文明，色情、赌博等内容"。这种区别对待的内容核查理念非常值得玩味，它的指挥棒应该是利益最大化，就连其中原有的逻辑都被这个指挥棒给扭曲了。试想，3 名编辑应对 10 万博客能作为忽略内容核查的原因吗？显然不能，正常情况下由这个前提推导出的结论是增加编辑的力量，而不是作为逃避承担责任的理由。那为什么涉及国家规定的有害信息又被博客管理者纳入把关的流程呢？道理十分浅显，侵害到个体利益的事件，基本上不可能对这些网站的发展构成重大的影响，如果违反法律的规定，很可能产生难以挽回的损失。易言之，在这个场域中，哪怕是南京大学这样知名高校从事传媒法制研究的教授，也处于弱势群体的位置，更何况是其他泯然于众人中的普通个体。

观点二：不同的平台和内容在核查实践中采取的方法不同。这是第六篇文章的主要观点。《关注博客侵权》6 刊发在《人民日报》2006 年 7 月 5 日第 10 版，引题是《本版连续推出"关注博客侵权"系列报道，引起读者关注。近日本报与人民网联合召开座谈会，部分门户网站负责人应邀参加》，主题是《博客管理者：网站管理，难在哪里》，作者是肖潘潘、刘晓鹏。本次系列报道将关注的焦点又转向了网站方面，是对系列报道 2 的进一步深化，从两次报道的标题也可以看出它们之间的逻辑关系，第一次是"网站管理者的自述"，而这次报道则重在分析管理的难点。这次报道策划邀请了人民网、新浪网、和讯网和搜狐网等知名企业的有关负责人，尽管调研的样本存在瑕疵，但是从这些业界人士的部分观点中，还是可以看出关于内容把关的一些端倪。这次报道与其说是在探讨网站管理的难点，还不如说在分析内容把关在快速发展的网络平台面临的一些新问题：用户激增挑战既有的内容核查方式。人民网的负责人提出的问题是："如果地点、涉及的人名等信息过于详细，强国博客编辑将不予审核通过，但目前面临一个问题，审核严格后，编辑压力增加。仅靠编辑力量进行审核是远远不够的。"新浪网负责人具体介绍了 2006 年网站关于内容把关的情形："对博客的管理是技术与人工相结合的管理。技术管理就是设置相关关键词，做到对反动、色情词语的把关。人工管理就是进行审核工作，对人气博客和推荐博客的用语、内容进行审核。"和讯博客关于内容把关的做法是："建立了一套可信任的用户管理机制，一旦出现负面影响很大的抄袭、对骂事件，博客用户将被降低信用级别。"这些举措闪烁着算法推荐时代的内容核查的光芒，而且此后十余年的内容核查制度的发展基本是沿着上述几家实践的方向发展的（至少 2020 年呈现在公众视野中的内容核查主题和这些措施有着很大的重合）：技术核查和人工核查结合、差异化对待用户以及扩大人工审核员的规模。在这七次系列报道中，第六次的报道最值得深入研究，因为从事后的实践来看，主管机构基本是在尊重既有核查实践的基础上，扩大了某些要素，从而形成了之后的内容核查职业这样的发展路径。

（二）从读者和法律专业人士的角度分析

系列报道中的第三篇和第五篇文章是从第三方主体的角度展开的，这些个体属于非利益相关方，因此其观点的可信性要更强些，第三篇文章中列举的两位读者观点都是批评不注重内容核查的平台，第五篇文章中法律人士的观点则是针对那些没有核查自己内容的博客用户。

观点一：平台应该尽到核查责任。这是第三篇文章的观点。《关注博客侵权》3 刊发在 2006 年 6 月 28 日第 10 版，本文没有署名作者，引题是《读者热议》，主题是《网络侵权　谁来"埋单"》，该报道从读者的角度展开，这是和系列报道 2 区别最明显的地方，报道摘录了来自黑龙江、江西、陕西、四川、北京、重庆等地六位读者的观点，其中对博客网站持有批评态度的有两人，一种声音是"不顾'名声'，何来'生意'"，另外一种声音是"不能只讲运营效益"，前者涉及企业道德层面的问题，所提及的观点和措施多依赖于企业的自觉性，批评也仅从道义的层面进行。后者在重视企业运营的同时，还特意分析了失范产生的原因，其中和内容把关密切相关的是，"出现'博客侵权'，原因无外两个：网站编辑失职，博客作者堕落，应该各打五十大板。网站专设编辑职位，职责就是把关博客内容和规范博客行为"。这种观点把对内容进行把关的职责放在网络编辑的肩上，这和系列报道 2 中泛泛认为"博客管理者"负有把关责任还是有着根本的不同的，网络编辑负责下的内容核查使得该项工作被纳入专业技术的框架内，它使核查隐藏在新闻专业化生产的过程中。在六位读者的观点中，还有两人倾向于中观层面对博客内容失范进行把关，一人通过自身开博客的经历来说明低俗内容带来的危害，另一人则直接提出"希望有关部门尽快出台相关法律"，后一种观点也是近十余年以来网络平台在发展的过程中，各级主管机构一直着手开展的一项重要工作，但是复杂的现实让人很难在法律和职业化操作之间判断内容鉴别效果的优劣高下，一方面，法律条文滞后的情形需要出台各种层级的规范性文件来解决其中的问题；另一方面，网络平台迭代迅速，新问题层出不穷，新出台的法律规范很难跟上这种复杂的形势。

观点二：博客用户要尽到核查自己所写内容的责任。这是第五篇文章的主要观点。《关注博客侵权》5 刊发在《人民日报》2006 年 7 月 3 日第 10 版，引题是《法律专家——》，主题是《博客不能"想写就写"》，作者是肖潘潘、邱炯。文章从法律专家的角度对"博客第一案"中所涉及的侵权问题做了解读，字数超过千字，在七篇系列报道中稿件长度为第二（篇幅最长的报道为系列报道6），文章的主旨是立法，文章的最后一句话说："管理良好的实践方则是博客管理者，他们在博客日志的管理工作中，应注意在内容审核上严把质量关。"这种把良好的管理和内容核查对应起来的观点是在经过一系列观点交锋之后得出的结论，这篇文章探讨问题的框架是在法律范畴内，但是最后的观点却是寄希望于网站内部的职业化操作，这种错位可能反映了法律专家和媒体之间对于网络内容失范问题认识之间的偏差，尽管导语开宗明义指出博客使用不能突破法律底线，这算是给系列报道 5 定下了基调，在报道的开始、中间和最后环节都强调了网站管理方作为内容核查者的重要作用，如文章在开始提出"删除超出文明用语范畴的帖子是博客管理者的义务"，在文章的中间，提出"博客服务商有义务为所有博客使用者提供一个秩序良好的交流平台"，文章的最后则直接提出内容核查的观点，这是系列报道中第二次直接提出内容核查的观点（系列报道 3 第一次直接提出内容审查的观点）。

（三）从主管机构的角度分析

系列报道的第四和第七篇从主管机构的角度来谈论"博客第一案"中存在的问题，两篇文章的观点一致，都是强调监管和规范的重要性。

《关注博客侵权》4 刊发在《人民日报》2006 年 6 月 30 日第 15 版，引题是《信息产业部、国务院新闻办联手加强监管》，主题是《文明办网"盯紧"博客》，本文的作者为冯晓芳、邱炯。此次报道围绕内容把关的主体展开，内文中引用了当时国务院新闻办和信息产业部相关负责人的观点，他们提出的基本上都是一些中观或者宏观层面上的改进措施，这些观点围绕一个主题展开，即"净化网络环境"，具体内容包括："加大对传播有害信息的论坛、博客、搜索引擎等的监管"，"加强对网站从业人员的培训"，"加强技术能力建设"。对于内容核查的发展而言，这三点对于 2006 年以后的实践影响巨大，而且基本都落实到了操作层面。

措施一是让网络社交平台承担更多的内容把关责任。一些网络平台在信息产业中呼风唤雨，获得其他类型企业望尘莫及的经济收益，理应在确保内容的健康传播方面承担更多的义务。

措施二是对从业人员进行培训。在实践中，这种培训已经在有条不紊地开展，在笔者所任职的新闻与传播学院，截至 2020 年 10 月，已经连续四年对所在省的网络编辑人员进行从业资格的培训，这种培训和新闻从业人员岗前培训有些类似，只是培训的主体是所在省份的网络信息办，培训的内容涉及网络传播的业务、治理、传播伦理以及舆情等，培训的时间一般控制在一周以内。2017 年下半年是第一期培训，笔者从培训班学员通讯录上看到，接受培训的学员既有来自新闻网站的，也有来自非新闻网站的，既有来自省会城市媒体的，也有来自非省会媒体的。

措施三则是智能传播时代的先声，它预言了在新传播时代针对内容核查的非人工化发展趋势。该模式主导下的内容把关模式尚未和职业化核查逻辑相互融合，对于此类内容把关的研究较为单一，大量的规范性文件中的具体规定被过度固化，从而忽视这些具体规定背后的文化层面上的问题。

《关注博客侵权》7 刊发在《人民日报》2006 年 7 月 6 日第 10 版，引题是《本报刊登的关注博客侵权问题系列报道引起读者关注，7 月 5 日，国务院新闻办公室网络局负责人接受本报专访》，主题是《规范管理　博客自身发展的需要》，作者为肖潘潘、刘晓鹏。这是七次系列报道的最后一次，也是内容体量比较大的一次，报道中还展示了部分读者的留言，有总结的性质，从中我们看到了结构性压力的要素，因此其价值和影响不言而喻。这一次报道有两个方面是对系列报道 4 中的部分观点做了重复性强调，一是"加大对传播有害信息的论坛、博客、搜索引擎等的监管"，二是"网络从业人员培训将成为制度"。这两个方面是由当时的国务院新闻办网络局负责人所提出的，尽管两篇文章的基本观点不同，但还是透露出之前所没有的信息，比如就加大监管力度而言，该负责人认为："网站对博客评论的管理较为松散，主要交由博客用户管理，并允许匿名发布评论，这在一定程度上增加了维护博客的难度。我们曾对 10 家国外主要媒体网站进行调查，发现部分网站为特约专栏作家提供了博客服务，但未有网站提供面向普通网民的博客服务，已开设博客服务的网站对发布评论者也设有要求。"此处"博客评论"所暴露出的问题是博客平台存在诸多问题的一个方面，"网站管理乏力，用户匿名发评论"，这是当时对博客平台所患症候的总结，这些问题也在之后的发展过程中被重视。而对国外机构调查后得出的一些观点，如国外博客对用户群体的限制和对博客评论者的要求等，这些倒是在之后很长一段时间内没有体现出来，注意此处的措辞是"很长一段时间"，但是微博平台在 2020 年的自身的改革过程中，对微博评论者做出了一些设置（例如，新关注一个微博账号，在一周之内不能在该账号发布的文章下发表评论）。本次系列报道还有 200 余字的"读者留言"版块，大致分两种观点，一种认为"严格按照有关规定维护博客网站，是每个博客管理者义不容辞的责任"；另一种观点认为"博客主人除了表达个人的看法外，更要注意自己的社会影响和社会责任"。

　　"社会规则不仅仅是一种作用在个体身上的外力，而且已经通过持续的社会化过程得到内化。社会不只在'外部'存在，而且还在个体'内部'存在"。① 如果说这次持续十余天的系列报道对"博客第一案"有什么显性功能的话，很可能就是把内容核查的责任分摊给了博客用户，而"博客第一案"的当事人、南京大学的那位教授当时则是跳过了内容发布者，直接起诉博客网站管理方，最后案件的判决结果也是网站平台向受害人发布道歉声明并赔偿经济损失。这些报道是对内容失范主体进行责任划分的一次实践，但更是从中观和微观层面来梳理内容治理的一个过程，中观层面的加强监管、出台新法规、加强对规范的解释工作愈发成为一个不可或缺的过程。在这中间起到重要作用的是技术，"每当社会开发出使自身延伸的技术时，社会中的其他一切功能都要改变，以适应那种技术的形式"。② 在上述七次系列报道中，对之后网络社交媒介的发展影响最为深刻的恐怕就要数事实核查了，这是博客时代内容核查第一次系统出现在媒体报道的视野中，我们勾勒出它当时的大致画像，发现和 14 年后的内容审核员这一职业有着太多相似的基因，好比一个蹒跚学步的孩子，长大成人，事实核查也从网络编辑的一个技术性业务演变成了一种职业技能，某种程度上，这可以算作是这次系列报道

---

① 　[英] 安东尼·吉登斯、飞利浦·萨顿：《社会学》，赵旭东译，北京大学出版社 2018 年版，第 74、75 页。

② 　石义彬：《批判视野下的西方传播思想》，商务印书馆 2014 年版，第 169 页。

呈现出的隐性功能。

第三节　把关手段的制度化支撑

"人类生活的许多内容由在特定的制度中扮演的这些角色所组成。要想理解一个人的生活历程，我们就必须理解他已经及正在扮演的各个角色的重要性和意义；而要理解这些角色，我们又必须理解（这些角色所属的）各种制度。"① 因此，了解对内容进行把关的现实法律制度环境十分必要，本部分通过对我国十余年来颁布的与此相关的规范性文件进行分析，发现这些规范性文件是事实核查嬗变的制度化支撑，因为它们影响着文化制度的形成，而文化的制度属性又有着强大的张力，能够深刻影响生活于其中的人们，使身处其中的个体产生认同感。

一、多部规范性文件出台

2007 年到 2019 年，多个部门出台了一系列和网络平台上的事实核查有关的规范性文件，清晰地展示出核查策略和主体嬗变的过程。

2007 年 12 月，国家广播电影电视总局和信息产业部联合发布《互联网视听节目服务管理规定》，其第八条第二款和第五款分别规定，"有健全的节目安全传播管理制度和安全保护技术措施；有与其业务相适应的专业人员"。第十八条规定，"互联网视听节目服务单位对含有

---

① ［美］C.赖特·米尔斯：《社会学的想象力》，陈强、张永强译，生活·读书·新知三联书店 2012 年版，第 173 页。

违反本规定内容的视听节目，应当立即删除"。当时由于网络技术发展的原因，网络视听产品在规模和影响上有限，因此对于其规制也从中观或者宏观着眼，规定要有"健全的节目安全管理制度""专业人员""删除违法内容"等，但是这些要素是内容把关制度的重要组成部分。

2008年2月，《中国互联网视听节目服务自律公约》颁布，其第三条和第五条分别规定，"对网民上传的含有违法违规内容的视听节目，应当删除"，"各缔约单位应建立健全内部管理制度，加强人员培训，杜绝不良信息传播"。尽管这是一部具有自律性质的公约，但具体的内容仍然体现出内容把关的重要性。该公约和上述《互联网视听节目服务管理规定》在很大程度上是针对 PGC 内容生产模式，但是具体的条文中却包含着 UGC 内容生产过程中把关工作的萌芽因素，如删除不良内容、加强培训、健全制度等，这意味着在直播和短视频传播情景下的内容把关工作流程逐步发展完善。

2013年9月，最高人民法院与最高人民检察院出台的《关于办理利用信息网络实施诽谤等刑事案件适用法律若干问题的解释》规定，利用信息网络诽谤他人，同一诽谤信息实际被点击、浏览次数达到5000次以上，或者被转发次数达到500次以上的，应当认定为刑法第246条第一款规定的"情节严重"，可构成诽谤罪。对于谣言和诽谤信息的规范首次被纳入刑法框架内。该解释的影响是，从用户层面强化了进行自我把关的必要性，把由于内容失范所造成的危害纳入刑法框架，这强调了对内容进行把关在整个互联网内容产业中的重要性。

2016年7月，国家网信办印发《关于进一步加强管理制止虚假新闻的通知》，规定网络社交平台上未经核实的内容不能直接作为新闻报道刊发："严禁网站不标注或虚假标注新闻来源，严禁道听途说编造新闻或凭猜测想象歪曲事实。"这个通知出台的背景是，2016年，影响力大的网络假新闻数量空前之多，诸如"东北村庄'礼崩乐坏'"、"长沙大巴被纵火"、"上海女孩春节逃离江西农村"、"城市媳妇回乡过年不能上桌吃饭怒掀桌子"等。① 各种来路不明的内容侵蚀着新闻的客观性根基，混淆受众的视听，这个通知实际上是把澄清性新闻的一些要求推广开来，但只能起到事前的警示作用，而这又为内容把关提供了一个大有可为的空间。

2016年9月，国家新闻出版广电总局下发《关于加强网络视听节目直播服务管理有关问题的通知》，其第三条规定："互联网视听节目服务机构，在开展网络视听节目直播服务时，应配备与活动内容相适应的审核人员对直播内容进行审看。"从2007年到2016年，经过十年的发展，针对网络视听媒介的把关模式终于系统化和规范化。其第四条规定："开展一般社会团体文化活动、体育赛事等组织活动的直播中如开通弹幕功能，则应加强对弹幕内容的管理能力，配备专门的审核员对弹幕内容进行审核。"② 配备内容审核员涉及的领域范围从两方面被拓展了，一是内容方面被延展至一般的文化和体育类领域；二是内容呈现的媒介被扩大到弹幕，尽管对一些"互联网难民"而言，很可能不晓得"弹"字该如何发音。规范性文件专门提到审核员对弹幕内容把关，这种做法给我们带来的思考是，新的媒介形式日新月异，规范性文件该如何避免疲于应付呢？

2016年11月，国家网信办发布的《互联网直播服务管理规定》第七条规定，"互联网直播服务提供者应……配备与服务规模相适应的专业人员，健全信息审核、信息安全管理等制度"，"还应当建立直播内容审核平台，根据互联网直播的内容类别、用户规模等实施分级分类管理，对图文、视频、音频等直播内容加注或播报平台标识信息，对互联网新闻

---

① 参见《社交工具上内容未经核实不得作新闻刊发》，新华网，2016年7月4日。

② 《关于转发〈关于加强网络视听节目直播服务管理有关问题的通知〉的通知》，江西省新闻出版局网站，2017年9月8日。

信息直播及其互动内容实施先审后发管理"。第十条规定，"互联网直播服务提供者应当加强对评论、弹幕等直播互动环节的实时管理，配备相应管理人员"。① 从这两条规定可以看出，建立并完善信息审核制度以及先审后发的迫切性对网络内容审核员这个新兴职业的产生起到了推动作用，而且，对内容进行把关的范围也较广泛，涵盖了图片、文字、音视频、网络评论以及弹幕等一些新生事物。另外，对内容类别和用户规模实行分级分类管理，这种说法也颇有远瞻性，至少表明分级制度有可能在未来某个节点发挥更广泛、更重要的作用。规定提出了"先审后发"的管理方法，作为针对 UGC 内容传播的一个把关举措，这种方法强化了网络内容传播中把关人的重要性，应该说，这是对过去若干年互联网公司发展模式的一个反拨，因为过去曾一度强调互联网内容公司的科技性而忽略了其对价值观的影响。"无把关，不传播"的要求表明，在传播的流程中，把关环节被前置了，凸显出内容安全在内容产业中的重要性。

中国网络视听节目协会在 2017 年 7 月发布了《网络视听节目内容审核通则》，《通则》有 6000 余字，分为六章，包括总则、审核原则、导向要求、节目内容审核标准、罚则和附则等内容。这是首个专门为规范内容把关行为而出台的文件，通则中对一些核心概念做了界定，关于内容审核的研究，主管部门似乎走在了学界的前面。通则的第四条对内容审核做了界定："指从事互联网视听节目服务相关单位在播出网络视听节目前，对拟播出的视听节目作品和用于宣传、介绍作品等目的而制作的图文及视频内容的审核。"此处对内容审核的主体、时间节点和题材范围做了明确的规定，例如，内容把关的时间节点为网络视听节目播出之前，而把关的范围包括图文和视频等内容。这部通

---

① 《国家网信办发布〈互联网直播服务管理规定〉》，中国网信网，2016 年 11 月 4 日。

则和下述《网络短视频平台管理规范》第五条结合起来解读，可以看出，两条规范对内容审核员的工作做出了详尽细致的规范。内容审核员的资质要求被首次提出，主管部门的认可被作为从事内容审核工作的前提。

中国网络视听节目协会 2019 年 1 月公布《网络短视频平台管理规范》，《规范》分为总体规范、上传账户管理规范、内容管理规范和技术管理规范等四部分。和内容把关有关的有第四条和第五条，"网络短视频平台实行节目内容先审后播制度。平台上播出的所有短视频均应经内容审核后方可播出，包括节目的标题、简介、弹幕、评论等内容"，核查的范围基本覆盖了一则内容产品及其衍生内容，"网络平台开展短视频服务，应当根据其业务规模，同步建立政治素质高、业务能力强的审核员队伍。审核员应当经过省级以上广电管理部门组织的培训，审核员数量与上传和播出的短视频条数应当相匹配。原则上，审核员人数应当在本平台每天新增播出短视频条数的千分之一以上"，这些规定无疑更加细化和完善了内容核查的制度化建设。平台管理规范的第五条提出了把关的依据，"应当按照国家广播电视总局和中国网络视听节目服务协会制定的内容标准进行"。该规定明确提出了建立审核员队伍，并从人数和业务等方面提出一系列要求，还规定审核人员需要接受岗前培训，这一点和新闻从业者岗前培训很类似。规定还从制度层面明确提出了内容把关的依据标准，即国家广播电视总局和中国网络视听节目服务协会制定的内容标准。目前，能看到的关于内容把关的标准细则还有下面将要论述的《网络短视频内容审核标准细则》。

2019 年 1 月，中国网络视听协会还公布了《网络短视频内容审核标准细则》，该文件对 2017 年颁布的《网络试听节目内容审核通则》中的"节目内容审核标准"部分进行了系统化、细致化的扩展，也是首部对网络内容审核工作的标准做出规定的规范。①《细则》大概有 4000 字，共分 100 条，分为内容审核基本标准和内容审核具体细则两大部分。例如，网络短视频节目及其标题、名称、评论、弹幕、表情包皆属于内容审核的范围，表情包在这里被纳入审核中，和弹幕一样，表情包传播的特点是动态、易逝，核查起来有一定的难度，但是既然被纳入规范性文件中，说明其在实践中的传播范围和影响较为广泛，这是一个新的研究课题，在未来，和弹幕、表情包有类似传播逻辑的新内容产品，对于它们的规范确实是值得深入思考的问题。细则部分具体列出了 21 条内容审核方面的要求，在这 21 条下面，又以"例如"的形式列举出了 100 条审核的具体细则要求，涉及政治、历史、文化、宗教等方面，例如第十六条关于"严禁展示淫秽色情，渲染庸俗低级趣味，宣扬不健康和非主流的婚恋观的内容"，下面的具体内容有 18 条，从内容和形式等方面具体细致规定了禁止的情形。

总体来说，上述一系列规范性文件使得不同层面的核查在一定的法律框架内进行，对于使用不同媒介的信息传播者而言，法律是一种来自外部的力量，和道德约束相比，其约束力最大的特点是具有强制性，但是截至本书写作时，学界关于内容核查模式其实缺少一个全面、完整而又深刻的理论阐述，相比较而言，上述规范性文件中倒比学术文献中记载得更为明晰一些。以上文件共同形成了一套"技术规范"，大致确定了内容审核工作的职业要求和工作范围，使得原先 PGC 内容生产模式中的事实核查工作逐渐被抽离并且放大和强化，成为移动互联网时代新型的把关模式，这种模式在实践中的发展和规范文件中的展现有着同频共振的特点。内容审核成了"社会事实"，是"约束和引导人类行为的制度和规则，对个体而言，社会事实能被感受为外部的压力，尽管大多

---

① 参见《网络短视频内容审核标准细则》，中国经济网，2019 年 1 月 11 日。

时候想当然地将它们视为生活的自然或正常的部分"①。内容审核这个社会事实独立于数以亿计的网络用户，并且形塑或者约束了他们的内容生产行为，这种约束是通过实际的以及"想象的把关"来促使用户进行自我约束。此外，上述政策的制定主体多元，建构出一个特殊的"政策社群"的雏形，所谓政策社群指"每一项政策领域都被一些利益团体、专业协会、科学家、积极分子等所包围，他们都有权对政策发表意见，政府要适时做出决策，这使得管理过程具有开放性和协商性，该方法允许参与者之间以及参与者与有关机构之间，就将会转变为法律的规则的性质进行协商"②。

二、关于几个问题的说明

如果从嵌入理论的角度来研究内容核查问题，则需要明确如下几个问题：嵌入的主体是谁？嵌入的对象有哪些？嵌入的过程、空间和效应分别如何？在本书展开详细的论述之前，有必要对这些问题做个简要说明。嵌入的主体是从事内容核查工作的个人、群体或机构，囊括了新闻机构中的把关者和内容核查从业者两个层面，把后者看作成嵌入主体的合理性还在于内容把关的发展很大程度上是由主管部门、传媒机构和第三方外包方合力推动的结果。内容核查工作嵌入的对象是传统媒体和互联网建构出的公共空间。具体而言，事实核查嵌入的对象是由政府部门、边界型组织、企事业单位和网络社区开展把关实践的客体，下文把它指涉为在互联网管理范围内各种有行政特点的组织、机构依据政策所

---

① ［英］安东尼·吉登斯、飞利浦·萨顿：《社会学》，赵旭东译，北京大学出版社2018年版，第11页。

② ［美］盖伊·彼得斯：《政府未来的治理模式》，吴爱民、夏宏图译，中国人民大学出版社2013年版，第48—49页。

开展的规范活动,以及开展这些活动的基本理念和做法等。嵌入的过程和空间是指内容把关怎样进入和嵌入哪些具体的互联网治理领域。现在网络平台的内容把关模式脱胎于传统媒体业务流程中的事实核查行为,但是从事实核查到现在作为一种职业的内容审核,它有着独特的发展过程,其发挥作用的领域也从传统媒体的采编流程扩散到网络内容生产过程中去了,发生的变化有:场域被进一步拓宽,把关的主体由新闻机构中的专业群体变成一种新的职业从业者,从原来的审核与查验并重变成了重判断、鉴定而轻查证,因此,本书把内容审核认定为事实核查的一种。就核查嵌入内容产业发展的过程而言,本书从制度层面作了分析,把媒体的事实核查和诸多平台作为不同制度的产物,这个分析视角让我们注意到,和内容把关与规范有关的制度是一套特色鲜明的社会行为,更是一种不可或缺的调控机制,"制度提供程序,通过这种程序,人的行为模式化,沿着令社会满意的渠道前进"①。我们还从某些个案入手详细考察内容把关是怎样进入政府主导或大众媒介主导的内容规范领域的。关于嵌入空间,本书把它界定为内容把关在哪些领域、哪些项目里发挥作用。不论内容把关嵌入何种空间,这些空间的共性是,它们是新的内容把关人、原来的内容把关人、政府管理部门等共同合作或者竞争的领域。

本章小结

南振中先生提出要认真研究"澄清性新闻",试图把其作为解决信息

---

① [美]彼得·L. 伯格:《与社会学同游:人文主义的视角》,何道宽译,北京大学出版社 2014 年版,第 100 页。

干扰问题的方案。这是首次有专家就事实核查的行动予以理论提升,"澄清性新闻"的出发点和侧重点应放在"澄清"上,如果所澄清之事关乎大局,需要引申和阐发,可同时配发评论,最好不要在"澄清性新闻"中夹杂太多的议论。无论是战争年代还是和平年代,无论是政治类新闻还是经济类新闻,我国主流媒体向来都很重视澄清性新闻。和事实核查相关的新闻多发生在复杂的场域,"是一个竞争的场所,各种组织的、文化的、商业的以及变化的职业准则决定新闻的样貌,而这个场所不断变化的状态,又为考查媒介组织内外权力的性质提供了路径"。

在核查的过程中,一些原来被忽略的信息现在被凸显,而原来被凸显的信息现在又被淡化,核查在不同的层面上交织运作,不同的核查之间多是一种竞争性的关系。事实核查这个概念的泛化,连内容审核也被囊括进来了,表面上看"庶几近之",然而这种"近之"的背后,潜在的结构性要素存在很大的差异。《人民日报》从 2006 年 6 月 26 日到 2006 年 7 月 6 日在政治新闻版上先后刊发了七篇《关注博客侵权》的系列文章,提出"管理良好的实践方则是博客管理者,他们在博客日志的管理工作中,应注意在内容审核上严把质量关"。这种把良好的管理和内容核查对应起来的结论是在经过一系列观点涤荡之后得出的结论。对博客的管理是技术与人工相结合的管理,类似举措闪烁着算法推荐时代的内容核查的光芒,而且此后十余年的内容核查制度的发展基本是沿着该方向发展的:技术核查和人工核查结合、差异化对待用户以及扩大人工审核员的规模。一些相关的规范性文件建构出一个特殊的"政策社群",形成了一套巨大的技术规范,大致确定了内容核查工作的职业要求和工作范围,使得原先 PGC 内容生产模式中的事实核查工作逐渐被抽离并且放大和强化,成为移动互联网时代新型的把关模式。

第二章　报纸和电视中的核查类产品

在不中听，不愿听，或者隔着墙壁和距离听不真的语言里，文字都丧失了主角和轮廓，变成了一团忽涨忽缩的喧嚣。

——钱钟书

本书的第二章、第三章和第四章拟从报纸、电视和网络等媒体的角度来探讨事实核查从新闻的产制变成独立新闻品类的大致状况。任何事物都有其发展的历史，事实核查也不例外，在新闻纸时代、门户网站时代、BBS 以及博客和微博盛行的社交媒介时代都曾出现了与核查相关的工作。"媒体面对的是时下的行为，而且集体制造出一种社会表象。尽管脱离现实，事后可能有反面证据和得到纠正，这种表象也会延续下去，因为它往往只会加强一些直观的解读方式和优先利用一些偏见，从而变得更加牢固。"① 布尔迪厄在这里用"反面证据和纠正"的提法替代了事实核查在中外媒体实践中的普遍性，同时也指出这种做法所面临的问题。就我国而言，不同媒体在实践中设立了数量众多的事实核查类栏目，如，安徽卫视的"谣言终结者"、《人民日报》的"求证"栏目、中央人民广播电台的"央广求证"、中央电视台的"真相调查"、北京电视

---

① ［法］皮埃尔·布尔迪厄：《世界的苦难：布尔迪厄的社会调查》，张祖建译，中国人民大学出版社 2017 年版，第 70 页。

台的"一辨真伪"、浙江卫视的"真相求证"、民生 996 的"谣言粉碎机"、19 楼的"19 谣言粉碎机"、《楚天都市报》的"今日求证"、湖北经视的"真相调查"。无论是"求真"也好,"求证"也好,这些栏目都在追寻一种关于新闻的真实感,而且都是事后核查并将整个流程和结果呈现给用户。

第一节 报纸上的核查类产品

李普曼在谈到报纸编辑部的工作时说:"到达报社编辑部的当日新闻是事实、宣传、谣言、怀疑、线索、希望和恐惧的混合体,其杂乱无章令人难以置信。专业新闻工作者的工作就是理性地筛选与排列新闻。"[①] 但是,这种筛选逐步从"后台"走向了"前台",一些报纸、电视台、网站专门开设了一些栏目来放大这种筛选与核查的过程。从这个角度来说,传统媒体的一些准则和价值也是公众用来区别可靠信息与其他信息的重要手段。在 2011 年前后,事实核查的做法在我国传媒界已经有了一定的传播规模,"辟谣类的'求证新闻'从娱乐界声势浩大地挺进地方新闻,从零星报道到爆发式铺开,如今已经蔚然成风"[②],这表明我国的事实核查类新闻最初始于娱乐信息传播领域,这一点和国外基于政治新闻传播领域的事实核查完全不同。"蔚然成风"的提法则表明在 2011 年前后,这类内容产品影响日盛。对于整个传播业界来说,辟谣做法的流行实际上是传统媒体对网络传播重视速度忽视事件真相的矫正。

---

① 参见陈力丹:《树立全民"新闻素养"理念》,《新闻记者》2014 年第 4 期。
② 王晶卉:《"求证新闻"大行其道的背后》,《传媒观察》2012 年第 2 期。

一、中国新闻奖和主流报纸中的核查"身影"

笔者在分析第 26 届到第 29 届中国新闻奖获奖作品后发现，部分获奖作品所属的种类涉及新闻事实核查领域，具体如下：

在第 26 届中国新闻奖获奖作品中，一等奖获得者为大众网下属的"独立调查"栏目，在参选作品介绍中提到了"调查传闻、还原真相"，其第 293 期报道题为《山大医学标本外流"路"还原 校方全力调查》，通过实地回访，记者采访了事件涉及的全部当事人，还原出医学标本外流的真实过程，遏制了网上疯传的"碎尸案"所造成的群众恐慌。① 在第 29 届中国新闻奖获奖作品中，一等奖获得者为"新华调查"栏目，获奖新闻是其 2016 年的报道作品《（新华调查）哪来"礼崩乐坏"的东北村庄——一则虚构报道的背后》。该新闻中的核查是针对一篇关于东北农村问题严重的自媒体文章而进行的，两相比较，能看出"'事件'从来就是调动媒体的产物。针对某一事件，媒体在一定时间内一致同意把它作为一起事件。记者此时掌握一种特别重要的建构权力，而整个事件炮制的过程，当事群体则无法知悉"②。这两则新闻都有较高的社会关注度，而且都是在谣言广泛传播之后才开始启动对相关事实的核查，这种热点事件中的谣言，"拉近了民众与事件的距离，于不透明的背景下揭示意义，以耳熟能详或是'民间'故事的方式，占领远离政治的领域"③。

还有一种情形是，获奖作品本身就属于事实核查类新闻报道。如在第 28 届中国新闻奖二等奖作品中，由江苏记协报送、《扬子晚报》在

---

① 《中国新闻奖参评作品推荐表》，新华网，2016 年 8 月 29 日。

② ［法］皮埃尔·布尔迪厄：《世界的苦难：布尔迪厄的社会调查》，张祖建译，中国人民大学出版社 2017 年版，第 73 页。

③ ［法］阿莱特·法尔热：《法国大革命前夕的舆论与谣言》，陈旻乐译，文汇出版社 2018 年版，第 88 页。

2017 年 9 月 7 日 A3 版"紫牛新闻"报道的《多吃主食死得早？多吃肥肉活得长？某些自媒体别再一本正经地胡说了!》，就属于典型的事实核查类新闻，大概内容如下：

2017 年 8 月 29 日，著名医学杂志《柳叶刀》发表了一项关于饮食方面的新研究，被一些自媒体解读成"多吃主食死得快"、"多吃肉才健康"，针对这种现象，《扬子晚报》进行了一系列核查，其过程是：发现问题—展开核查—邀请专家鉴定—公布结果。核查者毕业于南京大学国际关系史专业，而且还是一名博士，英语应用能力较强，他先到柳叶刀网站上，下载了与这项研究有关的两篇论文。核查者把原文细致读了一遍，并未发现"多吃主食死得快"、"多吃肉才健康"之类的内容，然后记者联系上自媒体报道中提及的中国医学科学院阜外医院"国家心血管病中心医学研究统计中心"的一名主任，又采访了北京协和医院临床营养科教授等，最终消灭谣言。可见核查者的学识和信息素养在事实核查中非常重要。①

《人民日报》很早就意识到核查类内容的重要性,2011 年 1 月 27 日，该报开设"求证"栏目，到了 2018 年 9 月，共推出 300 多期报道，七年平均下来每个月有三篇。② 学界对于该栏目的研究也有一定的积淀，如浙江日报报业集团下属的期刊《新闻实践》（后改名为《传媒评论》）以《人民日报》"求证"栏目的创新举措为由头，在 2011 年第 7 期策划选题"一线提问：五问新闻求证"，这五问包括：

《一问：人民日报为何求证》，作者系《人民日报》新闻报道与创新研究室编辑，文章总结了求证类新闻的传播模式："每篇报道都注重用典型案例说话、以确凿翔实的数据说话、让'对口'专家和权威人士说

---

① 宋世锋：《参选作品介绍》，中国记协网，2017 年 9 月 7 日。

② 《阻击谣传　正本清源》，新华网，2018 年 10 月 8 日。

话。"该栏目"上下之通"的传播效果在这篇文章中也有所体现,"得到中央领导同志的高度评价""读者也给予充分认可和肯定"。①《二问:如何在众声喧哗中探寻真相》的作者是来自《人民日报》"求证"栏目的采编人员,这篇文章大致描摹出栏目的生产主体、生产方式等:"求证"栏目的主创人员是《人民日报》要闻4版的全体编辑,通过与外部合作的方式来检索选题,合作体现在三个方面:一是和该报其他版面的资深编辑交流;二是和专业舆情监测机构合作;三是读者的反馈(要把读者变成栏目的监督员和通讯员)。内容查证的方式有"多个信源相互印证"。这篇文章让受众看到作为主流大报的《人民日报》在查证内容时的权威性和严谨性。

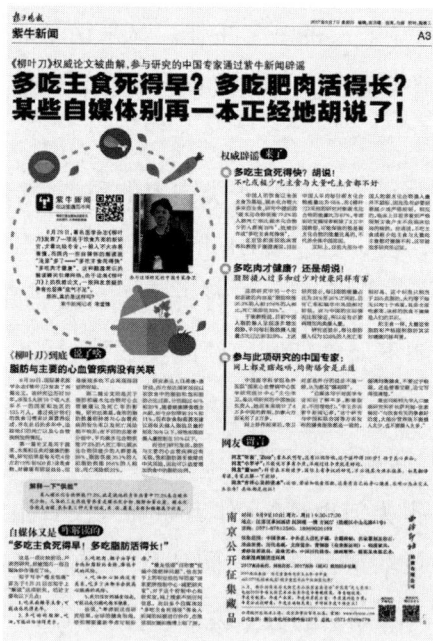

图 2-1　属于事实核查类新闻的第 28 届中国新闻奖二等奖作品

---

① 陈利云:《一问:人民日报为何要"求证"》,《新闻实践》2011 年第 7 期。

　　这些传统大众媒介具有的内容生产优势在互联网时代也面临一些新的挑战，面对海量的需要核查的信息，传统生产方式无异于杯水车薪；挑战还体现在生产的过程中，比如选题确定后，由于报社实行采编分离的制度，因此需要沟通相关的记者来完成采访任务，这无形之中也使得传统的内容查证做法有局限。《三问：新闻求证面临哪些新挑战》的作者来自广东惠州报业集团，《四问：财经报道如何去伪存真？》的作者来自《钱江晚报》，这两篇文章都是介绍报社的记者在采访过程中如何保证客观性、真实性，话题和内容查证的关联倒不是很大。《五问：网络媒体如何做好新闻求证？》的作者是浙江一家主流网络媒体的采编人员，该文分析了当时内容查证类报道存在的问题，如发声的部门不权威、本意是辟谣实际上却做成失实报道，越辟谣效果越差等。在这三个问题中，第一个问题应该说最重要，这篇文章在对策部分也提了一些建议，具体包括：寻找当事人澄清辟谣、让权威部门发声、报道者去实地求证、让网友自动去筛选等。

　　这个选题策划紧贴大众传播实践，成为学术期刊最早探索内容查证方面的代表性研究成果。此外，韩晓丽、孟辉、罗彦的《辟谣，也要看到谣言背后的情绪——〈人民日报〉"求证"栏目的辟谣经验与思考》、沈正赋的《党报开展新闻监督和舆论引导的新路径——对〈人民日报〉"求证"栏目的实证研究》以及一些研究生写作的毕业论文等都丰富了该话题的研究。可见，在2011年前后，学界便从具体的事件、舆论监督、情感等方面关注核查类新闻，应该说有了一个良好的开始。但是遗憾的是，之后关于查证类新闻的研究就徘徊不前，更多人去凑热点，比如在移动传播媒介、内容、效果等方面，也有些研究陷入方法至上的窠臼，对于传播实践中客观存在的问题，极个别的研究也是描述有余而建设性意见不足。

图 2-2 "求证"栏目首页（2020 年 8 月 27 日）

回到《人民日报》的"求证"栏目，来看一篇具体的报道。2018年 1 月 10 日第 4 版的要闻中，在右下半版主标题为《目前流感不具备大流行条件》一文的左下方，有一个红色"求证"栏题。笔者在查阅过程中发现，"求证"专栏只在"要闻"版出现，此外，《人民日报》还通过视频的形式做了一系列"求证"方面的选题。"求证"专栏《开栏的话》这样说道："我们 2011 年起开设'求证'栏目，对各类争议新闻、疑点事件进行探寻，力求通过严谨核实与深入调查，澄清事实，还原真相，回应关切，阻击谣传。"①"求证"栏目的负责人曾谈到，《开栏的话》包含着栏目定位的三个层次：

选题定位："求证"栏目是对各类谣传、不实信息进行阻击与驳斥的专栏，这是选题策划的立足点。报道定位：要求编辑记者带着放大镜寻找证据，深入调查，严谨核实。功能定

---

① 《开栏的话》，人民网，2011 年 2 月 18 日。

位：要求透过现象看问题，传递理性声音，提升公信力，力争做"社会舆论的稳定器"。①

　　此处的"深入调查与严谨核实"是用专业的信息生产模式证伪一些不实信息，这种"带着放大镜"深入调查的做法是和网络内容核查最大的不同，这个栏目的选题有着明确的边界，可以纳入选题范围的有"传言刻意强化官民对立、贫富对立、撕裂社会、激化矛盾；传言制造恐慌，影响稳定；传言具有普遍意义，涉及人群广；事件存在大量疑点，浅层采访没法说清事实，需要深入调查才能接近真相"②。而不可以纳入选题范围的则包括，"一些不具有普遍意义的个别事件、娱乐性较强的八卦传闻以及还未在舆论场中形成热点和不存在疑点的新闻报道"。③

表 2–1　2015 年《人民日报》"求证"栏目刊发的文章

	标题	日期和版次
1	《农民遇天灾　如何少受损》	2015 年 4 月 13 日 4 版要闻
2	《地震避险需因地制宜》	2015 年 4 月 29 日 4 版要闻
3	《"吃草莓致癌"说不靠谱》	2015 年 5 月 2 日 4 版要闻
4	《多地草莓滞销价跌》	2015 年 5 月 5 日 4 版要闻
5	《黄牛抢拍近千张车牌不实》	2015 年 5 月 12 日 4 版要闻

---

① 韩晓丽：《探索以证据为核心的调查性报道——谈〈人民日报〉"求证"栏目》，《新闻爱好者》2014 年第 2 期。

② 韩晓丽：《探索以证据为核心的调查性报道——谈〈人民日报〉"求证"栏目》，《新闻爱好者》2014 年第 2 期。

③ 白真智：《如何在众声喧哗中探寻真相》，《新闻实践》2011 年第 7 期。

	标题	日期和版次
6	《姐妹吃垃圾堆食物毒亡不实》	2015 年 6 月 14 日 4 版要闻
7	《网传"孩子被抢"是谣言》	2015 年 6 月 17 日 4 版要闻
8	《"国际协会"不国际》	2015 年 7 月 13 日 4 版要闻
9	《网络支付限额五千系误读》	2015 年 8 月 2 日 4 版要闻
10	《隔离区外的气和水未被污染》	2015 年 8 月 16 日 4 版要闻
11	《质量无碍　误会一场》	2015 年 8 月 25 日 4 版要闻
12	《吃了致癌物未必得癌症》	2015 年 10 月 28 日 4 版要闻
13	《致癌物，是这样研究鉴定的》	2015 年 10 月 31 日 4 版要闻

　　通过分析"求证"栏目 2015 年刊发的 13 篇文章会发现，尽管这些内容表面看上去犹如万花筒，但是内里却有着自己独特的固定模式和范围，从定位到选题标准几乎都围绕促进社会的良性运行而展开，这种操作会过滤到一些影响不大或者属于专业领域的传言或谣言，从而给其他媒体从事专业领域的事实查证提供了可能。但表 2–1 也显示出，在 2015 年的选题中，政民矛盾、贫富对立、撕裂社会、激化矛盾以及制造恐慌之类的选题所占比例甚微，也就是说，"求证"栏目负责人所言的选题定位在实践中出现了偏差，多数情况下的选题是和用户的日常生活有着密切关联，占比近 90%，这里所理解的日常生活，"包括有各种变化不定的形势的压力，其中我们所熟悉的和可以预言的大量成分变得和出人意外的、无法预言的成分混淆在一起了"①。

　　诚然，对于普通人而言，日常生活是最大的政治，在各种议题的空

---

① ［德］阿诺德·盖伦：《技术时代的人类心灵：工业社会的社会心理问题》，何兆武、何冰译，上海世纪出版集团 2008 年版，第 51—52 页。

间中，如果不给这些表现日常生活的话题留出足够的空间，很可能就无法精确再现宏大社会图景的一部分，因为在这个话题的外衣之下，还包裹着诸如心理学、经济学、政治学等多种构成和影响人们认知框架的因素。关于日常生活的媒介核查图景还产生了无数的自我表现，这是一种"日常生活的批判"，"通过创造一种关于日常生活中异化的现象学，通过对这些异化形式如家庭、两性关系、劳动场所、文化活动、口头和其他交往形式，社会的相互作用制度以及意识形态中的异化作精致、丰富的描述来进行批判"①。列斐伏尔认为，今天的日常生活扮演了过去的经济的角色，它具有统治地位。如果没有认识到这一点，我们就很难理解为什么各类媒体的核查或辟谣栏目如此热衷于貌似琐碎的日常生活小常识，这一点在本书以后的章节中会反复出现。总体来说，传播实践中"求证"栏目的线索多来自网络或读者反馈，选题囊括了医疗、卫生、育儿、时政和环境等读者关注度比较高，但又容易产生误解或谣言的话题，针对的目标受众是日常生活情境中的人。在网络传播时代，《人民日报》的事实核查实践也做了相应的调适，比如开设微信公众号"求证"栏目，与所属的媒体网站合作，"对一些采访过程进行全程摄像制作视频，通过二维码链接网页的形式进行报网互动；早期还曾在人民网开通博客，并留下电子邮件等联系方式，此后还与《人民日报》官方微博合作，推出多期答疑"②。当用户源源不断地接触到类似的核查内容时，他们或许没意识到的是，一种被事先所设定的逻辑正在重新解读他们的生活，这种重构加深了他们对日常生活的再认识。

---

① 转引自石义彬：《批判视野下的西方传播思想》，商务印书馆 2014 年版，第 219 页。

② 韩晓丽：《探索以证据为核心的调查性报道——谈〈人民日报〉"求证"栏目》，《新闻爱好者》2014 年第 2 期。

二、都市报的核查类新闻发展的状况

本部分拟选取七家媒体中的事实核查栏目或者相关的实践为分析对象，来呈现都市报中事实核查的面向。此处拟分为两种情形：第一种情形是都市报中的常态化核查类新闻实践，指报纸或报纸的网站上开设固定的栏目并出台专门的制度予以保障，典型的代表有《钱江晚报》的"真相"栏目、《武汉晨报》的"谣言粉碎机"栏目、《北京青年报》的"照谣镜"栏目。第二种情形是都市报基于个案报道或舆情而形成的事实核查实践，核查者有专业的记者或者信息素养较高的个体，这更能显示出专业的方法和策略。

（一）都市报中的常态核查类新闻实践

1."真相"和"健康求真相"专栏

2010 年 12 月 1 日，浙江的都市类报纸《钱江晚报》开设"真相"栏目，口号是"终结网络传言，还原事实真相"，定位是"从网络中来，到网络中去"，当天的 N0008"宁波城事·真相"版刊发了两条新闻：头条新闻的引题是《网友称：发现有大巴车漏油，担心起火便报警，但近 20 分钟后，才有交警来电询问》，主标题是《误会了：20 分钟里，交警没闲着》，副标题是《接电后即去现场，但没找到漏油大巴，打电话是为了核实信息》。第二条新闻在版面的右侧栏，引题为《银行自认出错要储户补钱》，主标题为《市民质疑"离柜概不负责"》，这两则新闻都是以网络上的谣言或传闻作为由头，然后记者针对其中的关键环节去核实，报道选题来源很有网络时代的特点，"全部来自当地热门网站的原创热帖"。

2013 年底，该报又推出"健康求真相"栏目，在两年两个多月的时间里出版了 60 多期。核查的内容定位在健康传播领域，多为耸人听闻、道听途说或没有定论的信息。在后来的传播实践中，"健康求真相"的选题范围也被进一步拓展，"不再局限于健康领域，所有让大家有疑惑的事物和传言都被纳入传播视野"①，那么，扩展范围后的"健康求真相"和之前的"真相"栏目的定位有何差异？是否重复定位？如果重复定位，也就意味着该报社在栏目设置方面存在重复性劳动，尽管限于篇幅本书在此没有深入探讨，但是可以肯定的是，无论重复与否，它都证明纸质媒体在事实核查方面的实践是和互联网的发展紧密结合的。

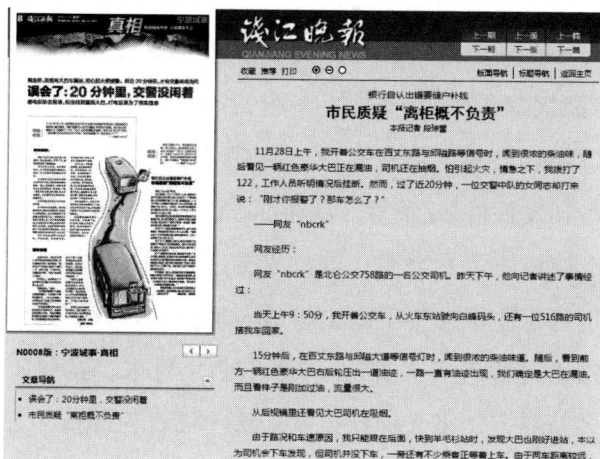

图 2-3　2010 年 12 月 1 日《钱江晚报》的"真相"专栏

2. 一份消亡报纸的事实核查实践

2017 年底，《武汉晨报》改为地铁报免费发行，成为武汉地铁指定独家日报，2019 年底，《武汉晨报》宣布停刊。报纸退出历史舞台不代表这种媒介生产内容的专业性和水平的低下，而是信息传播载体的正常迭代，如同人体内部的新陈代谢，排出的东西不影响整个系统的正常运行，甚至对于系统而言是增加活力的体现。我们除了失去关于报纸的怀

---

① 《编者按》，《钱江晚报》2016 年 2 月 25 日。

旧感，对于信息传播而言，似乎真的没有什么影响，因为到 2020 年 9 月，该报的官微仍然在更新，看来在人类社会历史的发展过程中，确实没有什么东西是永恒且不可替代的，不过也没必要过于悲观，"在一个技术社会里，商品废弃早已成为进步的一个组成部分，所以人们在生产时就着眼于加速周转"。① 在这里，我们从它在停刊前两年创办的一个信息核查类栏目来怀念它。

现实的残酷性还在于，这家报纸在 2019 年底停刊，但在 2020 年 9 月，笔者已经无法找到其数字报以便查询过往资料。在某搜索引擎的页面上，顶端的几个信息是广告，而其他信息零散记录着这家报纸曾经报道的新闻。《武汉晨报》和信息核查相关的举措有，从 2016 年 5 月 31 日起，推出"谣言粉碎机"专栏②，实现了 24 小时监控网络，在前 23 天的时间里，刊发稿件 30 余篇，从第 24 天到第 83 天，粉碎谣言 70 条，在实践中该专栏成立了专家团，首批成员由警务、法律、网络安全、软件、食品卫生等行业中的精英人士组成，成员来自武汉市网信办、武汉地铁集团、市卫计委等十大部门。"推出两个月来，共粉碎了和暴雨及生活相关的多条谣言，每天地铁以及街头'谣言粉碎机'都是读者以及网友传阅最多栏目之一"③。如 2016 年 8 月 1 日，"谣言粉碎机"专栏粉碎的谣言有《南方大水系列谣言》《微信收钱会中"木马"，退回会泄密》、《西瓜桃子同食会致命》、《独生子女证 6 月 30 日永远停办》、《购物小票会致癌》等。仅从这些选题方面来看，似乎没有什么亮点，但是它同样彰显了"日常性"的重要，"日常生活恒常存在并充满价值、礼仪习俗和传说。'日常'一词指的是日常生活开始具有现代特色；'日常'作

---

① ［德］阿诺德·盖伦:《技术时代的人类心灵:工业社会的社会心理问题》，何兆武、何冰译，上海世纪出版集团 2008 年版，第 42 页。

② 喻莉等:《专家团揭秘网络谣言背后的利益链条》，《武汉晨报》2016 年 7 月 4 日。

③ 喻莉:《晨报"谣言粉碎机"粉碎其中一半》，《武汉晨报》2016 年 8 月 1 日。

为计划的对象，它的进程受市场、等价制、营销学和广告的控制。至于
'日常性'的概念，则强调日常生活的协调、重复和琐碎：同样的动作、
同样的进程"①。

"谣言粉碎机"专栏的创新之处还在于，把信息核查从简单的读者
爆料或投诉演变成一种大众媒介、专家团成员和普通读者互动的形式，
这种形式就是"'谣言粉碎机'沙龙"，"邀请专家团成员、权威部门相
关负责人和广大网友一起，共拒网络谣言。'谣言粉碎机'沙龙将定期
与读者、网友互动。"②总有些人不为了经济利益去做一些事情，这种沙
龙从媒体经营的角度来看，似乎看不到盈利点在哪里，但是作为信息核
查的一种形式，它的创新性在于多元主体的结合，多方共同探讨谣言的
传播与治理，这给未来的发展指明了一个方向，即，信息核查的主体不
能是单一的，它需要大众传播媒介、普通受众、专家以及权威部门的负
责人联合在一起。然而，在网络传播时代，我国主管机构当前在全国范
围内建立的地方辟谣联盟和"谣言粉碎机沙龙"有着某种程度上的一致
性，都意识到依靠单一力量无法根治信息失实所带来的严重问题，这也
是本书的一个主要观点，信息核查也罢，辟谣也罢，应该由诸多力量和
利益群体共同来完成。

3.《北京青年报》的"照谣镜"栏目

《北京青年报》的"照谣镜"栏目成立于 2013 年 8 月 1 日，成立
初期的阵势很大，表现在两个方面：一是宣传到位。利用自身的主流平
台，报社做了一些影响力较大的宣传。二是策划活动新颖。成立"求
实报道基金"，这在信息核查的实践中是首次出现，这种类似的基金在
国外也有所出现，如奈特原型基金（Knight Prototype Fund）资助记者

---

① 转引自石义彬：《批判视野下的西方传播思想》，商务印书馆 2014 年版，第 220 页。

② 王征、谢冰林：《明辨是非传递正能量 "谣言粉碎机"87 天击破谣言 100 条》，浙
江在线，2016 年 8 月 26 日。

和研究员等人士，协助其提出构想，以开拓人们获取准确信息的渠道。Omidyar Network 宣布三年投入 100 万美元，用来解决导致全球信任缺失的根本问题。①

在北青的核查实践中，传播的主体既不是举整个报社之力来做这事，亦非散兵游勇单打独斗，而是"整合深度报道、都市、社会和国内四个部门的编辑记者力量"。传播的渠道除了报纸推出的专栏以外，还包括传播场域中的各种媒介，"专栏报道将同步推送至北青网、《北京青年报》官方微博、微信、北青新闻客户端等新媒体平台"②。《北京青年报》的信息核查做法在一些从事新闻研究的期刊上也有所体现，比如在 2013 年 11 月出版的《新闻与写作》上，刊发了作者岳平写的一篇短文，名为《〈北京青年报〉"照谣镜"持续发力打击网络谣言》③，尽管文章仅有百余字，但是能从这篇短文中读出更多的含义，文章所处的栏目是"新闻阅评"，开篇提到"同是办报，有的传谣，有的辟谣；有的开辟专栏，专登网上信息；有的设置专栏，专门澄清网上谣言"。通过把两类办报思路进行对比，文章作者（显然是笔名）爱憎分明的态度跃然纸上，辟谣、设置专栏以及专门澄清网上信息，这里说的是《北京青年报》的举措，应该说作者所寄予的希望不可谓不大。文章列举了一些数据，可以管窥当时辟谣栏目发展的情形，"《北京青年报》辟谣平台自 8 月 1 日（2013 年，笔者注）创建以来，至今已经刊发了 17 次，批判、澄清了 17 个网上热传的不实信息，受到有关方面的赞扬。在这一点上，《北京青年报》的办报思路、办报方针，是非常值得肯定的"。这

---

① 李雪：《美国事实核查新闻研究》，四川省社科院硕士学位论文，2018 年。

② 《"北青求实报道基金"设立 百万重奖澄清网络谣言报道》，新浪网，2013 年 8 月 20 日。

③ 岳平：《北京青年报"照谣镜"持续发力打击网络谣言》，《新闻与写作》2013 年第 11 期。

篇文章刊发在期刊上的时间是 2013 年 11 月，文中提及辟谣栏目刊发了 17 次，频率还是比较高的。从"受到有关方面的赞扬"、"非常值得肯定"这样的赞誉之词可以看出，这种信息核查产品为多方所需求，按照这个逻辑，它应该能成为长期运作的一个品牌，然而，时间也只是过去七年（本书此部分写作时间为 2020 年 9 月），便很难找到关于北青"照谣镜"栏目的系统材料，《北京青年报》2014 年以前的数字报内容无法通过互联网查找，所以 2013 年创办的北青"照谣镜"报纸栏目的形式就不太容易被系统研究，网络内容同样也面临类似的尴尬情形，在网址 http://report.ynet.com/ 的底部，有北青"照谣镜"的栏题，形式见图 2–4。

图 2–4 北青网上的"照谣镜"专题

遗憾的是，点击这些链接却无法进入到下一级页面。因此，我们只能从零散的信息来对这家主流大报的核查产品"照谣镜"做个画像，上面已经提到专栏在三个月内发表了数量可观的文章，核查的信息多为"网络谣言和不实传闻"，再具体些，该栏目尤为关注那些"一段时期内读者关注度高、社会影响大、网络传播快的热点、疑点问题"①，不过，这种类型的热点和疑点问题很容易被纳入新闻报道的议程设置中去，该栏目在这种情况下只是对相关报道做了一个集纳的工作，把所有类似的新闻都拎出来，集中展示而已。如何核查？其做法是"以核实、求证为导向，进行调查式的报道，全面还原和呈现事实"。可见，核查的技法

---

① 《"北青求实报道基金"设立 百万重奖澄清网络谣言报道》，新浪网，2013 年 8 月 20 日。

有核实、求证和调查式报道等。对于不同类型的待核查信息，所用的手段也是不同的，比如，对于"生活常识"之类的内容，核实和求证基本可以满足要求，但是对于涉及多方利益或内容疑点重重、扑朔迷离、暗礁众多的复杂事件，一般的核查手段恐怕无能为力。在特殊情况下，报社倘若轻率相信某一利益相关方的辟谣行为，很可能损害其公信力，因此，调查式报道在这种情况下是合适的武器，谈到这个话题，又会使我们的研究视角转向另一个广阔的空间，即，信息核查如果采用调查式报道的手段，除了资深的受过专业训练的记者能从事此类核查外，其他群体不具备这种专业素养，故其门槛较高。

在信息核查的实践中，我们之前谈到有的媒体采用了沙龙的形式，并且有专家对这种拓展的思路赞誉不止。在《北京青年报》的实践中，一种新型的激励措施也值得关注：成立相应的基金。本节前文提到，在2013年，该报成立"求实报道基金"，总额度为100万元人民币。哪些人才有可能获得这些基金的奖励呢？"旨在奖励本报为社会热点、疑点事件进行澄清报道作出重大贡献的编辑、记者"[①]。也就是说，奖励的对象是报社内部从事核查工作的采编人员，这种限制在特定群体内的奖励机制凸显了"澄清报道"的生产是一种非常态之举。该报在五个星期的时间内推出63篇原创辟谣报道，其中有10篇稿件获得"求实报基金"奖励，奖励金额总计3.5万元。[②] 该基金的创立是否从反面说明如果没有奖励，这种报道可能不会有更多的编辑记者愿意涉及？否则又该如何看待用100万元这么大的金额来吸引核查者？

4.《南京晨报》的"求证新闻"

都市报发展的高地南京也出现了事实核查类的新闻产品，2011年5

---

① 《"北青求实报道基金"设立　百万重奖澄清网络谣言报道》，新浪网，2013年8月20日。

② 参见李泽伟：《11家北京市属媒体加盟辟谣平台》，《北京青年报》2013年9月30日。

月 30 日,《南京晨报》A3 版刊登一条健康类新闻《额头出汗 = 肝阳上亢?鼻子出汗 = 肺气不足?》,该新闻标题旁的"求证新闻"LOGO 非常引人注目。从内容来看,该媒体"求证"新闻的选题也是针对网络中广为流传的不实信息,在求真、客观的梳理中实现辟谣的目的。具体来说,该报的求证新闻选题分为三类:

一是关于灾难的谣言。2011 年前后各种预言地震、世界末日的谣言版本不断变换、升级,在网上疯狂传播,这给大量的传统媒体从事事实核查提供了操练的机会。

二是关于食品安全的谣言。"致癌香蕉、避孕虾、婴儿米粉里含致癌物砷、西瓜添加膨大剂对人体有害"等广为流传的信息被媒体证实为谣言。

三是关于疾病与健康的谣言。此类谣言数量众多,典型的有"常刮腋毛会导致乳腺癌、六种眉毛会短命、哪里长痘哪里就生病"等。这些信息耸人听闻又没有确切来源,最终被媒体证实为"伪科学"。[1]

求证的过程扭转了原本那些嵌入在用户日常生活中的违反科学常识的认知。当然,上述三类内容也不能准确完整地描述当时查证类新闻的发展情形,实际上,一些和管理部门以及受众密切相关的谣言也成为报纸核查的对象。

(二) 都市报中的非常态事实核查

除了上述的常态化事实核查之外,都市报最常见的是针对某一新闻个案展开的非常态化事实核查,这种形式没有固定的栏目命名,也没有固定的出版周期,具有很大的随机性,而且这种形式出现的时间比较长。更重要的是,这种形式的核查边界不明晰,它和调查性报道有可能

---

[1] 参见王晶卉:《"求证新闻"大行其道的背后》,《传媒观察》2012 年第 2 期。

产生交集，也有可能溢出新闻场域之外，在互联网上有时也会出现这种基于特定案例，由专业的或者非专业的新闻从业者展开的核查类内容的情形。此处我们拟以《扬子晚报》、《齐鲁晚报》和《南方周末》三家媒体的三个个案为分析对象。

1.《扬子晚报》个别报道的查证流程堪称典范

专业的主流都市报在从事核查的过程中显示出很大的优势，如2011年5月底，新浪微博出现一则谣言，一个来自南京的用户称，"江宁2009年'6·30'醉驾致五死四伤案的肇事人张某提前出狱了"，该条微博短时间内被转发过千次，一时形成颇具规模的舆情。南京本地的主流都市报《扬子晚报》在2011年5月27日就该条微博涉及的内容作了条分缕析式的查证：

一是列出谣言并紧接着写出求证的结果。该报道没有直接对谣言定性，而是说凶手被判无期徒刑以来，每年都会"被出狱"一次。这种让读者自己思考的判断的方法具有更好的说服效果。

二是详细列出记者辟谣的四个步骤。这四个步骤具体为：追查谣言来源；向主管部门求证，让监狱管理局发声；对"南京发布"政务微博的辟谣信息再度求证；查证"保外就医"需要哪些程序。这四步无一不切中问题的要害，显出传统媒体深厚的内容查证功力。在此基础上，《扬子晚报》才转发"南京发布"的辟谣信息，这种查证的做法被研究者形容为"步步谨慎"，但核查仍未结束，该报还留下一个第五步辟谣流程，"彻底的辟谣还应该去采访一下监狱里的当事人"，应该说，这一步最为重要，如果在监狱里采访到谣言的指涉对象，那么前面的四个步骤都可有可无了。①

---

① 参见陈珊珊、戚庆燕：《网传张明宝保外就医出狱官方辟谣》，腾讯网，2011年5月27日。

2. 自媒体时代的非常态核查更普遍

一些自媒体擅长通过未经核实的新闻材料来强调一种问题之罕见的焦虑感，为大众制造出一系列虚幻而又惊心动魄的表象，这使得主流媒体和自媒体之间围绕事实和真相的争论变得更加普遍化。在 2020 年 8 月底，山西某县的一家饭店发生坍塌事故，一位老人当时正在过 80 大寿，其老伴和亲戚有十余人丧生。在这个重大突发事件的传播过程中，一些自媒体对山东《齐鲁晚报》的记者所作所为提出强烈质疑，事件发生的过程大致如下：

（1）个别自媒体推送的文章缺少核查意识。"文字在阅读和理解的时候，非常容易从词汇意义的缝隙中羼进想象，当一个文字的描述从写作者笔下到达阅读者的眼里的时候会出现郢书燕说的情形。"[①] 在襄汾饭店垮塌事件中，一些自媒体基于其自身的经济或价值立场，用不同的方式来评估和理解主流媒体的报道，有文章写道："记者口无遮拦，在采访李大爷时贸然发问：'你现在心情怎么样？'看到这个问题，隔着屏幕，我真想狠狠地抽提问者一耳光，这说的是人话吗？""报社单独截出老人下跪画面，做成短视频，在各大平台发布，获取流量无数，此举犯了众怒，网友们群起痛斥，各种骂声一片"，"居然还敢吃人血馒头，消费受害老人的痛苦，把他作为牺牲品。这么做还能算个人吗？"[②] 这些文字对事件中的一些能引发高度关注的要素添油加醋，而信源仅来自微博等平台的普通用户，真实性难以保证。不同平台传播者之间沟通性关系的丧失，由此进一步引发了关于这个事件的次生舆情灾害。

（2）2020 年 8 月 31 日，《齐鲁晚报》刊发声明，内容包括："报社

---

① 葛兆光：《中国思想史（导论）》，复旦大学出版社 2017 年版，第 123 页。
② 参见于平：《这家山东媒体犯了众怒》，搜狐网，2020 年 8 月 31 日。

高度重视，诚恳接受，特此致歉。已启动全面调查，向在场其他记者核实了解情况，将及时公布调查结果。"在形势不明的情况下，当事媒体首先表示接受网友的批评且道歉。接着又表示启动调查程序，向在现场的当事人了解情况。最后表示将公布调查结果。这三条措施清晰地表明，面对新闻事实引发的争议，主流都市报的应对策略有很强的专业性路径依赖，这恰是事实核查所必需的基本技能。这几条措施的关键部分是对新闻事实进行核查，核查的结果也很快通过报社的新媒体公布开来，这个结果也是报社做的第二次声明：《关于临汾事故采访过程的调查结果》，内容包括：成立专责调查组，交叉询问当事记者、其他在场记者，调集各类文本，形成充分证据链，结论是当事记者在采访中不存在违背职业道德规范的行为，此外还对一些争议的细节部分作出详细解释：

①在场记者无人问"你什么心情"。调查后发现，记者进屋后，并没有进行提问采访，而是一起安慰老人。同行三家媒体拍摄的现场视频，从不同角度还原了现场，无记者提出"亲属遇难，您什么心情"之类的问题。通过多方信源最大程度上还原了争议事件的现场情形，而不是自说自话，此举使得核查的可信性大为提升，意味着新闻的专业化操作在内容核查实践中非常重要。

②个别自媒体捏造事实。2020年8月31日，《齐鲁晚报》调查组向涉嫌侵权的自媒体文章发布者核实信息来源，得到的答复是，"他本人并不在现场，也没听到有人说这句话，只记得是从一个微博大V处看来的，自己没有看到视频"。

上述调查结果首先介绍了调查的方法，如成立调查组，注重充分的证据链，方法的合理与科学才能保证内容的可信度，在对方法介绍完之后，把这件事定性为"自媒体造谣导致的舆情灾害"。

按照以往的事实核查做法，似乎当事报社到此就完成了主要任务，因为把真相公布后，还自身以清白，谣言便不攻自破。然而，事情并没有结束，在 2020 年 9 月 1 日，《齐鲁晚报》第三次刊发文章，名为"追责声明"，内容是："报社已就相关行为人的侵权行为进行证据保全和证据搜集，并将通过法律途径追究相关方的责任。"通过法律来追究造谣者的责任，这在以往的新闻事实核查中很少见到，成为新形势下的一个新动向。事实核查也不是单一的某一方面的被动应战，起码在这个事件中，双方的博弈使得当事自媒体意识到了自身的错误，刊发了一篇"郑重向《齐鲁晚报》道歉"的文章。① 作者承认"犯了一个违背新闻伦理的错误，原因在于在微博以及知乎等渠道看到许多网友的转发的信息后，没有仔细认真去核实"。可以看出，引发新闻失实的主要原因是随意把自媒体上未经核实的信息推送出去。这位犯错误的作者还说："自己是老媒体人，之前在做编辑工作时，如果发现存在疑点，往往穷尽办法，也要找到信息源头所在，但是做公众号以来，脑子被情绪所冲昏，不加甄别，就想当然地选择采信。"对于错误原因的分析，再也没有比当事人的自我反思更具有说服力了，由此看来，还是因为传播平台的改变，自媒体缺少一套来自外部的约束和把关机制才导致这样的错误出现，因此，如何建立自媒体平台外在和内在的把关机制，似乎到了关键时刻。此外，作者还坦承使用愤怒的语言来煽动大众的做法："真想狠狠地抽提问者一耳光"、"吃人血馒头"、"没有底线"等。在后真相时代，这些措辞远比客观缜密的调查更具有传播力。文章最后的署名为，"资深媒体人，曾供职多家知名媒体"，环境对人的影响之大，可以使一个人抛弃多年形成的专业思维和技能。这篇道歉构成了整个事实核查过程中非常重要的一环，即核查是双方的互动性活动。在这篇 10 万加文章的评论区，笔者看到一些非常理性的话语：

---

① 于平：《"鱼眼观察"微信公众号郑重向〈齐鲁晚报〉道歉》，映象网，2020 年 9 月 2 日。

评论 1："我一方面为您辩护，但内心也希望您未来不要对记者过于苛责。即使那位齐鲁记者真如传言所说，也不必非得扣个'人血馒头'的帽子，顶多是方式方法不对，说话太过直接。老爷爷可能学识有限、年纪又大了，他能做的控诉很可能只能通过自己的情绪表现出来，引导和记录这种情绪本就是记者应该做的，即使方法粗暴，也是过失而不是过错。新闻人应该同情和理解，职业底线不应突破。"

评论 2："作为自媒体你能膨胀的要上天，以事实为依据是基本的原则，你飘了，早就该给你提个醒了，《齐鲁晚报》只是个开始。"

评论 3："只是道歉没有自我惩罚措施吗？你这是造了很大的谣啊，对采访记者也是一种网络暴力。"

评论 4："你的很多言论都很犀利，但作为新闻热点的评论，前提一定是真实可靠，不能人云亦云。"

没有评论互动，新媒体也就谈不上新，粉丝群体在这里形成了一种参与文化，将对信息的消费变成了新的文本生产，这个过程很类似于柯林斯所谓的际遇，"是'一个共享的谈话现实'，并涉及拥有各种资源和互动动机的个体间的谈判"[1]。作为次生文本（secondary text）的上述四条评论在评论区中的点赞量较高，能从话语中看到上述四个发言者自身就是媒体从业者或有着较高的新媒介素养，被他们争论的原文本被赋予不同的解释和评价，其主要观点可以凝练为四点：一是对记者共同体的怀念与向往；二是要求对记者在采访中所犯的一些方法性错误给予宽容与理解；三是强调记者职业底线的重要性；四是强调自媒体传播中事件

---

① 宋林飞：《西方社会学理论》，南京大学出版社 1997 年版，第 360 页。

真相的重要性。这些话语中特定的知识、语言的风格和传播的途径等资源，恰是该场域中一种宝贵的"文化资本"。

进一步而言，粉丝的这种活动可以涉及三个层面，"一是接受模式特殊，他们将接受过程变成和传播者的社会互动；二是粉丝的批评既有游戏性的一面，又有审慎而主观的一面；三是他们有自己的审美和实践，发展出另类符号生产"①。这个群体平时潜于"水下"不可见，但是在舆情事件中的这种举动却充分表明，在事实核查的过程中，这是一个可以起到相当重要作用的群体，所以，现在的问题是如何寻找这些志同道合者，动员并组织其参与到事实核查的新型社会运动中去，形成一种参与式治理的新路径，"这种方法假设，那些被埋没的思想与才华如果能得到适度发挥，那么政府将会表现更好。参与除了指直接从某一政策获益的个人之外，更应该包括广大的公众群体"②。这种互动与核查相互交织的形式具有非常重要的意义，就像《曼彻斯特卫报》编辑 C.P.Scott在 1921 年为了鼓励读者参与事实核查所说的名言那样，"评论是免费的，但事实是神圣的"。这种方法注意到了国家与社会间的关系以及广大公众参与决策的机会，本书在后续章节讨论的网络反黄行动就有着明显的参与式核查的特点。

3. 对于社会热点事件的报道更需要核查意识

一些社会新闻在微博热搜上动辄有高达数亿的阅读量，恰恰是这样的热点事件更能体现出主流都市报的核查意识和水平非同一般。本部分拟以《南方周末》的一篇报道为例来对此进行分析。2020 年 9 月，微博热搜榜出现"父母起诉 22 岁女儿拒养 2 岁弟弟胜诉"这样一则消息，含

---

① ［美］亨利·詹金斯：《文本盗猎者：电视粉丝与参与式文化》，郑熙青译，北京大学出版社 2016 年版，第 266—268 页。

② ［美］盖伊·彼得斯：《政府未来的治理模式》，吴爱民、夏宏图译，中国人民大学出版社 2013 年版，第 42 页。

有该话题内容的阅读量超过 5.1 亿，讨论数近 6 万，由此衍生更多的相关话题也都属于热门范畴，比如，话题"22 岁姐姐拒养 2 岁弟弟被父母起诉"阅读量超过 9400 万，讨论数量超过 2 万等。然而就是这么一则引发全民争论的新闻竟然缺乏新闻的基本要素，一些主流媒体在转发的过程中，过于重视这种猎奇叙事所带来的流量，以至于忽视了对其进行事实核查。情绪煽动和流量争夺共同发力下的信息核查面临更加复杂的形势，这种状况对新闻界是个莫大的挑战，对流量的渴求反噬了后真相时代的信息核查。直到该事件成为举国关注的热点后，才有媒体陆续进行了事实核查，其中影响最大的是《南方周末》，它在 2020 年 9 月 12 日的"探索发现"栏目刊发了一条标题为《姐姐被要求养弟弟：一则"三无新闻"登上热搜的诡变之旅》的新闻，掀起了对这条信息进行核查的浪潮。在梳理文章核查的思路之前，本书作者特意留意了此文作者的信息，作者的前缀是"南方周末特约撰稿"，不是本报社记者，甚至连特约记者也不是，说明这个署名信息有言外之意，笔者经过一番调查后发现，对于这样一则有多处疑点的新闻，是一个当时仍在读的新闻与传播学专业的大学生来完成逻辑缜密的核查过程的（尽管在本书作者和她的通话中，她反复强调是在线上实习期间，指导老师让她去查证这条新闻的线索的）。这篇文章进行核查的手段并不复杂，几乎所有的媒体都可以这样做。通过追溯这条新闻的传播路径，文章的作者先后核查了该新闻的以下要素：

一是对信源的核查。文章的作者发现热搜的内容源于微博"ZG 普法"于 2020 年 9 月 5 日推送的内容："# 以案普法 #22 岁姐姐拒养 2 岁弟弟，被父母告了！法律怎么判？"该微博的认证信息为一个权威的普法机构，粉丝数量为 234 万。① 该机构的类别被标注为"政府—司法行

---

① 参见钱昕瑀：《姐姐被要求养弟弟：一则"三无新闻"登上热搜的诡变之旅》，《南方周末》2020 年 9 月 12 日。

政"，因此这个微博的主体信息介绍会使得很多信息核查者止步。账号的简介是"以权威声音、主流价值、法治特色、清新表达为办博宗旨，坚持正确舆论导向，坚持真实性、原创性、互动性、服务性相统一，最大限度地传播和增加法治'正能量'"①。"权威"和"真实"的简介在这个信息传播的链条中是内容核查者面临的最大障碍，尽管"这则消息没有时间、地点、人物等新闻要素"。

二是追溯"ZG普法"微博转发该消息时标注的信息来源。文章得出的结论是"'ZG普法'素材来源于GZ市云普法团队的《说法》栏目视频"。2020年9月1日，"GZ普法"的抖音账号发布了"22岁女生拒绝养2岁弟弟被父母告上法庭，生二孩不征求我意见却要我养"的视频。视频中的当事律师依据婚姻法和民法典，解读了该案件判决结果的合理性。②这个信息的传播链条一直都在相对权威的媒介场域中，至此，即便是作为事后研究者，也很难得出这条新闻是假新闻的结论。2020年9月20日，笔者查了"GZ普法"的抖音号，其粉丝超过160万，有1072部作品，在查询的过程中发现跨媒介信息核实对于熟悉传统媒体的新闻从业者而言，还是存在一些障碍的，比如，打开"GZ普法"的抖音视频，手机屏幕上密密麻麻排列着短视频，很是有一种压迫感，当然，此言一出，也暴露了笔者的媒介使用偏好，对当前风行的短视频不是十分热衷，所以在看视频时，甚至连查找视频的推送日期都有些费劲，这种心理和媒介使用偏好大概也是这则新闻瞒天过海直至阅读量冲破5亿才有"互联网原住民"质疑并完成内容核实的原因所在。

三是文章作者向"GZ普法"抖音号核实新闻要素，被告知是在"今

---

① 参见钱昕瑀：《姐姐被要求养弟弟：一则"三无新闻"登上热搜的诡变之旅》，《南方周末》2020年9月12日。

② 钱昕瑀：《姐姐被要求养弟弟：一则"三无新闻"登上热搜的诡变之旅》，《南方周末》2020年9月12日。

日头条"平台上找到的。文章的作者对头条号上转载这则消息的几个账号进行了接触，试图采访，未获取有效信息。"无法与这些自媒体作者直接取得联系。"① 至此，作者的信息核实基本完成，然而，我们发现核实到"今日头条"这样的自媒体时，基本就成了无头案，"GZ 普法"抖音号的运营者也不确定转载哪一个自媒体账号的文章，而只是说来自于"今日头条"。在历史上，类似的核查也出现过，18 世纪 40 年代，法国发生了名为"14 人事件"的调查，为了调查一首诗歌流传的路径，"警察顺藤摸瓜，抓了一个又一个，希望最终能找到原创者。第二位牧师是从第三位牧师那里听到这首诗的，第三位牧师是听一个法学院学生说的，法学院的学生是听一个职员说的，职员是听一个哲学学生说的，而那个学生是听同学说的，同学又是从另一个不知所踪的学生那里得到这首诗的……到追踪的线索冷却难寻的时候，警察已经因分享这首诗而逮捕了 14 个人"②。而"姐姐不养弟弟被诉"谣言被核查到"今日头条"平台的时候，实际上已经处于"追踪的线索冷却难寻"的状态。

在《南方周末》刊发的稿件中，还指出存在其他核查主体。2020年 9 月 8 日，一位拥有 201 万粉丝的法律博主在微博上指出"作为新闻，时间、地点、人物，任何新闻要素都没有"，并先后通过发长微博、撰写微信推送的方式提出质疑（但是 9 月 20 日笔者在其微博上查找信息时已找不到该长微博）。这是个体参与信息核查的另一种情形，存在着多种不确定因素，不能作为核心的证据来支撑文章的观点。因此，权威的证据还是来自主流媒体的信息，2020 年 9 月 8 日，凤凰网发布视频并指出，参与《说法》栏目制作的律师表示，该案非本人经办，未看到

---

① 钱昕瑀：《姐姐被要求养弟弟：一则"三无新闻"登上热搜的诡变之旅》，《南方周末》2020 年 9 月 12 日。

② ［英］汤姆·斯丹迪奇：《从莎草纸到互联网：社交媒体 2000 年》，林华译，中信出版集团 2015 年版，第 231 页。

相关判决书，暂时无法核实该案的真实性。① 对比"GZ 普法"视频中的信息，该律师在视频中对案件做了解读，可以看出，当事律师在凤凰网视频中的表述还是很微妙的，他没有否认自己在"GZ 普法"视频中对案件做了解读这一客观事实，他所澄清的是另外一层含义——即不保证案件的真实性。在这个传播链条中，这种澄清其实也只是起到了在整个事实核查过程中锦上添花的效果，他应该在"GZ 普法"的工作人员请他分析案件之前思考该案真实性。

　　在上述报道广泛传播后，网络上核查这条信息的文章顿时多了起来，各种事后诸葛亮式的策略涌现出来，但是具体到这个失实信息，笔者发现两个意外：第一个意外是，在当前被流量和情感裹挟的传播情景中，尤其在前期的传播链条中，传播的主体本身有一定的权威性，该信息能畅通无阻冲上热搜是情理之中、理性之外的。第二个意外是，没想到戳破这个谎言的竟是一位当时还在读的新闻与传播学专业的大四学生。这让人为之欣慰，就这个事件的核查而言，在作者所受的专业教育中至少有一点是成功的：专业精神，因为事实的假象真实地存在这个世界中，阅历和知识的欠缺往往会使用户丧失鉴别的能力，"假到真时真亦假"，在这种情况下，尤其需要专业精神。《南方周末》微信号该文章末尾的读者留言这样说道："支持这样的传统媒体，因为它们有完善的事实核查机制。然而事实是，未经核查的'新闻'大肆传播，而靠谱媒体却逐渐式微，真感到痛心。"这种原生态的评论或许预示着一种美好的期许，让它在本书中展示出来，可能会给中国的大众传播媒介更多前行的动力。在后真相时代，类似"姐姐不养弟弟被诉"式的谣言传播不是最后一个，那么下一个类似消息来临时，又能依靠哪些人、哪些机制

---

① 钱昕瑀：《姐姐被要求养弟弟：一则"三无新闻"登上热搜的诡变之旅》，《南方周末》2020 年 9 月 12 日。

来保证信息核查及时而又准确地进行呢？目前笔者只有抛出这些问题的能力，具体的解决路径大概还需要业界和学界的专业人士联合起来探索。但是，既有的一些观点对我们启发甚大，怀疑性认知的六条原则指出，在接触一则信息时，应该做出如下思考："（1）我碰到的是什么内容？（2）信息完整吗？假如不完整，缺少了什么？（3）信源是谁／什么？我为什么要相信他们？（4）提供了什么证据？是怎样检验或核实的？（5）其他可能性解释或理解是什么？（6）我有必要知道这些信息吗？"[①] 之所以把这6步质疑法放在此处，是因为尽管看似简单便捷的事实核查背后，其实也有个"移植"的适应性问题，但是站在这样一个警惕性认知的起点上，却可以避免走一些弯路。

纸质媒体的这些核查产品的存在时间虽然长短不一，但是从历史的角度来看，不同时期的许多存在时间短暂的个体连接在一起，构成了一条奔腾不息的信息核查的河流，在个体起来或者倒下的瞬间，整个群体仍然是不断向前发展的，这种进化和自然界中的物种进化是一致的，比如，作为个体的人总是受制于自然法则，在这个世界上存在于一定的时段内，但是整个人类却是绵延了数百万年之久。

第二节　电视中的核查类产品

"电视的作用不可小觑，其传播的广度能够产生十分强大的支配性效果，尤其是电视新闻，在延续一个事件的支配性表象方面，有着十分可观的作用。图像信息造成的戏剧性效果尤其能够直接诱发群体情

[①]　[美] 比尔·科瓦奇、汤姆·罗森斯蒂尔:《真相：信息超载时代如何知道该相信什么》，陆佳怡、孙志刚译，中国人民大学出版社2014年版，第34页。

绪。"① 但电视也是人和现实疏离的"元凶"之一，大量的"沙发土豆人"丧失了对各类信息的甄别和判断力，在这种情况下，对信息进行鉴别核查的责任就落在媒体肩上了。2011 年前后，面对网络谣言的泛滥，不仅纸质媒体兴起内容核查运动，电视类媒体也创办了一些相关的节目，如中央电视台推出的"是真的吗"和"一问到底"栏目、湖南卫视在晚上 6 点播出的"新闻大求真"栏目、北京电视台推出的"一辨真伪"栏目、吉林卫视推出的"一探究竟"栏目、湖北卫视推出的"生活帮"节目、东方卫视的"1001 个真相"、云南卫视的"自然密码"、青海卫视的"成长实验室"，以及常州电视台新闻频道"深度撞击"推出的"求证"栏目等，这种现象在电视新闻传播史上是值得记载的。这些节目的问世表明，电视媒体不再满足于把世界简单呈现在观众面前，还更热衷于帮助用户界定什么才是真实存在的世界。

一、国家级电视台上的核查类节目

我国的国家级电视台在不同的平台和不同的频道都推出了一些核查类节目，和报纸不同的是，这些节目存在的时间明显要长得多，而且核查的理念也发生了变化，其中最明显的是，在非严肃的选题中融入娱乐元素，对于严肃的选题则强化新闻属性。

（一）核查类节目羼入娱乐元素

央视网"是真的吗"栏目是 2013 年创办的一个信息核查类节目。和其他同类节目不同的是，它没有采用严肃新闻的模式，转而以一种娱

① ［法］皮埃尔·布尔迪厄：《世界的苦难：布尔迪厄的社会调查》，张祖建译，中国人民大学出版社 2017 年版，第 70 页。

乐、互动和实验的方式来开展，在信息核查类节目中，除了湖南卫视的"新闻大求真"之外，大概就数它影响范围大了。其简介中提到，"首创台网联动"，"携手电视观众与广大网友，通过各大新媒体共同互动求真，对网络流言进行专业验证与权威实验，为国人探求真相。每期节目由脱口秀、真相视频调查、现场真假实验、嘉宾猜真假游戏环节等构成，将新闻调查与综艺娱乐、脱口秀元素相结合，用最幽默的语言讲述最严肃的事件"。电视观众和网友结合，各类媒体协同，专攻流言，这些方法在其他媒体创办的类似节目中也都曾践行过，然而，此栏目能播放七年而不衰，其最主要的秘籍或许就和娱乐定位及其播出平台有关，摒弃枯燥乏味的说教，在严肃的事情面前幽默，在一些社会情景下，幽默和娱乐不仅不会娱乐至死，而且还是那个时代人们缓解现实焦虑的一剂良药。

人们的日常生活已经如此匆忙，无暇去思考一些形而上的美学问题，那么对心灵的慰藉恐怕就需要通过一种直观和简单的形式来实现，娱乐（刷短视频、玩网络游戏、看综艺节目等）在某种程度上起到了心灵的按摩棒作用。之前的媒体做出了一些有益的探索，比如选题"生活常识化"、"去政治化"等，如果这种探索都无法改变信息核查类栏目尽管非常重要但是做起来却很容易夭折的现状的话，诉诸娱乐的核查形式或许是未来一个可能的发展方向。"是真的吗"一期的时长大约一个小时（数据源于笔者对央视网2020年8月和9月的"是真的吗"的观察），这个长度在所有的电视类信息核查节目中，应该是比较长的了，按照当前网络综艺的惯例，这个时长似乎有点太长，因为在碎片化时代，在网上观看节目，用户所面临的信息诱惑实在太多，时长一小时的节目如果在某个环节稍微让用户分心的话，很可能就发生跳转行为，观看其他内容去了。在2020年9月15日，我们发现"是真的吗"仅在2020年已经生产出44期，基本上是一周出一期节目，周期很固定。笔者检索到

的央视网上关于该节目最早的一期是 2013 年 4 月 28 日，节目的标题是
《PM2.5 能被空气净化器去除?》，时长近 55 分钟，也就是说，节目的第
一期就是关于"生活常识"的选题，2013 年到 2020 年期间每年一月的
第一期的选题内容如下：

　　2020 年 1 月第一期，内容包括 5 个拟求证的话题："西
湖中的三座石塔是测量水位的?""用清水就能找出隐身的
玩具?""吃坚果可以溶栓?""多加几滴水，杯中水会全部流
光?""草木灰也是一种食材?"

　　2019 年 1 月第一期，内容包括 5 个拟求证的话题："指甲
剪成方形，就可避免得甲沟炎?""牛身上也会长驼峰状凸起，
是真的吗?""借助锡纸就能清洁银器，是真的吗?""插在一起
的刷子能提起 5 千克的重物，是真的吗?""油条要一起炸才能
充分膨胀，是真的吗?"

　　2018 年 1 月第一期，内容包括 5 个拟求证的话题："公路
也有波浪形的?""不用炸也可做盐酥鸡?""原汤可以消化原
食?""旋转的小球可带动十倍重的大球上升?""大象的鼻子有
四万块肌肉?"

　　2017 年 1 月第一期，内容包括 6 个拟求证的话题："羊群
有从众心理""同一物体在镜子内外形状也会不同""男人在求
婚时说出的 11 条'奇葩'理由""树叶也能做豆腐""用一个
空牛奶盒可撑起 5 千克重物""鸭脖子上淋巴多，长期食用不
利于健康?"

　　2016 年 1 月第一期，内容包括 6 个拟求证的话题："车轮
上绑木板就能让陷入泥沼的车脱困? 是真的""用吸管就能做
密封夹? 是真的""11 个对专业的误解""豆浆即使烧开也未

必真熟了？是真的""用洋葱皮就能做印花鸡蛋？是真的""东北真有'油炸冰溜子'这道菜？是真的"。

2015 年 1 月第一期，内容包括 4 个拟求证的话题："暖宝宝在一定程度下直接贴在皮肤上会造成低温度烫伤""主持人现场实验用棉线也能割断塑料水管""超市和电影院爆米花也含铅，实验验证因加工方法不同，铅含量不同""真假实验室：主持人现场实验吹风机尾部会绞住头，甚至会造成危险"。

2014 年 1 月第一期，内容包括 3 个拟求证的话题："鲜榨果汁营养丰富，但传闻带籽的鲜榨苹果汁却会让婴儿中毒""ATM 机可有效防止伪币的出现，但您知道吗，ATM 机还可以通过打印人民币编号识别伪币""小小打火机掉进火锅也会引发爆炸"。

2013 年 4 月（节目初创）第一期，内容包括 4 个拟求证的话题："PM2.5 真的能被空气净化器全部去除么？""食用油开封三个月会变质是真是假？""购物赠送的免费港澳游根本不免费是真是假？""真假实验室向你验证手机充电时的辐射""曼妥思与可乐同时食用"。

从以上内容可以看出，在"是真的吗"栏目的发展过程中，就选题数量而言，2018 年是转折点，此前每期的选题数量从三个到六个不等，而此后的选题数量基本稳定在每期五个选题，就选题的领域而言，上述 37 条内容全部是关于普通用户日常生活中的常识。这个领域的话题是本章之前和以后章节反复提及的一个问题，在此我们需要反思的是，核查生活常识所依据的常识又该是什么样子的呢？这应该从思想史的层面来寻找答案，笔者认为，"一般的知识和思想"甚有参考价值，

"它指那些最普遍的，也能被有一定知识的人所接受、掌握和使用的对宇宙间现象与事物的解释，是一种'日用而不知'的普遍知识和思想"①。其中"生活知识的来源"是这种知识和思想的构成之一，"生活知识的来源，也就是为每一个人提供的，当它面对陌生的世界时，可以动用的经验与知识，需要种种有意的、普遍的材料"②，核查聚焦下的生活常识类选题，是需要先解决这个"生活知识来源"的合法性问题的。

该栏目通过娱乐的方式建构出受众的生活世界，这个世界"是我们每个人亲身体验的环境、活动的场景和行动的对象，是互为作用的场所。每个人的生活世界必然是与主体所处的位置以及由此带来的视角相关，属于主体自身行动和影响所及的场域"③，只有借此才能理解为什么竟然有那么多习以为常的却在节目中被定义为谣言的选题。从第一期开始，此栏目的主持人就是一名有过海外求学经历的精英人士，其团队制作节目的眼界和思维方式和一般娱乐节目的区别较大，这种高学历人才主导下的市场化娱乐模式，可能更擅长把信息核查化解成受众更容易接受的形式，但是，分析上述节目的时间分配、提问方式、播出的场景或者用词等方面会发现，这类电视节目有着非常明显的选择性，正所谓"电视新闻呈现的现实有着高度的选择性，'眼见不一定为实'，一定的组织原则决定着新闻的建构方式"④。

本章之前探讨了《扬子晚报》在 2017 年 9 月 7 日 "紫牛新闻" A3 版上刊发的《多吃主食死得早？多吃肥肉活得长？某些自媒体别再一

---

① 葛兆光：《中国思想史（导论）》，复旦大学出版社 2017 年版，第 12 页。
② 葛兆光：《中国思想史（导论）》，复旦大学出版社 2017 年版，第 19 页。
③ ［美］盖伊·塔奇曼：《做新闻》，麻争旗、刘笑盈、徐杨译，华夏出版社 2008 年版，导论第 27 页。
④ 石义彬：《批判视野下的西方传播思想》，商务印书馆 2014 年版，第 464 页。

本正经地胡说了!》，此稿件的采写者是博士出身，如果说学历和信息核查的水平之间没有必然的联系的话，这无疑是自欺欺人，博士群体受到严格、规范的科研实验或者求证方面的训练，恰是信息核查者所必需的一种能力，这种专业素养也能回答贴吧上的一些疑问，如"求证得出的答案就一定可信吗？"当然，这个问题本身就具有一定的复杂性，它把"个人态度"和"价值标准"做了区别，前者主要指个体的主观定义，反映个人的特殊欲望，而后者指客观的文化形式，反映共同的价值标准。

作为央视财经频道的"是真的吗"节目的传播效果在某种程度上和其休闲定位有关，它集娱乐、脱口秀、猎奇、家常、新闻于一身，形成了一个四不像的内容产品，而娱乐的格调和主持人特有的风格有关，主持人的美式冷幽默风格（如夸张的动作，丰富的表情以及个性的言辞）需要一定的文化氛围才能起到预期效果，同样一个段子，在国外可能效果非常不错，但是在国内，面对网络上学历层次参差不齐的网民时，可能会让后者感到莫名其妙。节目主持人的颜值和主持风格都能引发争议，这本身就是制造话题吸引注意力的一种方式，这或许是该节目的特色所在。同样是"生活常识化"的选题思路，但是调味品很多，有主持人的冷幽默和颜值、节目中的歌曲演奏、内容中的大信息量等，这些要素都是区别于其他同类节目的要素。这个节目和湖南卫视的"新闻大求真"一样融入了欢愉元素、实验元素，区别可能就在于受众的定位有所不同，"新闻大求真"的主要受众为青少年群体，选题和青少年的日常生活较密切，就选题特点而言，两者都关注目标受众的日常生活。央视网上"是真的吗"节目总共有508期的内容（数据截止到2020年9月15日），如果按照七年四个月的时间来计算的话，这意味着曾经有一段时间，它每周的播放不止一期，由此可以管窥节目的受欢迎程度。从"是真的吗"中的冷幽默、日常生活选题多等特点可以看出它的受众定位是以高素质群体为主，在电视媒体日益被边缘化的当前，一档节目能坚持七年实属不易，未来需要进一步研究的是，如何密切衔接目标用户所使用媒介的各种端口。

（二）央视新闻频道的核查类栏目

上述"是真的吗"栏目的状况不能反映出央视平台的总体状况。在 CCTV13 新闻频道，有个"一问到底"栏目 ①，该栏目中的不少选题也属于核查类内容。在央视网中搜索"一问到底"四个字，显示出的搜索结果共 332 条（2020 年 9 月 14 日数据），其中有效搜索结果仅有 17 条。最新发布的新闻是 2020 年 9 月 11 日发布的《[共同关注] 一问到底：防蓝光眼镜火爆　噱头还是真有奇效?》，最早是 2014 年 5 月 3 日发布的《一问到底：雾里看"烟"》，两条新闻相隔时间有六年之久。从 2020 年 9 月 6 日开始，该栏目便以"[共同关注] 一问到底"作为标题前缀出现，"从这一天开始，'一问到底'经过改版后'重出江湖'"，一个名为"新闻直播间"的贴吧如是表述，但这种说法可能失之严谨，因为从搜索结果来看，在 2020 年 9 月之前长达六年的时间里，"一问到底"节目的数量屈指可数，因此说成是新建的栏目可能更合适些。当然由于笔者掌握的数据有限，这种说法可能也会被熟悉节目的内部人士质疑，但是不管怎么说，从 2020 年 9 月开始，CCTV13 的新闻节目中增加了一个较多涉及"事实核查"的新闻栏目，这是一大亮点，下面来分析已经报道的新闻内容：

---

① 《一问到底：塑料书皮真的"有毒"吗?》，央视网，2020 年 9 月 2 日。

图 2-5 "一问到底"栏目中有大量的核查类新闻①

1.《一问到底：雾里看"烟"》，2014 年 5 月 3 日，时长超过 20 分钟。

2.《[共同关注] 一问到底：塑料书皮真的"有毒"吗？专家解读：书皮中有增塑剂不等于"有毒"》，2020 年 9 月 2 日，时长 3 分 1 秒。

3.《[共同关注] 一问到底：塑料书皮真的"有毒"吗？记者调查：塑料书皮种类多　价格差别不大》，2020 年 9 月 2 日，时长 59 秒。

4.《[共同关注] 一问到底：塑料书皮真的"有毒"吗？每学期要用掉超 19.4 亿张塑料书皮》，2020 年 9 月 2 日，时长 51 秒。

5.《[共同关注] 一问到底："网红"筋膜枪　真有那么神奇吗？售价百元到数百元　你买过筋膜枪吗?》，2020 年 9 月 5 日，时长 1 分 37 秒。

---

① 参见 http://tieba.baidu.com/photo/p?tid=6921963303&fid=2126460&kw= 新闻直播间 &see_lz=1&pic_id=97b6974543a98226a90cf97e9d82b9014b90eb09&red_tag=f1181753869。

6.《[共同关注] 一问到底:"网红"筋膜枪　真有那么神奇吗? 专家验证:击打颈椎腰椎恐带来严重后果》,2020 年 9 月 5 日,时长 1 分 30 秒。

7.《[共同关注] 一问到底:"网红"筋膜枪　真有那么神奇吗? 专家验证:辅助改善促进软组织恢复》,2020 年 9 月 5 日,时长 2 分 1 秒。

8.《[共同关注] 一问到底:"网红"筋膜枪　真有那么神奇吗? 减肥? 放松? 商家给筋膜枪"贴标签"》,2020 年 9 月 5 日,时长 2 分。

9.《[共同关注] 一问到底:"网红"筋膜枪　真有那么神奇吗? 适当肌肉放松　减肥治病只是"传说"》,2020 年 9 月 5 日,时长 51 秒。

10.《[共同关注] 一问到底:夏末秋初花粉过敏高发　谁是罪魁祸首? 藜科、桑科、菊科、蒿属等植物为主要花粉过敏源》,2020 年 9 月 6 日,时长 1 分 5 秒。

11.《[共同关注] 一问到底:夏末秋初花粉过敏高发　谁是罪魁祸首? 防过敏小贴士:外出要分时、看天、护口鼻》,2020 年 9 月 6 日,时长 1 分 5 秒。

12.《[共同关注] 一问到底:夏末秋初花粉过敏高发　谁是罪魁祸首? 花粉样貌各异　所含蛋白质影响免疫系统》,2020 年 9 月 6 日,时长 54 秒。

13.《[共同关注] 一问到底:夏末秋初花粉过敏高发　谁是罪魁祸首? 花粉细小无孔不入"惹不起咱躲得起"》,2020 年 9 月 6 日,时长 1 分 14 秒。

14.《[共同关注] 一问到底:夏末秋初花粉过敏高发　谁是罪魁祸首? 近日北京地区花粉浓度急剧升高》,2020 年 9 月

6 日，时长 1 分 8 秒。

15.《[共同关注]一问到底：夏末秋初花粉过敏高发 谁是罪魁祸首?》，2020 年 9 月 6 日，时长 1 分 15 秒。

16.《[共同关注]一问到底：过度照射紫外线会对人体产生哪些伤害？暴晒易致皮肤受损 严重者可患皮肤癌》，2020年 9 月 8 日，时长 1 分 24 秒。

17.《[共同关注]一问到底：防蓝光眼镜蓝光火爆 噱头还是真有奇效?》，2020 年 9 月 11 日，时长 7 分 48 秒。

上述 17 条新闻是笔者在"相关度"搜索结果下，按照从后一页到第一页的顺序排列的，显示出的结果有这样的特点：不同页之间的排序不是以时间为顺序的；同一期的节目被拆解成若干短视频；时间的长度多数在两分钟以内，超过五分钟的只有两期，即 2020 年 9 月 11 日的节目时长为 7 分 48 秒（实际上它也可以拆分成若干更短的视频），2014年的节目时长超过 20 分钟；这 17 条新闻的选题有个明显的特征，即核查的选题"生活常识化"，之前我们探讨的一些媒体的事实核查实践也有明显的选题"生活常识化"特点，这反映出媒体的"选择性"因素，在更广的范围内这种因素的实现还和以下几点有关："（1）技术偏见，通过制片团队选择性安排摄像机的位置来实现；（2）评论偏见，通过口语播报的结构和意义实现；（3）重构'真实'世界以满足媒体的时间表和需求；（4）竭力满足观众的预期"①。这是朗格夫妇早在 20 世纪 50 年代就提出的观点，一个甲子过去，尽管其中的说法值得商榷，但这种思考的视角对分析当前事实核查所面临的深层挑战仍有启发性。选题的

---

① [美]伊莱休·卡茨等编：《媒介研究经典文本解读》，北京大学出版社 2011 年版，第 128 页。

"生活常识化"实际是一种文化资本的生产过程，"文化资本是指父母传给孩子，学校传给学生的习惯、经验、举止和教育。作为个人，你有文化资本，而且正是通过文化资本，各种社会机构才得以自我复制。特定形式的知识和技能能使你为某个网络增添有价值的东西，因为这些知识和技能可以使你作为网络成员而做出更大的贡献，并从中收获更多"[1]。大众媒介是维护和扩展文化资本的一种更便捷的工具，央视"共同关注"栏目下的"一问到底"版块会有着何种命运？姑且拭目以待。

"图像不仅用模拟（simulation）来表达着取向，以位置（position）传递着评价，以比例（proportion）暗示着观念，以变异（variation）凸显着想象。"[2]人们观看图片的方式，受到知识和价值立场的影响。观察"一问到底"栏目的几期视频截图，我们发现，这些图片都是人为地制造了一种景观，随着时间的推移，传播主体从多数可以选择的景观中，挑选某一幅影像来长期使用，然而，每一幅图片都体现了一种观看之道，也体现了拍摄者的不同观点，从2020年9月2日到9月11日，节目制作主体关于"一问到底"屏幕背景的探索一直在进行中，除了9月2日之外，其他三期的节目背景图片风格基本一致。第一期（9月2日）的图片背景包括深邃的太空蓝色、图形和一些计算公式，这背后的隐喻似乎为科学。其他的三张图片是从镜头窥视出这个变形的世界，呈现出光怪陆离的颜色、扭曲的楼房以及代表未知的问号，这种情况下，是影像在诠释文字。

总体来说，在冷色背景的衬托下，图像的中心渐渐变成空洞的圆形，主持人严肃地讲述当代人所面临的集体困境，每一次图像的改变，无疑伴随着意义的增加或者裂变。这些图画无不在引导观众向传播主体

---

① ［加］菲利普·N.霍华德：《卡斯特论媒介》，殷晓蓉译，中国传媒大学出版社2019年版，第80页。

② 葛兆光：《中国思想史（导论）》，复旦大学出版社2017年版，第121页。

的结论靠近，或者说，图画把权威传递给了镜头拍摄者，但是选题仍然延续了一致的内在逻辑，如塑料书皮、筋膜枪、花粉过敏、蓝光眼镜，这些选题一直在日常生活的藩篱中打转。那么，该如何解释这种形式多变和内容不变之间的矛盾呢？要回答这个问题，恐怕还得要回答究竟什么问题能让人们"一问到底"，去政治化的日常生活常识尤其是和养生有关的问题是没有多大核查的价值的，本书之前和之后的章节都曾探讨过这个问题，日常生活的政治固然重要，但从另外一个角度来看，这无形中也形成了一个传统媒体信息核查的边界——偏好日常，疏离政治，这和国外的事实核查做法完全相反。

在访谈中，有被访谈者认为，如果信息核查方面的内容产品还延续上述以日常生活常识为关注对象的话，将会很难做出有价值的贡献。其实也不尽然如此，就像 2005 年超女海选的时候，有很多人认为这种娱乐形式是浪费公众的注意力资源，然而，那年的某晚笔者在某主流都市报做夜班编辑时，值班的总编辑说，这种形式是为将来其他领域的海选进行预演，时间过去了 15 年，这种预演仍然处于预演的阶段，白云苍狗，世间诸事早已变换得面目全非。回到"一问到底"栏目的这种形式的多变和内容的不变之间的矛盾，还是应当抱以乐观的态度，起码节目在信息核查的方法、路径和模式上为其他类型的信息核查做出了预演的示范，更重要的是，这个节目的每一帧图画在构成不可逆转的意见陈述的同时，还进入了观看者的具体情境中，成为观众和家人或朋友交流的话题，而后者又在不同的情景中传递着图片所借代过来的意义，不同的内容在这个复杂的传播过程中，产生了多重的含义。

二、地方电视台上的核查类节目

地方电视台对于核查类节目的热度不一，创办此类节目的电视台数量众多，但是节目的定位和质量差别较大，导致的后果是，有的节目推出后不久就偃旗息鼓，而有的电视台则探索出了一条切实可行的路径。

（一）"每期有 1000 万青少年观看"的核查类节目

湖南卫视"新闻大求真"栏目的首播时间为 2012 年 7 月 4 日，是一档现象级的核查类电视节目，围绕它产出了大量的学术论文和学位论文，因此对于该栏目的研究比较充分，在此，我们不打算进行重复性研究，只是从事实核查嬗变的层面来指出"新闻大求真"在受众定位和娱乐元素之间的特性所在。

"新闻大求真"融科普、娱乐、核查于一身，节目理念是，"用科学的方法关注社会热点，用实验的方法还知识于民"。它主要借鉴了美国的求证节目《流言终结者》的叙事风格，后者是美国的一档求证节目，于 2003 年 1 月 23 日在 discovery 探索频道开播，对各种流言和都市传闻进行实验。节目的主持人之一亚当秉持一种核查式思维，"我拒绝接受你所提供的事实，我要自己证明它的真伪"。"新闻大求真"被称为"电视界的百度知道"，节目选题的大概种类有：对生活类传言的求证，此类节目占比最大；对新闻热点事件进行核查；对习以为常的民间传闻进行求证；科学技术类小实验。[①] 该栏目还更注重发挥电视节目的优势，开发出情景系列剧，通过"求真侦探社"和"求真特工学院"等形式把枯燥的核查过程变成普通观众喜闻乐见的节目种类。它的四类节目"禁止周末、禁止实验室、传言实践和情景系列剧"建构出独特的传播理念，"用科学的方法关注社会热点，用实验的方式还知识于民。百姓的任何疑问我们都来帮你验证，建立中国第一个求

---

① 颜霞：《〈新闻大求真〉的现状与发展路径研究》，湖南师范大学硕士论文，2018 年。

证呼叫中心"①。

《新闻大求真》节目的核查路径大致为："提出传言——设计实验——实验原理解释——实验结果——判断传言真假——专家支招，核查的过程就是一个完整的实验过程"②。该栏目把事实核查类节目带入高光时刻，2017年11月，它获得第二十七届中国新闻奖一等奖，当年获得一等奖的作品有50件，而事实核查类节目获奖者仅此一家。该栏目的《中国新闻奖参评作品推荐表》中说道："主创人员超过30人，播出时间为每周三、四、五18点，2014年11月11日调整为每周二、三、四、五播出，每期时长30分钟。"③每期时长要比央视"是真的吗"短了20分钟。从每周播出三次到每周播出四次，这说明实际的收视情况要比预期乐观，也意味着更多的人力和资金的投入，由此形成了独特的观众群、效果和影响。

观众方面。该栏目的观众有两个特点，一是观众的规模庞大，平均每期节目约有1000万名青少年观看，观众累计规模达5亿，多期节目收视排名全国同时段第一。二是观众的平均年龄较低，核心观众群为4—23岁的青少年，其中6—16岁青少年的数量最多。这表明该栏目覆盖了从小学到大学的学生群体，但可能中小学生群体更加喜欢这档节目。因此，教育主管机构也开始和其进行合作，2015年到2017年，该栏目连续三年承办教育部基础教育一司委托制作的全国中小学生安全教育日特别节目，为全国6000万青少年上了一堂堂安全教育课。④

节目的影响方面。除了获得"中国新闻奖"之外，"2015年《新闻

---

① 百度百科：《新闻大求真》，https://baike.baidu.com/item/% E6% 96% B0% E9% 97% BB% E5% A4% A7% E6% B1% 82% E7% 9C% 9F/8015900?fr=aladdin#reference-［2］-8901114-wrap。

② 颜霞：《〈新闻大求真〉的现状与发展路径研究》，湖南师范大学硕士论文，2018年。

③ 《中国新闻奖参评作品推荐表》，中国记协网，2017年6月16日。

④ 《中国新闻奖参评作品推荐表》，中国记协网，2017年6月16日。

大求真》荣获中科院'科星奖'，并受邀参加中科协在鸟巢举办的'国家科普日'活动。这个节目有一个规模庞大的智库团队，专家资源库有专家2000多人，其中包括来自中科协科普部100多家学会的科学传播首席专家，还有100多名来自中科院的院士或研究员，其他专家则是来自40多所高校、医院的教授和博导，涉及400多个研究领域和方向，涵盖了物理、化学、医学、机械、航空航天等领域"①。

　　湖南卫视娱乐节目的水平盛名在外，但是在信息核查的定位上却扬弃纯粹的娱乐，选择了和青少年群体密切相关的科普类形式，同时充分利用娱乐资源优势，在核查的实践中邀请明星或者网红参与，此外，还形成了关联微博、微信公众号、豆瓣和贴吧等的传播矩阵，不得不说其"寓教于乐"的融媒体运营思路别出心裁。当时该领域属于空白，其他电视媒体用娱乐的形式来运营核查类内容的做法要比湖南卫视"新闻大求真"栏目晚一年左右的时间。

　　（二）"一辨真伪"：多主体联合举办的栏目

　　还有一类地方电视台创办的核查类节目，在节目定位上主打严肃新闻的路线，在节目的产制上通过多方主体的合作来完成，此处拟以北京电视台的"一辨真伪"节目来作为分析对象，该节目由北京互联网信息办公室、北京互联网协会和北京电视台联合创办，节目于2013年11月22日登陆北京卫视新闻频道，中午12点在特别关注栏目中播出，之后该栏目还加盟了北京地区联合辟谣平台。这一档节目号称针对公众关注度高、传播速度快、疑点多的疑似谣言和虚假信息及时开展调查，还原事件真相，北京电视台和北京互联网信息办成立了专门的项目组，在选题策划、线索挖掘和采访协调等多方面联手。节目运行一段时间后，还

---

① 《中国新闻奖参评作品推荐表》，中国记协网，2017年6月16日。

专门召开了一个研讨会，并印发《首都互联网协会新闻评议专业委员会2013 年度第 27 次会议暨北京电视台"一辨真伪"栏目开播会议手册》，宣称栏目的创办是北京地区联合辟谣平台的一个重要组成部分。[①] 该辟谣平台自 2013 年 8 月 1 日上线（也是北京地区网站联合辟谣平台成立的时间）以来，已经有 20 余个成员单位，30 多个栏目，上万条数据和稿件（2020 年 9 月 20 日获得的数据），成为国内首个基于大数据结构、由传统媒体与网络媒体共同开发的平台，国内后来发展得如火如荼的网络联合辟谣平台模式便肇始于此，关于该点后文会有详细论述。

广播和电视新闻的先驱爱德华·默罗曾担心准确的报道因为花费时间而经常处于劣势，他说："真相还在穿裤子的时候，谎言都环游世界一周了。"[②] 那么我国电视的核查类节目是如何克服这种困境的呢？"一辨真伪"节目的做法开创了一个先河，电视媒体和其他多元主体联合制作内容以便进行辟谣和信息核查，"每期用 10 分钟左右的时间破除网上谣言"。当时的节目负责人说："今后每周五中午，观众们都可以看到'一辨真伪'栏目里击碎那些谣言和一些流传已久的误读。还将针对一些短时间流传较广的谣言及时联系权威部门、机构、相关专家求证真伪，并随时进行播出。"[③] 此处形成了多元主体共同参与的模式，媒体利用自身资源整合权威专家、实验室、国家各部委和北京各委办新闻发言人等多方力量，传统媒体和新媒体形成合力，丰富了破除谣言、权威求证的手段。制度化和机动播出机制相结合，媒体和网络信息管理机构相结合，这是"一辨真伪"栏目在信息核查实践中的特点所在。从它开始，地方网站的联

---

① 北京电视台：《北京电视台加盟北京地区辟谣平台"一辨真伪"节目明天开播》，人民网，2013 年 11 月 21 日。

② ［美］比尔·科瓦奇、汤姆·罗森斯蒂尔：《真相：信息超载时代如何知道该相信什么》，陆佳怡、孙志刚、刘海龙译，中国人民大学出版社 2014 年版，第 204 页。

③ 李同非：《北京电视台"一辨真伪"栏目开播　戳穿网上谣言》，华龙网，2013 年 11 月 22 日。

合辟谣平台模式逐渐走向全国，媒体和网络管理机构联合进行辟谣的模式也扩散到全国范围。第一期的"一辨真伪"栏目播出的内容有：针对网上流传的"同时吃维生素 C 和虾赛砒霜"一事，记者称，八成的网民都相信该说法，但实验者同时食用维生素 C 和虾后，在专业实验室里测量血液里砷含量后显示，并未超出安全健康标准。专业人士解释道，一个人要同时吃掉 100 公斤的虾和 100 片维生素 C，体内的砷含量才会出现异常现象，所以网络上的传言错误。① 第一期的节目和其他辟谣平台的选题有着很强的共性，即偏好那些"日常生活小常识"方面的传言。

节目运行三个月后，在 2014 年 2 月 21 日，已经播出了 12 期，2014 年 2 月 22 日，节目所在的媒体机构组织专家对节目进行评议，专家来自清华大学、中国传媒大学、北京大学以及中国社会科学院等机构，从专家的一些发言中可以看出该节目在当时产生的影响。中国人民大学新闻学院的郭庆光教授说，网络媒体和传统媒体联手做这个事情，对具备一些非常强的不确定的信息加以求证，对我们的社会生活知识也好，都能有很大的作用。② 中国传媒大学电视与新闻学院的高晓红教授认为，北京联合辟谣平台推出的这个栏目特别契合当下"网络清朗"行动的主题，选取的内容又是百姓生活中普遍存在的疑惑点，达到了"以正视听"的目的。北京市所属网站应进一步加强与传统主流媒体合作，形成合力，激浊扬清。③ 在两位专家的评价话语中，出现了诸如"很大作用""激浊扬清"等说法，而没有关于收视率方面的观点，这似乎也说明此类节目有着特定的组织逻辑。卡斯特认为，"所谓的组织逻辑，是指具体呈现在一系列衍生性社会实践中的正当化原则。换言之，组织

---

① 参见李同非：《北京电视台"一辨真伪"栏目开播 戳穿网上谣言》，华龙网，2013年 11 月 22 日。

② 《北京电视台"一辨真伪"栏目获肯定》，央视网，2014 年 2 月 21 日。

③ 参见董城：《为您"一辨真伪"》，《光明日报》2014 年 2 月 23 日。

逻辑是制度性权威关系的观念基础”①。

2015 年“一辨真伪”春节特别节目的主题为“马年我们一起追过的谣言”，这一期节目总结了“十大生活谣言”：②

第一：“白皮鸡蛋更有营养”，搜索人次 1096 万；

第二：“木耳猪血清肺”，搜索人次 829 万；

第三：“自来水中的氯可致癌”，搜索人次 650 万；

第四：“秋葵是神药”，搜索人次 647 万；

第五：“毒豆芽‘五毒俱全’”，搜索人次 535 万；

第六：“富氧水是补养神水”，搜索人次 491 万；

第七：“水果酵素排毒养颜”，搜索人次 488 万；

第八：“吃梨抗癌”，搜索人次 372 万；

第九：“湿巾有毒”，搜索人次 366 万；

第十：“手机辐射烫伤皮肤”，搜索人次 341 万。

以上 10 则谣言，从主题上来看，有八则是和饮食有关的话题，而且都是对人们日用而意识不到的食物产生新的审视，探讨了诸如鸡蛋、木耳、豆芽、梨之类的食物是否具有新的功用。从搜索的数量来看，网络用户动辄上千万次搜索某一日常生活食物，这是件很让人费解的事情，类似于白皮鸡蛋营养的话题，关注它的上千万次搜索者又是谁？他们的年龄、经济状况、文化程度如何？或者在我们读完前八条谣言时应该思考：哪个群体如此关注饮食和身体健康这些话题？可惜我们缺乏相关的数据来分析这些问题。

---

① ［美］曼纽尔·卡斯特：《网络社会的崛起》，夏铸九等译，社会科学文献出版社 2001 年版，第 188 页。

② 《“一辨真伪”：马年我们一起信过的谣言》，乐视网，2015 年 2 月 22 日。

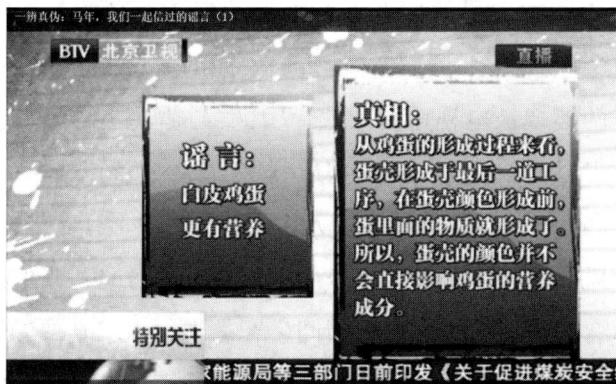

图 2-6　"一辨真伪"核查的形式

图 2-6 展示的终端是在 PC 屏幕上，左边显示谣言，右边显示辟谣真相。笔者在北京电视台网站搜索"一辨真伪"时发现，结果只显示 2018 年到 2020 年的特别关注栏目，在梳理 2018 年 12 月第 19、20、22 期的特别关注节目时，发现第 22 期有关于事实核查类的内容，标题是《减肥要远离脂肪吗?》（在视频的第 42 到 46 分钟时段内），其中也没出现"一辨真伪"的 LOGO，在某主流搜索引擎以"一辨真伪"为关键词搜索，发现相关的内容并不多，只是在 2013 年底和 2014 年上半年期间，有些关于该栏目的介绍性信息，这说明这档节目也没有摆脱缺乏持久的生产动力的宿命。

电视媒体的信息核查栏目延续了报纸媒体"日常生活化"的选题偏好，作为传统的大众媒介，它们都有自己的价值取向，这一点已经有学者注意到，鲍德里亚在详细研究电视之后提出了"超现实"理论："超现实是这样一个世界，在其中最终确认真实性和可靠性的正是基于出现于电视或其他媒体之上——'比现实更真实'。"[①] 在电视等媒体模糊了

---

① ［英］安东尼·吉登斯、飞利浦·萨顿:《社会学》，赵旭东译，北京大学出版社 2018 年版，第 763 页。

现实和想象之间的边界的情形下，不仅被广泛认同的信息被传媒所形塑，而且在受众所接触到的和电视价值不同的信息中，也有一些内容通过信息核查的形式被电视重新形塑，"真实与非真实的区别已经模糊不清了，非真实超过了真实，比真实还真实。真实不再只是自然的自在之物（如山川和海洋），它还包括了人为生产（再生产）出来的真实（模拟实境等）①。"从媒体呈现的符号中获取信息的意义，人们的世界就这样被强烈影响甚至决定。总之，新闻生产的求证、求真或者辨真伪等诸多手段构成了澄清的门径，一些做法被作为共识普及开来，此处的共识"仿佛一个无意识结构，但是它却是'联结一切修辞、科学与其他话语形式的总体关系'"②，具体到问题层面可以化约为，新闻报道中的信息要经过严格的核实和多方的比较，还要进行实地调查求证。

本章小结

　　第 26 届到第 29 届中国新闻奖部分获奖作品所属的种类涉及新闻事实核查领域。《人民日报》2011 年开设"求证"栏目，"对各类争议新闻、疑点事件进行探寻，力求通过严谨核实与深入调查，澄清事实，还原真相，回应关切，阻击谣传"，选题范围有"传言刻意强化官民对立、贫富对立、撕裂社会、激化矛盾；传言制造恐慌，影响稳定；传言具有普遍意义，涉及人群广；事件存在大量疑点，浅层采访没法说清事实，需要深入调查才能接近真相"。《钱江晚报》的"健康求真相"栏目，两年两个多月的时间出版了 60 多期。核查的内容定位在健康传播领域，多

---

① 石义彬：《批判视野下的西方传播思想》，商务印书馆 2014 年版，第 247 页。
② 葛兆光：《中国思想史（导论）》，复旦大学出版社 2017 年版，第 33 页。

为耸人听闻的、道听途说的或没有定论的信息。在后来的传播实践中，"健康求真相"的选题范围也被进一步拓展，"不再局限于健康领域，所有让大家有疑惑的事物和传言"都被纳入传播视野。因为传播平台的改变，自媒体缺少一套来自外部的约束和把关机制才导致错误出现，因此，如何建立自媒体平台传播者外在和内在的把关机制，似乎到了关键时刻。"谣言粉碎机"沙龙的创新性在于多元主体的结合，多方共同探讨谣言的传播与治理，似乎给未来的发展指明了一个方向，即信息核查的主体不能是单一的，它需要大众媒介、普通受众、专家以及权威部门的负责人联合在一起。在网络传播时代，我国主管机构当前在全国范围内建立的地方辟谣联盟和"谣言粉碎机沙龙"有着某种程度上的一致性，都意识到依靠单一力量无法根治信息失实所带来的严重问题，信息核查也罢，辟谣也罢，应该由诸多力量和利益群体合作来完成。对于不同类型的待核查信息，所用的手段也是不同的，比如，对于"生活常识"之类的内容，核实和求证基本可以满足要求，但是对于涉及多方利益，内容中疑点重重、扑朔迷离、暗礁众多的复杂事件，一般的核查手段恐怕无能为力。在特殊情况下，报社倘若轻率相信某一方带有利益的辟谣行为，很可能丧失其公信力，因此，调查式报道在这种情况下是合适的武器。核查产品的存在时间虽然长短不一，但是从历史的角度来看，不同时期的许多短暂的个体连接在一起，构成了一条奔腾不息的信息核查的河流，在个体起来或者倒下的瞬间，整个群体是不断向前发展的。

第三章　各类网站上的核查类产品

> 创造一种新文化，并不仅仅意味着个人的"原创性"发现，引导大众以融贯一致的方式去思考真实的当今世界，要更具有"原创性"得多。
>
> ——葛兰西

新传播技术试图按照自己的图景来对这个世界进行再生产和再创造，同时还让网络用户实现自我表达，满足成千上万人对无法直接触及的世界的好奇心，卡斯特把网络的这种"新"界定为，"是一种拳头媒介系统，能够在同一时刻将全世界的受众连接到一个广播平台上，并能够为特定地方的特定受众定制资讯，也是在选定时间内作为横向的、全球的、相对不受阻拦的、互动传播系统的互联网"，[①] 新的媒体"不仅有'传播力量'的开拓性方法，还有在手机等电子设备所产生的数字化视觉表征和技术化知觉的条件下思考和行动的新方式"[②]。

在我国，新媒体都承担有"正视听，灭谣言"的责任，它们创办了数量众多的核查类栏目，诸如腾讯的"较真"、人民网的"求真"、新华

---

① ［加］菲利普·N.霍华德：《卡斯特论媒介》，殷晓蓉译，中国传媒大学出版社 2019 年版，第 109 页。
② ［英］约翰·阿米蒂奇：《维利里奥论媒介》，刘子旭译，中国传媒大学出版社 2019 年版，第 15 页。

社的"网闻求证"、浙江在线的"权威辟谣"、新蓝网的"照谣镜"、新浪浙江的"微博辟谣平台"、腾讯大浙网的"新闻课"、辟谣百科、科普中国的"科学辟谣"、新浪新闻的"捉谣记"、搜狐的"谣言终结者"、谣言狙击吧、微博辟谣、百度辟谣、辨真伪网、阿里的"谣言粉碎机"、蝌蚪五线谱、百度"阳光行动"和"百度知道"、果壳网、小程序"微信辟谣助手",以及今日头条搭建的辟谣矩阵:头条辟谣、三农辟谣、娱乐辟谣、真相来了、密探灵犬抖音号、头条辟谣抖音号、体育辟谣、谣零零计划等。和传统媒体中的核查类栏目一样,这些核查类内容产品"提供信息、观念和态度,对采纳那些观念的人没有给予回报,对那些不予采纳的人不曾给予惩罚"①。

第一节 网络媒体上的核查类产品

数字媒介提供了将思想和符号置于人们头脑中的可能,在网络场域中,新闻从业者作为把关人,更像在一个四周没有围墙的大门口站岗,尽管如此,从事实核查的实践来看,在这方面网络媒介和传统媒介比起来毫不逊色。本节所说的网络媒体指和传统媒体有一定关联且以新闻为主打业务的中央或者地方的网络信息传播机构,因此拟选取新华网、人民网、中国经济网,以及地方报纸、广播的移动终端上的事实核查类产品作为分析对象,它们多是主流传统媒体在网络化进程中的专业坚守,具有重要的样本意义。

---

① [美]迈克尔·舒德森:《新闻社会学》,徐桂权译,华夏出版社2010年版,第30页。

一、中央重点新闻网站的核查实践

2020 年国家互联网信息办公室公布了中央重点新闻网站，本部分研究的新华网、人民网、央视网和中国经济网都位列其中，这些网站承担网络舆论引导职责，在事实核查产品的生产方面各有特点。如新华网核实系列的新闻出现得较早，而且直面社会焦点问题；央视网把核查定位成"人民战争"；人民网在不同平台上成立不同的核查类栏目，而且报网联动；中国经济网则在重大社会事件发生期间加大核查类新闻的传播力度。这些网站在核查类内容的生产方面所进行的探索成为其他类型网站的典范。

（一）"中国网事"的核实系列报道

2010 年 8 月 7 日，新华社推出以互联网为报道对象的多媒体新闻栏目"中国网事"，它整合文字、图片、电视、互联网等多媒体报道形式，对网络重大事件、热点话题、舆情动向、发展趋势等进行观察和梳理。① 此栏目不是专门的事实核查类产品，其报道内容包含四个系列：感动系列、调查系列、核实系列、盘点系列，其中调查系列和核实系列都有事实核查的成分，前者定位为"突出网络特色，深度挖掘分析网上热点事件"，后者的定位是"第一时间对网上热点事件进行核查与澄清"。出于研究需要，我们在这里只关注核实系列的报道内容。和其他媒体所做的事实核查不同的是，"中国网事"的核实栏目中有很多选题是和公共利益相关的时政类选题，如 2010 年 11 月 26 日报道的《中国网事：长春警方回应"富二代暴打女大学生"网帖》；2011 年 5 月 29 日报道的《中国网事·核实：网曝温州公管处"世袭招聘"确存在》、《中国网事·核

---

① 《新华社推出多媒体新闻栏目〈中国网事〉》，腾讯网，2010 年 8 月 7 日。

实：网传四川一官员"因公醉驾"免刑追踪》；2012 年 2 月 14 日报道的《中国网事·核实：公选拟录干部无报考资格　应严把关》等。这些选题的报道也有着显著的特点，有时核实和调查被混为一谈，笔者认为，调查的范围更加广泛，核实只是调查的一种手段而已。

　　本部分拟以《公选拟录干部无报考资格　应严把关》为例来分析"中国网事"的事实核查的叙事特点，该文的导语是："近日，有网贴称广西县从农民工中公选一名副科级领导干部，当地公示拟录成绩排名第二的考生，并不符合报考条件，经多次举报，才被取消资格。不久后该岗位也被取消。此事引起网友热议。"

　　主体部分第一段是："第二名考生是否符合报考条件？最终岗位为何被取消？公开选拔科级干部是否存在猫腻？记者前往该县深入调查"。① 在新闻的主体部分，有三个小标题，分别是："核心网事：网曝公选拟录干部无报考资格"、"记者调查：县委组织部取消该岗位"、"延伸阅读：公选应进一步严格把关并增加透明度"。

　　从以上可以看出，此类选题反映出经过媒体建构的社会问题，选题针对的是网上引发热议的话题，事件博弈的焦点是社会公平和公正问题，而新闻在标题中虽然标明的是核实，但是内文中记者用的是"深入调查"，反映出调查与核实的边界模糊问题。

　　2013 年 8 月 29 日，"中国网事"在盘点"官谣"时提及："记者梳理出一些官方'先否后肯'的怪现象，希望能引起一些不注重多听、多看、多调查，遇事善于说谎、急于否认的相关部门重视，避免类似有损政府公信的闹剧重演"。这篇报道列举了四个这样的事件："刘某被查　谁为'辟谣者'买单；夜店捧杀'某城田局长'当地先否认后将其

---

① 夏军、覃星星：《〈中国网事·核实〉公选拟录干部无报考资格　应严把关》，新华网，2012 年 2 月 14 日。

免职；某市治超办打人还称'绝对文明执法'看到视频才认错；某市一单位面对不雅照称'仔细辨认'不是该局人员，后被证伪"[1]。内文中设有网友评论和记者点评，通过设置互动环节，网友对个别工作人员的不规范行为做了批评。"中国网事"的这些核实做法无疑对于地方政务的规范具有很大的推动作用，但很难把握其中的度，这种具有批评特点的核实新闻可复制性不强。从结构主义的角度来说，这种核查的独特性其实告诉我们，"说话的主体并非控制着语言，语言是一个独立的体系，'我'只是语言体系的一部分，是语言说我，而不是我说语言"[2]。从上述的一些案例中可以看到，在主流网络媒体上进行核查的事实选择和架构路径很特殊，在这些核查的文本中，凸显的是错综复杂的社会关系。

"中国网事"的事实核查实践让我们看到了在网络空间中，权力关系通过传播结构得以限定，此处的网络权力是卡斯特所谓的开关权（switching power），"这是一种将思想、资源或人员引入你的子网络中的能力"，它有能力把既有权力投射到现存网络之上。而下面将要讨论的几个案例中，网络权力又呈现出另外一种面向，是一种编程权，即建构新网络的能力，"这是一种选择思想、资源或人员设计它们之间的链接的能力。管理社会关系和媒介分发网络对于当代政府机构来说，是最重要的任务之一"[3]。

（二）央视网的两个核查类栏目

在当前辟谣类新闻已成为公众建构常识经验和感知客观世界的一种

---

① 朱昌俊：《先否后肯 "官谣"也有大忽悠》，《新京报》2013 年 8 月 29 日。
② ［美］弗·杰姆逊：《后现代主义与文化理论》，唐小兵译，陕西师范大学出版社 1986 年版，第 29 页。
③ ［加］菲利普·N.霍华德：《卡斯特论媒介》，殷晓蓉译，中国传媒大学出版社 2019 年版，第 39 页。

重要的力量，这一点从形形色色的辟谣类内容产品上可以充分体现出来。央视网"辟谣联播"是规模较大、主流网络媒体辟谣的个案之一，在央视网上是以专题的形式出现的，在该专题下又分为"全部辟谣、央视辟谣、央网辟谣、央媒辟谣、民间辟谣"等栏目。

2020年9月21日，在滚动新闻栏目下，有一条新闻是"央视网独家辟谣栏目'考证'上线"，导语中提到："2013年6月3日，央视网独家辟谣栏目'考证'正式上线。此栏目将目光对准时下热传的网络谣言和生活中被误读的常识、知识，致力于考证事件真相，还原事物本貌。"①这反映出彼时媒体面对新闻失实和谣言横行曾经做过的一些努力，和本书后续章节探讨的网络鉴黄行动一样，"考证"给自己定位的辟谣方式是"人民战争"，即让谣言陷入人民战争的汪洋大海，"网络用户可通过登陆央视网页面、微博、微信等多种平台关注栏目内容，并同步参与栏目互动，提供有价值的谣言线索，加入话题讨论、投票或请栏目组代为求证某一事件的真伪"②。无论是关注、参与互动还是提供线索加入话题讨论或投票，这些举措都意味着媒体在信息核查实践中逐步认识到，解决问题的关键在于用户，如果没有他们的参与互动，信息核查也就成了无源之水，更重要的是，这种传受之间的符号交流能提供了解彼此的可能，能使不同群体之间的共同理解与合作成为可能，随着持久的互动，受众就会接纳传播者的一些价值观或习俗道德。③"考证"栏目的宣传口号是"让信息更真实，生活更纯粹"，"真实"二字其实也反映出不同辟谣机构所持的立场有着细微的差别，"真实"反映出媒体的专业性，是大众媒体产生数百年来意识到的一种根基性的所在，而

①　于晓丹：《央视网独家辟谣栏目"考证"上线》，央视网，2013年6月3日。
②　于晓丹：《央视网独家辟谣栏目"考证"上线》，央视网，2013年6月3日。
③　参见〔美〕乔尔·查农：《一个社会学家的十堂公开课》，王娅译，北京大学出版社2018年版，第51—52页。

本书在后续章节探讨的网络辟谣联盟所基于的立场，有时候很大程度上是基于信息价值观和立场的核实，得出这个结论让人颇感意外，但事实就是如此，如果我们还需深入研究的话，应着眼于在基于真实的核查和基于价值观的核查之间如何寻求一个平衡点。现状是基于事实的核查难度很大，现实生活中个别新闻核查，即开始影响很大，结尾却轻描淡写，这是基于事实核查的困境所在，这种困境既和专业的事实核查者的群体性职业转型有关，也和不同社会发展中的具体情况有关。

基于价值观和立场的信息核查这几年来倒是风生水起，规模越来越大，但是就像上文所述，这类核查为什么又陷入对"日常生活常识"辟谣的泥淖中呢？前文已经从日常生活的层面做出分析，消费社会无所不在，它是一种新型的控制模式，"关键之处在于把人们日常生活的方方面面如家具摆设、艺术品位等都纳入其运作范围"。至于如何摆脱这种困境，按照布尔迪厄的逻辑，我们似乎只能寄希望于那些游离在消费社会之外的群体，他们是理想的反抗者，因为他们能体察出符号的意义所在[1]，但这只是一种乌托邦式的想象，试想巨浪袭来，谁人能免于湿身？从操作的层面来说，这是两种核查没有找到一个合适的平衡点，因此这个问题的解决，应该是未来我国事实核查实践发展中一个不可回避的问题。

接着来分析央视网的"辟谣联播"。"全部辟谣"栏目下的稿件有80余篇，其中有三条新闻属于重复发布；"央视辟谣"栏目下的稿件数量为0；"央网辟谣"栏目下的稿件有2篇；"央媒辟谣"栏目下有9篇稿件；"民间辟谣"栏目下的稿件有1篇。"辟谣联播"专题下的各栏目除了新闻稿件数量少之外，还有一个致命的问题是在2013年6月13日之后，便很少有内容更新。[2] 联想到本书之后探讨的果壳网"谣言粉碎

---

① 石义彬：《批判视野下的西方传播思想》，商务印书馆2014年版，第240页。
② 笔者于2020年9月20日观察到的数据。

机"的停止更新和互联网辟谣联盟发展迅猛的情况，有两个问题值得反思：一是在信息核查实践中，为什么在2013年前后，媒体会形成一个小的高峰？比如在2011年到2014年期间，《人民日报》的"求证"、新华网的"中国网事"、央视网的"辟谣联播"都曾是那个时代媒体进行事实核查的代表，那又是什么原因使得这种内容生产缺乏持久的动力呢？二是不管我们承认与否，在网络传播时代，事实核查都有"体制内媒体的发展势头强于商业网站"的趋势，可能这个表述不是很精准，但是和全国范围内成立的网络辟谣联盟（该联盟多以体制内网络媒体为主导）相比，各类市场驱动的商业网站的表现并不特别抢眼（若干知名网站除外），这种发展趋势最终将指向哪里呢？

　　"考证"第一期的内容是：《收养网是否真的存在，它合法吗?》，这个选题的呈现思路是：谣言——求证——结语。右侧栏"参与调查"栏目下有三个问题。问题一是：你听说过"收养吧"这种网站吗？可供选择的答案有：听说过、没听说过。问题二是：你是否支持关闭"收养吧"？可供选择的答案有：支持、不支持。问题三是：你是否赞成民间有偿收养？可供选择的答案有：赞成、反对。网页上显示参与上述三个问题的人数共有149人。[①] 在专题下有个"图说真相"栏目，四条新闻分别是（这些新闻也都是2013年发布）：《念稿件的官员遭外国记者嘲笑》《老人就这样遭受虐待》《年轻女子不给老人让座?》《TVB剧照也能拿来当新闻图片》，遗憾的是这些新闻已无法打开链接。专题右侧有个"辟谣联盟"栏目，点击"更多内容"，也无法打开链接。除了第一期之外，笔者在央视网和其他主流搜索引擎上没有搜索到其他期的"考证"内容。可以看出，央视网"辟谣联播"也没有摆脱发展的动力不足，存在的时间不长这样一个"宿命"。

---

① 笔者于2020年9月13日观察到的数据。

（三）人民网的两个核查类栏目

"求真"栏目于 2011 年 12 月上线，是人民网二级页面的一个网络专题，其宣传文案是"扶正抑偏，探寻事件真相"，在事实核查类新闻产品中影响较大，在 24 届中国新闻奖评选中获新闻名专栏类一等奖。该栏目由人民网时政部出品，专题首页链接到"求真原创"和《人民日报》求证"等信息核查类专栏，同时还建有微博和微信公众号等。PC 端首页上的栏目有"头条、精彩推荐、全部新闻、求真周刊、求真图解、求真排行榜、假新闻盘点、媒体视点、求真微博"等。尽管这些栏目的元素比较丰富，却是典型的严肃类新闻网站。该栏目的选题特点有：信源多来自互联网，转发政府部门的辟谣内容较多，与普通用户日常生活关联大，以用户为本，及时回应用户的关切。核查主体的特征有：权威部门、记者和专家作为求证的主体较多。

图 3-1　人民网"求真"专栏

2020 年 9 月 15 日，该专题头条的内容是《辟谣：本周热传谣言盘点》，发布的时间为 2020 年 9 月 4 日，有六条谣言："福建全省车辆实行扣分制度？南昌市于 9 月 6 日恢复机动车尾号限行？武汉市某学生核酸检测为阳性？成都人才公寓购买资格可用钱买？南宁市朝阳广场有人抢小孩？益阳市赫山区出现新冠肺炎患者？"

这六条谣言基本躲开了"日常生活小常识"的陷阱，多和谣言发生地人们的生活密切相关，由于本书写作时，新冠肺炎疫情还没有彻底结束，这六条谣言中有两条是关于疫情的，算是历史情境的映射。《辟谣：本周热传谣言盘点》推送的时间距离我写这部分文章有九天之隔，虽说时效性不够强，但勉强还说得过去。在头条之下的视觉强势区还有三篇新闻，题目分别是《蛋壳公寓：不会单方面强制业主或租客解约》，发布时间是 2020 年 2 月 19 日，该文的选题颇具前瞻性，到 2020 年 12 月，文中提及的蛋壳公寓资金链断裂，遗憾的是，虽然该企业在 2020 年 2 月就经过"内容核查"的洗礼，但仍然没有阻止悲剧的发生，这说明一些核查没有触及问题的实质层面；《28 年前南医女生被杀案告破　南京警方辟谣网络传言》，发布时间是 2020 年 2 月 24 日；《企业员工湖北返京后隔离期去超市引关注　现已被强制隔离》，发布时间是 2020 年 2 月 3 日。也就是说这三篇新闻有七个月没更换，当然，这个数据并不是要苛责传播者，而是验证了一个信息核查类内容产品走不出的怪圈，即做的时间不长，缺乏持久的动力。笔者又进一步分析"精彩推荐"栏目下第一页的 10 篇新闻，前五篇新闻链接无效，点击进入后显示的结果是"403 Forbidden"，这五篇新闻分别是《网传寻人启事称"找到妹妹以身相许"广东清远网警辟谣》《"14 岁男生签约麻省理工"失实　莱阳教体局致歉》、《上海警方辟谣："川沙曹路发生多起分尸案"系谣言》、《福建莆田为整治高额聘金抓捕新人亲属？网警辟谣》、《携程回应"自办亲子园虐童"：不可能开除"泄密家长"》，这种情形再次证明了信息核查类内容产品容易陷入烂尾楼式的困境，即更新缺乏稳定性，但客观而言，"求真"专题还是做得非常认真负责且专业的，这一点从第105期的"求真周刊"专题可以看出，遗憾的是从第76期到第104期专题是无法打开链接的，结果显示为"403 Forbidden"，第75期的专题可以进入一级页面，专题的名字和头条新闻皆是同一条新闻，发布的时间为2015年4月8日，本专题上的其他新闻链接，也多数打不开二级页面。仅有的一篇新闻的发布时间似乎可以说明一些问题，"求真"专题某种程度上好像鸡肋，食之无味，弃之可惜，前者指数年来，更新的新闻很有限，形同抛弃，后者指在专题首页的头条新闻里，日期又更新到2020年9月。我们在此考查的重点不是这些新闻的寿命，而是这些信息在特定的社会文化环境中产生和消亡的机制，这种机制和复杂的社会形势密不可分，这些新闻也可以被看作是卷入社会文化发展进程中的一种策略和手段。

人民网系统的核查类产品还有强国社区曾经运营过的"谣言狙击榜"，该内容产品成立的时间在2014年前后，其文案是"带你揭开谣言背后的真相"以及"造谣有罪，辟谣有望"。"谣言狙击榜"栏目的介绍如下："互联网是把双刃剑。在推动社会进步的同时，也为谣言的滋生、扩散和传播提供了土壤，损害公民权益，破坏政府公信力，扰乱社会秩序。国家和政府打击网络谣言的决心，需要媒体和公众用'公信力'和'责任感'添砖加瓦。人民网强国论坛推出'谣言狙击榜'栏目，对造成恶劣影响的谣言予以澄清，帮助网友辨明真伪。"这个介绍把互联网和谣言滋生联系在一起，需要思考的是，如果没有互联网，是否这些谣言就不会产生了？还是互联网仅改变了谣言的传播速度而已？谣言滋生、扩散和传播的根本原因在于信息不透明和不对称，而互联网则是改变这种问题的利器。从这个角度而言，即便没有网络，这些谣言多半也可能会产生，只不过传播的速度没有这么迅速。

图 3-2　"谣言狙击榜"专题

　　在实践中，一些核查专题更新速度放缓乃至停止，网页维护基本处于停滞状态，"谣言狙击榜"也出现了这种现象。该网络专题划分的栏目有：最新辟谣、关于我们、谣言狙击榜、谣言举报和辟谣联盟等，最新辟谣共有 12 页，每个页面平均有 6 条新闻，从 2014 年 3 月 12 日发布的《果壳网起底"十大减肥谣言"》到 2014 年 10 月 30 日发布的一则安全生产类信息，新闻发布的时间跨度总共有七个多月的时间，此后很少有内容更新。在"谣言狙击榜"栏目中，列举了 2013 年 12 月到 2014 年 10 月之间的榜单，具体如下：

　　2014 年 10 月，发布《中国大陆发现埃博拉病例？官方辟谣》

2014 年 9 月，发布《孩子走失不到 24 小时不立案？影视虚构！》

2014 年 8 月，发布《网传"暴恐分子敲门施暴"多地警方辟谣》

2014 年 7 月，发布《催熟水果导致儿童性早熟？》

2014 年 6 月，发布《西瓜被打针危害人体健康？》

2014 年 5 月，发布《招远命案嫌疑人与公安局长勾结？》

2014 年 4 月，发布《中国职场"每天 1600 人过劳死"？》

2014 年 3 月，发布《4G 流量"一夜倾家荡产"是真的吗？》

2014 年 1 月，发布《吃"转胎丸"改变婴儿性别？》

上述榜单中的部分内容对人们的日常生活经历抱持怀疑的态度，我们把辟谣者所持有的这种观点和价值观视作文化，把辟谣产品看作文化的产物，"文化引导我们辨别对错，确认我们的习俗、传统、法律和价值观该是什么样子。不管对组织而言，还是对个体而言，文化都是重要的，我们最终都是通过文化来观察和理解我们自身的"①。遗憾的是，笔者在 2020 年 9 月 16 日点击上述任意一个榜单，显示结果均正在"维护中"，在"谣言举报"栏目下，显示的是"An error oc-curred"。此处再次涉及这样一个问题：媒体进行事实核查的动力为什么会如此不足？这是个让人深思的问题，因为在互联网传播时代，严谨和专业的信息核查恰是传统主流媒体的看家本领，在信息过剩、碎片化和新闻反转剧频繁上演的传播情境下，如果大众媒介能坚守自己的优势，应该说是差异化竞争的一种体现，这要比跟自媒体争流量、做标题党、

---

① ［美］乔尔·查农：《一个社会学家的十堂公开课》，王娅译，北京大学出版社 2018 年版，第 40 页。

贩卖焦虑等做法走得更远。

（四）网络专题"谣言粉碎机"

中国经济网是《经济日报》的网站，定位是"国家经济门户网"，在移动互联网时代，这种定位为门户的网络媒体着实不多。这家网站的产经部在 2020 年初，推出"中经谣言粉碎机"网络专题，对读者来讲这是特殊而又难忘的日子里的一大亮点，它的文案是"不造谣不传谣不信谣！做谣言终结者"。在网络专题的顶部，有段类似导语的文字这样介绍道："疫情就是命令，防控就是责任。当前，疫情防控牵动着全国人民的心，然而有人却在网络空间捏造事实、撒播谣言、制造恐慌。为此，中国经济网推出中经谣言粉碎机系列报道，为公众还原真相。我们呼吁：科学防控，抗击疫情，做谣言终结者！"① 这个信息核查产品问世的特殊使命是还原疫情期间的谣言真相，采取的形式是新闻报道。从 2020 年 2 月 12 日到 2020 年 5 月 31 日，它共推出 109 期内容，基本上这段时间的每一天（2 月 21 日除外）都推出一期内容，这对于了解在疫情这样的重大突发事件中，何种谣言容易传播具有典型的样本意义。我们抽取了 2020 年 2 月 12 日、3 月 12 日、4 月 12 日、5 月 12 日等四个时间点的 24 条"谣言粉碎机"的内容，来做个简单的分析：

2 月 12 日核查的 10 个谣言是：

（1）在上海发病，非上海户籍不列入新增确诊病例？假的！

（2）援鄂医疗队行李丢失？误会！行李一件没少！

---

① 《中经谣言粉碎机　做谣言终结者》，中国经济网，2020 年 4 月 11 日。

（3）北京出租车司机被感染？假的！

（4）北京市 2 月 10 日晚 12 点对全市主干道进行大面积消杀、消毒工作？谣言！

（5）北京乘坐公交地铁要看身份证？假的！

（6）网友从区政府仓库搬了三箱 N95 回家，系谣言！已拘留。

（7）枣阳，抗疫志愿者被路人杀害？系谣言。

（8）随州有住户因染病厌世撒钱？小孩趁父母不注意干的！

（9）千名新冠肺炎疑似病例空降江苏省人民医院？谣言！

（10）张家口禁止机动车上路？三人同行被查？

3 月 12 日核查的 8 个谣言是：

（1）健康码会泄漏个人隐私？不实！

（2）北京 4 月开学？虚假信息！

（3）上海学校开学等时间定了？纯属谣言！

（4）惠州大量病死鸡流入湖北市场？假的！

（5）泉州欣佳酒店坍塌救援中警犬小虎牺牲？不实！

（6）仙桃 3 月 10 日 24 时起恢复正常通行秩序？谣言！

（7）安阳市决定免费延长居民供暖时间？谣言！

（8）健康码会泄漏个人隐私？不实！

4 月 12 日核查的 3 个谣言是：

（1）广州两名外籍人员带病逃脱？谣言！

（2）河北容城收治一湖北籍新冠肺炎患者？不实！

（3）湖南南岳一超市复工人员确诊新冠肺炎？不实！

5 月 12 日核查的 3 个谣言是：

（1）长春福临家园小区现已封闭？谣言！

（2）舒兰疫情已到铁东？不实！

（3）四川大竹电力公司某职工亲属为新冠肺炎无症状感染者？不实！

　　上述样本中核查的数量和形式发生了一些变化：2 月核查的谣言数量比较多，基本每次有 10 条需要核查，核查的手段，大多以某个部门的辟谣内容作为证据，开始的呈现形式是谣言用一句话来叙述，后面加上澄清结果，字数在 20 字以内，澄清部分也较为简洁明要，三到五句话就完成核查过程。但是到了 3 月时，辟谣部分的内容开始增加，3 月 7 日的谣言粉碎机八《有 CN95 认证的车可以防新冠病毒？谣言》，澄清部分的内容超过 800 字，算是篇幅较长的。总体来说，这些网络谣言本身就是一种风险叙事，"某一个谣言的出现，正是体现了公众对于这一方面的风险的感知和宣泄"①。

　　此外，上述核查所引用的信源多来自相关部门的政务自媒体，多数情况下用一个部门的信息来辟谣，个别情况下列举两个或以上部门的辟谣信息，如 2 月 12 日谣言粉碎机二《援鄂医疗队行李丢失？误会！行李一件没少》，列举的信源来自江苏共青团和宁波网警巡查执法两个部门。有时对谣言的真相加以说明，也有个别情况下只是简单告诉读者"是假消息"，例如 2 月 12 日谣言粉碎机五《北京乘坐公交地铁

---

① 张志安等：《微信谣言的主题与特征》，《新闻与写作》2016 年第 1 期。

要看身份证？假的》，相关客服人员的答复仅是"假消息"三个字。前期关于武汉、北京和上海的谣言比较多，如关于上海的谣言有"在上海发病，非上海户籍不列入新增确诊病例？""关于大量外地确诊病患开车来上海就医？"等。在 2020 年 2 月 12 日的 10 条谣言中，关于北京的谣言有三条："北京出租车司机被感染？""北京市 2 月 10 日晚 12 点对全市主干道进行大面积消杀、消毒工作？""北京乘坐公交地铁要看身份证？"

从 2 月 14 日起，每期"谣言粉碎机"专题的最后，都附上《中华人民共和国治安管理处罚法》第 25 条和《中华人民共和国刑法修正案（九）》中和疫情相关的规定。[1] 此举的意图在于对谣言传播者形成震慑，但还需注意谣言形成与传播过程中复杂的社会因素。

到了 2020 年 4 月时，内容核查的专业性进一步提升，表现在信源不只一个，一般用两个信源来辟谣，核查的篇幅也有所增长，出现了三段甚至更长的篇幅来完成核查，还增加了一些可信度较强的图片，如从 4 月 12 日开始，"谣言粉碎机"开始添加一些官方辟谣的截图等。第一个被以文字和配图的形式核查的谣言是《广州两名外籍人员带病逃脱？》，既把广州公安通报的文字作为核查的信源，还把广州公安政务自媒体发布公告的截图放上去，增强了信息核查的权威性，从此开始，"谣言粉碎机"添加了图片作为信息核查的形式，并使之常态化。这说明这些辟谣类新闻除了重视新闻真实之外，还意识到表达的真诚性和正确性问题，"事实的真实性是客观的，它并不依人的主观愿望而改变，它对后者起决定性作用，是第一性的，是无法改变的，而表达的真诚性和正确性是主观的，评判它的原始依据就是人们的意识，

---

[1] 参见郭文培：《2 月 14 日中经谣言粉碎机　做谣言终结者》，中国经济网，2020 年 2 月 14 日。

是主体可以改变的"①。这种转变的最终指向是增强新闻的真实感，这种感觉是人们根据客观事实进行主观建构的结果，具有游戏性，需要注意的是，这种建构是受到约束的，核查者只是针对原有的信息进行重新选择、凸显、架构或者塑造一些新的事实，从而改变受众的原有看法。在实践中，新闻的真实感和记者的独立精神有着很大的关系，可以说，在澄清性新闻发展的过程中，这种真实感和事实核查行为一样重要。

从2020年2月12日到3月6日，"谣言粉碎机"每期粉碎10条谣言，3月7日粉碎谣言的数量为8条，从这一天开始下降，辟谣的数量逐步减少（3月26日例外，为14条），有时每次只粉碎3条谣言，说明关于疫情方面的不实信息随着治理效果的提升变得越来越少。另外，从3月13日开始，谣言的内容也发生转变，从原先对于疫情的恐慌、对于生命安全的忧虑和对公共卫生的焦虑转变为对于回归正常生活的渴望，如3月13日的谣言粉碎机三：《省市委会议，16日居民出行正常化？旧言新炒》，涉及的地方有大连、兰州、北京等城市。在3月26日粉碎的14条谣言中，有7条是各地关于开学的谣言："北京市中小学调整线上学习安排、开学时间？""广东省返校时间已定？""重庆预计4月1日开学？""长沙市中小学将分四批次开学？""湖南郴州3月30日开学？""衡阳市中小学及幼儿园开学时间已定？""安徽科技学院通知返校开课？"而4月9日则出现复工方面的谣言，"谣言粉碎机三：5万武汉人回大连工作？"3月底4月初人们对于恢复正常生活秩序的渴望之甚，由此可见，辟谣是社会、政治机构和经济发展的产物，它提供信息、观念和态度，是一种被制造的事物，是一种修辞形式的集纳。它把信息进行合法化的方式在某种程度上比信息本身要重要。因此辟谣是一种新颖的宣传

---

① 米丽娟：《新闻求真方法论研究》，四川大学出版社2014年版，第82—83页。

模式，它的传播效果或许不是一直处于最佳状态，但是在类似疫情的非常情况下，这种形式是有效的。

二、地方媒体平台的核查实践

社交媒体时代的互联网瓦解了地方媒体的商业模式，吸引了地方媒体的忠实受众，与此同时，地方媒体的网络平台也开始重视事实核查，本部分内容拟以报纸媒体的客户端、广播的官微和地方网络媒体为研究对象。如果把进行事实核查与把关的主体比喻成"看门狗（watch dog）"的话，全国层面的新闻网站就是大狗叫唤，而地方媒体平台的核查实践则是小狗叫唤，"大狗叫，小狗也叫"，这应该是后真相时代最为充满正能量的一种媒介景观了。

（一）移动新闻客户端的核查实践

移动新闻客户端"上游新闻"是由重庆日报报业集团于 2015 年 11 月着力打造并正式上线的，背靠传统媒体的采编力量，于 2018 年新获得互联网新闻信息服务许可证。2018 年 4 月，该新闻客户端下载量已突破 700 万，日均活跃用户 60 万，日均发稿量 600 余条，其中原创 200 条。[1] 其信息核查类专题是"今日照谣镜"，第一篇文章推送于 2020 年 1 月 28 日（为农历大年初四），标题为《今日照谣镜：已查获多人！这些谣言别在朋友圈里继续传了》，文章提及多个谣言，具体包括："炮制疫情重灾区；合川两人死亡？城口死亡一例没报？网传现在新型冠状病毒感染的病例在 10 万例？ N95 口罩用七天后不要丢，用大功率吹风

---

[1] 刘翰书：《上游新闻获得重庆首批互联网新闻信息服务许可证　下载量突破 700 万》，上游新闻，2018 年 4 月 19 日。

机吹 30 分钟，或者酒精喷一下消毒后可以继续用"等。① 从数量和种类上可以看出，疫情肆虐之初，不仅给人们带来了身体上的伤害，还带来了谣言，而且这些谣言的传播有加剧的趋势，否则就不会在大年初四澄清这些看起来让人焦虑的失实信息了，这些谣言加剧了人们在身体和心理上受到伤害的程度。这一期的信息核查所引用的权威信源多来自政府部门发布的官方信息、专家们针对谣言内容所给出的专业性观点等，此外还使用了一些视觉冲击力较强的图片。在 2020 年 1 月 28 日，除了上述新闻之外，还推送了另外一条"今日照谣镜"的新闻：《今日"照谣镜"l 渝中全域停止餐饮经营活动？假消息！》，推送的时间为当日晚上 11 时 10 分。笔者在 2020 年 9 月 22 日梳理材料时发现，"今日照谣镜"高频率推送一直持续到 2020 年 4 月 25 日，当天推送的新闻标题为《今日照谣镜：重庆摘口罩的时间已公布？谣言，别信》，2020 年 1 月第一期澄清的谣言和 4 月 25 日澄清的谣言相互辉映，前一篇是关于正常日常生活中断的信息核查，后一期是恢复以前日常状态的信息核查，这个网络专题是新冠肺炎疫情最严重期间移动网络媒体推出的事实核查产品之一。在这三个月的时间中，共推送了 130 多期"今日照谣镜"栏目，其中 2 月推送的频率最为密集，有时一天推送三次。内容方面，和中国经济网"谣言粉碎机"网络专题不同的是，上游新闻的"今日照谣镜"多是关于重庆本地的新闻，特别注重把政府的讯息转变成新闻的文本形式，有时候，一则辟谣就是一种特殊的政府公告，如在 2020 年 4 月第 10 期网络专题中，有四篇是对涉及重庆地区的谣言进行核查的，分别是《重庆摘口罩的时间已公布？谣言，别信！》《重庆机场有轿车暴力抗拒执法？假的！》《渝中区朝天门出现疑似病例？别信！》《重庆南岸一酒

---

① 参见谭遥：《今日照谣镜：这些谣言别在朋友圈里继续传了》，《重庆晨报》2020 年 1 月 28 日。

店确诊1例新冠肺炎患者？假的!》。实际上，这些内容多为一些政府部门和机构发布的信息，那么通过网络媒体以新闻的形式传播，与政府部门通过网络向公众直接传递信息有着何种差异呢？或许就在于网络媒体把政府通告作为客观事实纳入新闻的文化形式中，易言之，这种辟谣新闻是一种特殊的公告，但比公告本身具有更强的新闻性。

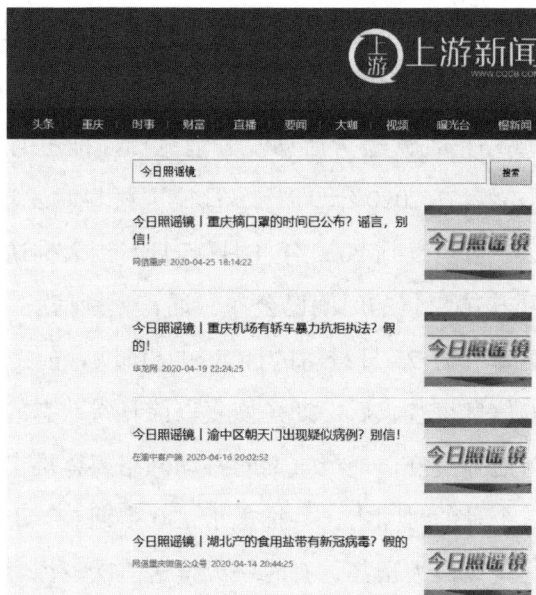

图 3-3   上游新闻的"今日照谣镜"专题

（二）网络电台的辟谣专栏

本书之前分析的从事信息核查的媒体涵盖了报纸、电视、网络等，但是尚未分析广播这种媒介的事实核查情形。此处拟以贵阳都市女性广播为对象进行分析。该广播是一家以"女性"命名的专业化媒介，在重大公共事件突发期间开启了广播辟谣的事实核查实践，尽管内容的体量并不大。在其官方微博上，粉丝数量超过3.2万人，发布的微博数量超过1.1万条，笔者搜集到了四期"# 众志成城抗疫情 #【照"谣"镜专栏】"，这四期的专栏有新闻图片，影响并不大，转发量、评论量和点赞量均为零，四个时间节点及内容分别是：

2020年2月8日，核查的内容是"有人在网上传言说，供水公司为了消毒在水中加入过量的二氧化氯，所以自来水接出来后要静置两小时才能使用？"

2020年2月15日，核查的内容是"环保酵素到底是什么？还能消毒？"

2020年2月17日，核查的内容是"某医院有确诊病人出逃？"

2020年2月21日，核查的三条谣言包括："去过某超市，杭州健康码会绿码变红码；微信钱包能领取口罩补贴？鸵鸟蛋抗体口罩能杀死新型冠状病毒？"

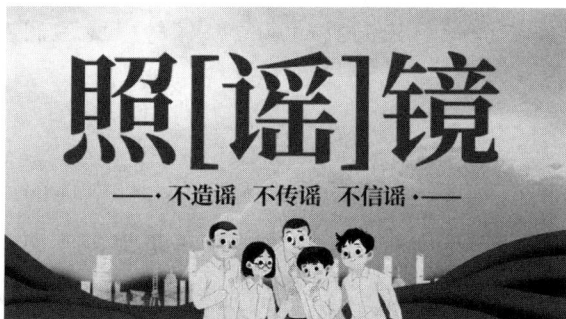

图3-4　"贵阳FM104"微博账号的内容核查图片

该广播在搜狐号平台的总阅读量超过550万，发布的文章数量超过3220篇，此平台也发布了2020年2月21日以后的一些"照谣镜"专栏内容，如：

在2020年2月25日推送的内容中，核查的谣言有："公园闲逛人员被要求背防疫手册？中国医疗耗材之都长垣口罩生产企业停产几十家？"等。

在 2020 年 3 月 10 日推送的内容中，核查的谣言有："中国限制出口医用口罩；中国驻韩使馆 3 月份暂停办理中国护照"。

在该广播的新浪号平台上也推送了"照谣镜"专栏的内容，如：

在 2020 年 3 月 2 日推送的内容中，最顶部的内容是当地区县疾控中心的 24 小时值班电话，核查的谣言有："服用降压药会增加感染新冠病毒的风险？新冠病毒试剂盒有自测版？"

在 2020 年 3 月 15 日推送的内容中，最顶部的内容是当地区县疾控中心的 24 小时值班电话，核查的谣言有："每天用肥皂洗鼻窦可降低感染肺炎的风险？保持喉咙湿润可以预防病毒？"

对于地方广播而言，尤其是受众定位为女性群体的、具有窄播性质的媒介而言，进行事实核查所面临的困难更多，比如广播对于受众而言，信息很难保存，因此，核查的过程虽然很专业、权威，但是因为不易保存，导致用户对产品的认可与接受程度要比其他媒体有差距。欠发达地区的广播媒介通过互联网在非常时刻开发出信息核查类内容产品在多个终端进行传播，具体到此处分析的个案，存在的一个明显的问题是，宣传和传播的终端过于分散，基本上是自说自话，无法形成合力的传播效果。本来这种事实核查的产品就容易陷入生命力比较短暂的境地，如果过于分散传播而又没有互动，实际上只是在给互联网的记忆增加些许素材而已，"如果新闻没有构筑一个让人们当回事的世界，或者如果新闻没有对人们的行动方式产生影响，那么新闻就没有存在的意义"①，在这一点上，核查或者辟谣类内容和新闻一样，我们把贵阳都市女性广播放到书中，因为它的象征意义在于，进行事实核查的媒介类型中包括了广播在内，尤其是西部欠发达地区的广播媒介。

（三）地方网络媒体的核查实践

此处的地方网络媒体指省或市级传媒集团所运营的新闻网站，目前多数地方网络媒体都开办了专门的核查类专栏，在此拟以半岛网为分析对象。地处山东青岛的半岛网成立专门的辟谣平台，半岛网的运营颇具特色：在美国西海岸创办报纸、创办早教平台、建立地方自媒体矩阵等，其辟谣平台也是其中的特色之一，这个平台介于新闻和政务之间（这一点从其主办单位是半岛网，指导单位是当地市级网络安全和信息化委员会办公室可以看出）。核查产品被夹杂在其他盈利能力强的内容产品中，离市场和政务宣传都有一些距离，这种"不伦不类"的产品形式或许是一种思路。辟谣平台的名称是"青岛网上辟谣平台"，挂靠在半岛网新闻网页上，分为"首页、谣言粉碎机、权威发布、网闻求证、照谣镜、涨知识"等几个栏目，"谣言粉碎机"栏目下大概有 100 多条消息，"权威发布"栏目下大概有 50 多条消息，关于网站所在省级地区的信息居多，"网闻求证"下大概有 50 多条消息，个别消息和其他栏目中的内容有所重复，"照谣镜"栏目下有 40 条消息，"涨知识"栏目下有 36 条消息，其中大部分内容是关于生活小常识方面的辟谣，如"饮酒是否有益健康、新衣服

---

① ［美］迈克尔·舒德森：《新闻社会学》，徐桂权译，华夏出版社 2010 年版，"导论"第 8 页。

致癌、香蕉消食"等猎奇而又是无轻重的内容。① 总体来说，内容的体量不大，存在重复使用同一条新闻的现象，该栏目定位还需进一步精细化。

该辟谣的平台是按照网络新闻专题的思路来布置网页架构的，在平台上方的视觉强势区，设置了导读，字数仅寥寥百字，但是其中的三个"强调"凸显出这个平台的特色所在：第一个强调是"净化网络环境，更离不开公众意识与公民素质的给力"；第二个强调是"唤醒沉默的大多数"；第三个强调是"面对网络谣言，要打破沉默，敢于直言"。把这三点摘出来，得出的结论是这家网站进行事实核查的逻辑发生转变，核查主体从专业人士扩大到非专业的"大多数"，记者不是速记员，这个职业群体还担负查证事实和掌握实际证据的职责，但是成千上万的普通人该是什么样子呢？从上述三点也可以倒推出目前"大多数"在事实核查实践中的现状：核查的意识和新媒介素养不理想、保持沉默、不敢直言等，但是如何朝着良性的方向改变？给出可行的答案要比提出问题难得多。沉默的大多数，这是王小波一部小说的名字，也是当前事实核查过程中出现的问题。如果上升到中观层面，可以把事实核查的现状提炼为，主管部门热，地方媒体温，大多数网络用户个体凉的状态。具体而言，就是中央和地方各级主管部门近年来在打击失实信息和网络谣言等方面付出了巨大的努力，而且专项整治行动也较为常见。中间层面的媒体则是处于温水的状态，该主体也进行事实核查产品的开发与运行，但是个别栏目缺乏持久的动力和机制层面的保障，往往谣言多的时候，或者社会风向发生转变时，推出的信息核查产品数量多，更新的频率也快，但是一旦条件变换，这些产品很容易陷入虎头蛇尾的状态，更新少甚至不更新的现象常常出现，这是我们所说的中间层面温这个特点。到

---

① 笔者于 2020 年 9 月 29 日观察得到的数据。

了"大多数"群体这个层面，现代社会节奏快、压力大、生活碎片化，大部分网络用户没有充沛的精力和足够的时间去做这些在短期内看来对自身没有直接经济收益的事情，对于普通个体而言，参与信息核查是一种"无用之用"，因此，当前处于一种待激发的状态。这种态势需要加以改变，但是这种变化需要时间，需要对用户进行持之以恒的关于信息核查素养方面的培育。换一个角度来分析，从这种沉默上，我们看到了一种对抗符号逻辑的客观存在，这也是鲍德里亚观察问题的视角，"大众吸收媒介的仿真、不作任何回应，从而从根本上瓦解了这种代码"①。这种公众参与度比较弱的辟谣平台，只是一种"单向度的给予"而已，但是，如果辟谣没有构筑一个让用户认真对待的场域，或者辟谣内容没有对用户的行动产生相应的影响，那么这种辟谣的存在意义又是什么呢？

图 3-5　半岛网的网上辟谣平台

---

① ［美］马克·波斯特：《第二媒介时代》，范静哗译，南京大学出版社 2000 年版，第154 页。

无论是报纸还是电视，抑或是网络媒体，其事实核查实践为受众展示了新的探索空间，但是，这些主体究竟是话语的发出者还是话语的产物呢？究竟是媒体选择规则来组织话语，还是规则选择媒体来组织话语？福柯说："不存在什么真实事物，存在的只是语言，我们所谈话的是语言，我们是在语言中谈论。"①这个过程也强化了受众的"镶嵌式"阅读习惯，用户无须担心从何处阅读这些内容，可以在任何时候消费这些内容，也可以从任何一篇文章入手。事实核查运动正在完善一种更加精致的把关理念，这些行动能够帮助用户鉴定新闻信息中哪些是事实，哪些是推测，哪些是观点，哪些是客观呈现，但是"在一个胡言流播的世界里，对事实的任何陈述都带有政治和道德色彩"②，从这个角度而言，媒体的鉴定者角色在将来事实核查的发展实践中会进一步凸显，此举能增强事实核查结果的客观性和真实性。

第二节　商业网站上的核查类产品

各种谣言或者失实新闻增加了这个信息化社会（卡斯特认为，信息社会强调信息在社会中的角色，信息化社会则表明社会组织之特殊形式的属性，信息的生产、处理与传递成为生产力与权力的基本来源。③）的风险和不确定性，这种社会被吉登斯悲观地命名为"失控的世界"

---

① 转引自刘北成：《福柯思想肖像》，北京师范大学出版社 1995 年版，第 92 页。
② ［美］C. 赖特·米尔斯：《社会学的想象力》，陈强、张永强译，生活·读书·新知三联书店 2012 年版，第 193 页。
③ 参见 ［美］曼纽尔·卡斯特：《网络社会的崛起》，夏铸九等译，社会科学文献出版社 2001 年版，第 25 页。

(runaway world)，我们生活于其中，"生活在一个信息时代也就意味着社会反思性的增加。社会反思性指的是我们持续去思考或者反思我们生活的处境"①。信息核查在某种程度上就是这种社会反思的表征，除了报纸和体制内的媒体网站以外，一些商业网站也开设了与事实核查有关的栏目，较为有代表性的有：腾讯新闻的"较真"、搜狐新闻的"谣言终结者"、果壳网的"谣言粉碎机"、中国搜索的"照谣镜"、"流言百科"和小程序"微信辟谣助手"等。

一、两个门户网站的核查探索

商业新闻网站的事实核查实践类似于 CSR 运动，所谓 CSR 是指"公司的社会责任"，"企业寻求把它的价值观和行为与各种各样的利益相关者联合的方式"，其目的在于创造长期可持续的商业模式的一种路径，CSR 提供了一种把商业组织与它们嵌入其中的社会进行再连接的方式。② 和体制内的网络媒体相比，它更多由商业逻辑来驱动，更多地根据行业规范来开展一些核查实践。在事实核查的实践中，腾讯和搜狐两个门户网站的探索较为有代表性，前者先是成立了"较真"栏目，后来又在此基础上推出"较真"平台，信息传播的重心开始向移动互联网倾斜，后者则在辟谣的同时，还告诉受众辨别谣言的方法，"授之以鱼"的同时还"授之以渔"。

---

① 参见［英］安东尼·吉登斯、飞利浦·萨顿：《社会学》，赵旭东译，北京大学出版社 2018 年版，第 95 页。

② 参见［英］安东尼·吉登斯、飞利浦·萨顿：《社会学》，赵旭东译，北京大学出版社 2018 年版，第 804 页。

（一）从"较真"栏目到"较真"平台

在影响力较大的商业新闻网站中，开设事实核查栏目的为数不少，但是影响较大的不多，2013 年推出的腾讯"较真"栏目便是其中之一，2017 年 1 月又推出"较真"平台，自称是一个"专业事实查证平台"和"致力于新闻查证的全民平台"，"对所有符合公共利益和公众兴趣的信息进行查证，它涵盖的范围要比辟谣要广"。[①]2017 年 2 月，该平台进驻杜克实验室全球事实查证网站数据库，意味着我国的事实核查走出国门。

该栏目和微信公众号"全民较真"、小程序"较真辟谣神器"共同构成了该企业事实核查的矩阵，"目标是对各种假新闻、缺陷新闻、谣言、钓鱼贴、营销贴进行查证和快速打击，对人们感兴趣的、但缺乏来龙去脉的消息进行溯源和探查真相"[②]。此处把查证的范围扩大到网络上的各种帖子，和其他媒体的做法不同，商业网站既强调内容查证的专业性，同时也重视调动用户的参与积极性，比如，页面上的"我有问题，求较真"和"邀你较真"两个栏目。就前者而言，它鼓励用户生产话题，"任何你看到的、听说的或者你认为的，以及你想知道真相的事情，请在下面输入"[③]。对于用户参与的话题不设置领域，把障碍降低到最低限度，这样会在最大程度上动员各个阶层、各种受教育程度不同的个体参与。用户参与的流程可分为"详细描述想要查证的问题""上传图片或附件""输入联系方式"等。用户呈现的这些话题会被进一步筛选，生产成专业的内容，"你的问题有机会被选中，由栏目编辑或各路大神进行'较真'"[④]。从用户型的选

① 《李天亮：较真平台介绍＆成员合作计划》，腾讯网，2017 年 1 月 10 日。
② 《栏目介绍》，腾讯网，2021 年 3 月 10 日。
③ 《栏目介绍》，腾讯网，2021 年 3 月 10 日。
④ 《栏目介绍》，腾讯网，2021 年 3 月 10 日。

题生产过渡到专业人员的内容核查生产，这种路径兼顾了信息的量和质。这样的栏目通过影响网络用户的日常体验来处理事实核查的话题，很有可能把用户构造成共同体中的一分子。"邀你较真"是一个问卷调查，设置三个话题让用户选择相应的答案，这些数据会形成一些可视化的内容产品，如 2020 年 8 月 25 日的"邀你较真"设置的三个话题是：

　　问题 1 是"校园欺凌，美国按成年人判？"下设的答案有：相信、不相信、求较真。

　　问题 2 是"管教孩子，打屁股是中国特色？"下设的答案有：是特色、都一样、不清楚。

　　问题 3 是"患病母乳喂养宝宝成小黄人？"下设的答案有：不相信、相信、求较真。

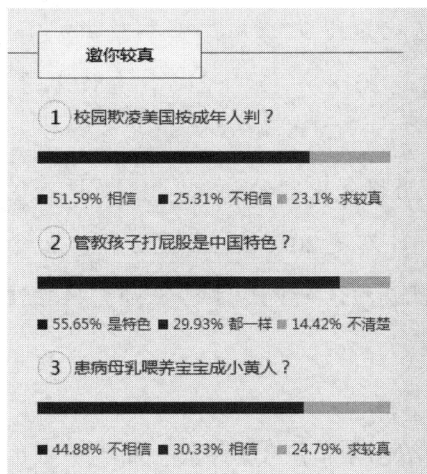

图 3-6 "较真"平台上的用户参与话题

　　在"较真"平台的 PC 端口，"较真"专栏的首页有六篇文章，具

体如下：①

《洋葱和大蒜不能净化血液，还是让它们做好蔬菜吧》，发布日期是 2018 年 12 月 12 日，查证者信息为北京某医院临床营养科营养师。

《3 岁小女孩突患乳腺癌，到底咋回事》，发布日期是 2018 年 12 月 10 日，查证者信息为迈阿密大学生物学博士、杜克大学心理学与神经生物系博士后。

《联合国早就澄清过，别再谣传中国公民素质排名世界倒数第二》，发布日期是 2018 年 12 月 10 日，查证者信息为"较真查证员"。

《老公出轨，想靠这种药挽回？小心癌症找上门》，发布日期是 2018 年 12 月 5 日，查证者信息为首都医科大学某医院药学部药师。

《感染 HIV 就是得艾滋病？世界艾滋病日，别被谣言吓着》，发布日期是 2018 年 12 月 2 日，查证者信息为医学博士、美国执业医生。

《李咏死于用现代医疗治癌症？11 月医疗健康类谣言你中招几个》，发布日期是 2018 年 12 月 2 日，点评人信息为贵州省疾控中心慢性病防治研究所主治医师、医学博士、较真专家团成员。

最后一则新闻结尾用的是"点评人"而不是查证人，此外还透漏出一个信息是，"较真"栏目背后有个人员构成复杂多元的"较真"专家

---

① 笔者于 2020 年 8 月 22 日观察得到的数据。

团，这个组织非常值得重视，它可能演变成内容核查实践中的精英群体组织。"较真查证员"和查证者反映出平台的一种做法，即通过邀请和推荐机制来召集查证专家，而且这些专家还要定期撰写查证类的文章。这种做法有两点值得注意：一是，"较真查证员"属于较真专栏的专业内容核查人员。二是"较真查证员"和后来流行的"内容核查员"虽然所涉及的工作内容有相同部分，但是其最大的不同是两者对专业性知识依赖的程度不同，个体对核查这一职业依赖的程度不同。

这种透明化的新闻核实过程更容易赢得受众的信任，也能促使读者形成自己的核查意识和技能。但是，"话语分析并不追求绝对真理和绝对正确的话语，而是通过对各种话语构成体进行审查和重估以揭示话语中的权力关系"①。也就是说在事实核查中也存在不同主体之间的积极互动（关于这一点，本书在最后一章有论述），内容核查所角逐的公共领域不是客观中立的，而是充满着相互竞争的价值观。"较真"在首页每篇文章标题之后，分别有标签标注文章所属类型，如食品、卫生、健康和国际等，除了标题和查证者信息外，还有图片、内容摘要和关键词等。

在此我们仅列举《感染 HIV 就是得艾滋病？世界艾滋病日，别被谣言吓着》一文的摘要和关键词信息，其摘要是："世界艾滋病日，来聊聊艾滋病的常见谣言"，关键词有："艾滋病、HIV、AIDS、艾滋病病毒、传染病"等。二级页面的文章安排也特别考虑到碎片化时代阅读的特点，如每一篇文章都提炼出"较真要点"，具有一定的精编意识，而且还特意做出"赶时间？看要点就够了"之类的提示，在文章的结尾，还显示用户对这篇文章的评论，此处彰显了用户和传播主体同样强大的现实，媒介精英与用户相互竞争，"这些精英之所以强大是因为他们

---

① 石义彬：《批判视野下的西方传播思想》，商务印书馆 2014 年版，第 278 页。

制作了受到版权保护的文化内容，并拥有大部分信息基础设施。作为个人的你之所以强大，是因为你管理着自己的终端（手机和计算机）"①。但是，笔者于 2020 年 8 月 25 日点击"较真"栏目的 PC 端，首页显示的内容却是 2018 年 12 月发布的内容，是什么原因让该栏目在一年半多的时间处于无信息更新的状态呢？带着这个问题，笔者在手机的微信中搜索了"腾讯较真"，搜索结果出现了"腾讯较真辟谣"的小程序，该程序从上到下的设置为：可以查真假的搜索框，用户在未输入搜索内容时，搜索框中有动态文字显示，如 2020 年 8 月 25 日下午 3 点 34 分的动态内容有：加湿器杀人、新冠病毒感染中耳、奶粉污染物、俄罗斯科学家发现新冠病毒的弱点、普京女儿疫苗、新冠病毒 BMI 等内容。搜索框下方显示的栏题信息有：热门、视频、食品安全、医疗健康、社会民生、关爱父母等，在"热门"栏题下，发布了一些"较真"的信息，在这些信息的标题之前，用红色字体标注"假"，用绿色字体标注"真"，如前五条信息分别为：

1. 真（绿色字体），《男性也有更年期》，发布时间为 2020年 8 月 25 日，标签中的信息是：#雄激素#男性。

2. 假（红色字体），《茶烟是"健康烟草"，能帮助戒烟》，发布时间为 2020 年 8 月 25 日，标签中的信息是：#烟草#茶烟。

3. 假（红色字体），《饭后平躺会影响消化》，发布时间为2020 年 8 月 24 日，标签中的信息是：#消化#食物。

4. 真（绿色字体），《强迫午睡可导致宝宝的情绪、心理问题》，发布时间为 2020 年 8 月 24 日，标签中的信息是：#睡眠

---

① ［加］菲利普·N.霍华德：《卡斯特论媒介》，殷晓蓉译，中国传媒大学出版社 2019年版，第 93 页。

＃午睡。

5.真（绿色字体），《遇险时救女友不救妈妈，可能涉嫌犯罪》，发布时间为 2020 年 8 月 23 日，标签中的信息是：＃女友 ＃母亲。

上述标注颜色的做法是较真平台借鉴谷歌新闻分级模式，后者把新闻分为绿色（真实）、黄色（待查）、红色（假新闻）等三种形式。这种做法充分显示出互联网移动端具有视觉机器的特质，它构建出一个空间，把所有可能的矛盾逻辑都变得视觉化和技术化，但是就我国的核查平台来说，形式的鲜活难以掩盖内容的琐碎与单一，这种缺少重要性和矛盾性的核查内容，难以为核查类栏目提供持久发展的动力，或者说，这些进入传播媒介的内容具有高度个人化的特征，它所展示的仅仅是传播主体的个体偏好。

除了用颜色标注不同的信息之外，"较真"还在一些仍存有疑问的消息上，用"分情况"、"存在争议"或"尚无定论"等字样进行标注，尽管如此，我国的核查仍然缺乏一个成熟的指标体系。国外的 Politi Fact 网站通过软件开发出一套相对成熟量表，例如，标识信息不同真实性等级的"真实性测量仪"（Truth-O-Meter），测量言论立场变化幅度的"一致性测量仪"（The Flip-O-Meter），以及追踪政治人物承诺的"奥巴马测量仪"（The Obameter）和"共和党诺言测量仪"（The GOP Pledge-O-Meter）等。[①] 在我国，这种指标体系的建立尚处于起步阶段，除了较真平台之外，在笔者掌握的资料范围内，还发现南大核真录建立了简单的指数量表，它把核实的结果分为五个等级，一级是"错误"，特点是"该陈述完全不正确"；二级是大部分错误，特点是"含部分真实元

---

① 参见李雪：《美国事实核查新闻研究》，四川省社科院硕士学位论文，2018 年。

素，但重要事实被忽略，容易让人误解"；三级是一般真实，特点是"陈述部分准确，但无细节或断章取义，会造成一定的误解"；四级是大部分真实，特点是"陈述基本准确，但需要额外信息澄清"；五级是真实，特点是"陈述精确，一些重要的信息也包含在其中"。[①]

我们还统计了"较真平台"热门栏题下前50篇文章的发布时间和所属领域，平均下来，每天发布的信息为1—2条，正常情况下为2条，由于当时疫情尚未结束，所以内容多和健康传播有关，比如2020年8月18日到20日几乎全部是健康方面的选题。此外，该平台还在微信公众号里采用语音形式来进行事实核查，此举在所有核查类内容产品中是最有特色的，然而不论采取何种形式，这些选题多依据一定的文化建构，是网络采编人员所处的时间和空间的产物，与他们所处的社会和政治制度也有关联，这些传播者生活在特定的社会环境中，而所有的社会环境都附带具体的意义体系，一种环境赞同并支撑这些人的此类生活方式，另一种社会环境则支撑另外一些人的其他生活方式。

(二) 搜狐新闻的 "谣言终结者" 栏目

如果说腾讯的核查实践重视用户的参与性和内容的可读性的话，那么搜狐的"谣言终结者"栏目的做法则另辟蹊径，在实践中重视把关人的作用，并且还在提升用户的辟谣素养方面做了一些工作。搜狐"谣言终结者"创办于2012年，以网络专题的形式呈现。2013年6月，栏目创办者举办发布会，有媒体撰文称其为"辟谣先锋"，2020年9月16日，笔者在搜集资料时，发现它已经有超过720期的内容，第105期和第117期的时间分别是2014年5月23日和2014年10月16日，即12期

---

① 参见刘畅：《事实核查平台发展机遇与效果困境研究——以国内三类平台为例》，《新闻知识》2019年第5期。

的内容的时间跨度为 130 天左右，平均下来 10 余天制作一期内容，应该说还是比较频繁的。该栏目的简介是：

> 随着互联网的变革，信息传播呈现出快速化、碎片化、短期化的特点。而不断涌现的社会问题，为谣言滋生、传播提供了丰润土壤。基于此，我们创设了"谣言终结者"栏目，在碎片化的信息中打捞传播甚广的"谣言"，逐一求证，还原事实。①

如果把这个介绍和强国论坛"谣言狙击者"栏目的介绍做个比较，就比较有意思：后者认为"互联网是把双刃剑。在推动社会进步的同时，也为谣言的滋生、扩散和传播提供了土壤"，而前者认为"不断涌现的社会问题，为谣言滋生、传播提供了丰润土壤"，关于谣言滋生、传播的土壤，两家网络内容生产者给出的答案完全不一样，一方认为是互联网，一方认为是社会问题。这是由从不同的角度看待谣言所导致的，都看到了谣言滋生和传播的现象，一方看到了眼前的网络在推波助澜，一方看到了谣言传播的来路，即便没有互联网，这些谣言仍然会传播开来，只是传播的速度可能没有这么快，因此传播的平台和谣言内容中所涉及的社会问题都是需要解决的问题，但是从事实核查的角度来说，似乎又不是那么回事，因为需要核查的是信息，而不是传播的平台，核查者没有能力解决谣言涉及的社会问题，它只需核查传播中的一些信息要素是否与客观事实相符即可，这么来看，就可以理解我国当前火热的网络辟谣行动中的几条路线：

第一条路线是净化网络传播媒体，提高信息传播者的把关意识。这

---

① 《谣言终结者》，搜狐新闻，2014 年 10 月 16 日。

条路径重视的是信息过滤机制的建立，一些不符合媒介定位和违法的信息，就无法进入传播的信道之中，这是从源头实施的举措，然而，无法进入通道的信息可能是客观存在的信息，也可能是虚假的信息。这条路线是我国当前非常重视的一条宏观层面上的信息核查举措，当前移动短视频平台上的内容审核员制度属于该范围内。

第二条路线是单纯地否认并且不去查证关键或者重要的事实，或者查证仅仅依靠搜索引擎来完成。第一条路线无法完全屏蔽掉不合乎要求的信息，这使得大量信息进入到传播领域，出现了一些新闻反转剧，反转再反转甚至多次反转现象层出不穷，于是一种新的事实核查做法应运而生，但是这种核查只是简单罗列出谣言所涉及当事人的一些表述，媒体本身没有对关键事实进行调查验证，因此，极其容易为谣言当事人"背书"。在现实生活中，一些陷入舆情旋涡的机构宣传部门，尤其在处理所在机构负责人涉及的谣言时，很容易陷入这样的困境之中。

第三条路线是专业的媒体和调查记者针对影响较大的谣言进行专业的信息传播要素核查，这种是严格意义上的事实核查，这种路线强调在新闻的采访和写作过程中要做到去新闻发生的现场考察、写作时应该忠于新闻事实、严格把关与仔细核实，发挥传统主流媒体实地调查与深度报道的传统。如果问题背后涉及的各方利益交错复杂，这种调查所面临的困难也就越多，但价值也越大。对于媒体而言，所能践行的路线，第一条一直伴随媒体发展，当前第三条似乎还有很大的提升空间，或许是因为成本高并存在一定的风险，倒是第二条应用的范围比较广。本书的观点是，对于治理机构而言，第一条路线是较为容易施行的，对于媒体机构而言，应该把第三条路线和第二条路线结合起来。而对于影响力较大的自媒体平台而言，由于没有采访权，似乎也只能在第一条和第二条路线上下功夫，当前的实践也正反映出这样的格局。但是，大众传播媒介所能做的应该可以比当前更多、更好以及更专业。

还是回到搜狐的"谣言终结者"内容产品上，和其他媒体所不同的地方在于，它在某种程度上还重视培育读者的辟谣素养和专业技能，任何时期、任何媒体的普通用户都是需要这种技能的，然而，有此意识并践行的媒体着实不多。该栏目总结出辟谣的七种武器和三大原则，包括：①

1. 用科学反击伪科学；

2. 借助常识的力量；

3. 直击信源；

4. 追击那些缺乏 w 的"新闻"；

5. 别信那些扯淡的"名人名言"；

6. 官场小道消息，多不靠谱；

7. 有图不一定有真相；

绝杀技：大报道中的集束式辟谣。

此外还有谣言狙击的三大原则：②

1. 辟谣需针对新闻热点，避免无聊和过气；

2. 求证来源必须权威，应来自当事人或者官方机构的信息，杜绝二次传谣；

3. 点评是辟谣的灵魂，务必言简意赅、一语中的，揭示谣言产生的土壤。

---

① 《粉碎谣言"七种武器"》，搜狐网，2013 年 6 月 22 日。

② 《谣言终结者》，搜狐网，2012 年 6 月 1 日。

这些武器和原则既给读者提供了辨别谣言的技能，也描绘出了谣言狙击的流程——选择什么样的谣言狙击，如何进行信源的求证，还有就是求证完成后"狙击"任务并没有完成，还需要进行点评。这种点评类似于报纸时代的新闻点评，但是篇幅要更短，往往只有一句话的体量。笔者搜集了一些分散在不同文章中的点评内容：

> "这种新闻很博眼球，不过着实不符合事实逻辑""虽然不知造谣者是怎样一个目的，但我们不能在不确定事实的情况下帮助传播""旧闻也是一种谣言，发生过就算了，老拿出来当新闻传播就不好了""国内媒体标题党现象仍然很严重，不能为了博眼球而夸张事实"。

如果对这些点评做个点评，笔者的观点是，点评的难度很大，点评得好，叫画龙点睛，点评得烂，就成了狗尾续貂。但是，又是哪个群体对点评这种形式感兴趣呢？网络传播中的"内容搬运工"或者"流水线上的内容工人"应该没有时间和精力去做这个工作。更多情况下，是那些从事过传统媒体行业，有一定新闻情怀的网络移民所做的事情，这种指点信息的价值在机器传播时代愈发显得珍贵。

在关于不实信息的核查实践中，用户参与度较高的应该非商业网站莫属，以"谣言终结者"网络专题为例，商业网站最大程度上利用了自身所拥有海量用户的优势，如 2015 年 6 月 15 日第 127 期专题的内容是"天津'偷抢孩子'事件频发？谣言！"其评论数据显示，有 11154 人参与，产出了 438 条评论[①]，甚至在评论区还出现了"盖楼"的现象，不过这些评论生成的时间也多在 2015 年前后。此外，用户的参与也和传播者

---

① 笔者在 2020 年 9 月 16 日观察得到的数据。

的专业传播技巧有关，在部分辟谣内容的最后，网络编辑甚至总结出拐卖儿童这一类谣言的基本规律和识别方法，如"哪个地点人气旺就让谣言发生在哪；谣言涉及的群体越发弱势；贩卖孩子的手段越发恐惧"。而且针对此谣言识别方法的操作性更强，比如，"在搜索引擎输入关于此信息的关键词，如果搜索到了很多一模一样的帖子，只不过出事地点换成了哈尔滨、南宁、北京等地，那么谣言不攻自破"[①]。这些内容对于普通用户而言，是提升他们信息核查素养行的有效路径，这种做法也是本书作者最看重的，因为鼓励用户举报谣言，如果没有基本的信息核查素养来作为铺垫，这种举报行为也是低效度的，毕竟读者会带着不同程度的人情世故来理解其重要性。这也说明信息核查的重点除了在于辨别谣言之外，还要让普通用户掌握辨别的技能。

二、科普类网站上的事实核查

科普类网站的事实核查在当前的研究中被关注的较多，一些学位论文对此做了较为深入的研究，如 2019 年华南理工大学周盛楠的硕士论文题为《社交媒体科技类"事实核查"信息传播效果影响因素研究》，对科技类核查实践中传播效果影响因素做了较为深入的探析，不过事实核查本来就是对受众趋之若鹜的信息进行"反拨"的行为，是对社会症候的一种下药之举，"良药苦口"，故其传播效果的好坏不应该仅仅从一些量化的数据来判断，而应该从"疗效"，从核查对我国普通网络用户的信息素养的提升方面来观察。本部分拟从科普类核查内容中的叙事方式来管窥其内容所面临的困境。

果壳网"谣言粉碎机"是科普类网站中的一个事实核查类栏目，曾

---

① 《天津"偷抢孩子"事件频发？谣言》，搜狐网，2015 年 6 月 15 日。

经影响颇大。在果壳网成立三周年时，其网站发布的文章说："在成立后的三年时间里，前后两代'谣言粉碎娘'、协同文献爬梳器、人形小白鼠和实验党们一共发布了503篇文章，涉及内容从食品安全到医学健康、从都市流言到神秘事件。"① 其中评论数量最多的三篇文章是：

（1）第一篇文章的标题是《献血有害健康吗?》，属于健康传播类话题，谣言内容有360余字，辟谣内容的字数接近两万字，文章后有717条评论。② 具体的核查方法是先列出流言的主要内容，接着说出真相。

流言：献血会造成血液功能的弱化甚至丧失。红细胞的减少会使身体各部分器官得不到足够的氧气，细胞的各项生命功能无法正常发挥，献血后产生头晕现象就是因为脑部没有得到足够的氧气。

真相：这条流言对于献血之后机体恢复的生理过程存在诸多误解。然后核查者针对流言逐一解释。

接着，文章用了七个全是问句的小标题来一一澄清真相，这七个二级小标题分别是：献血的量相对于全身血液来说算很多吗？为什么献血之后头晕恶心？献血后容易生病？献血导致血小板减少，和白血病有关吗？什么样的人不能献血？献血后如何补铁？献血后如何休息？

（2）第二篇文章的标题是《灯泡放进嘴里就拿不出来了吗》，内容属于日常生活类话题，文章不到1000字，有450条评论。意外的是这篇短文的评论数量竟然如此之多。文章的结构分为三部分：③

流言：千万不要把灯泡放进嘴里，因为灯泡会被卡住，无法完整地拿出来。

真相：这部分介绍了一个测试，即把灯泡放进嘴里，但是特意强调非专业人士不能模仿。

---

① 《最"粉碎"的三年》，果壳网，2013年11月21日。
② 数据统计时间为2020年9月9日。
③ 《最"粉碎"的三年!》，果壳网，2013年11月21日。

结论：谣言破解。通过此次测试可知，灯泡实际上并不容易被卡在嘴里。编辑在专业人士的协助下将一枚直径 6.3 厘米的 100W 标准白炽灯泡放进嘴里，并顺利取出。"绝对拿不出来"的说法并不可靠。

（3）第三篇文章的标题是《水什么答案也不知道》，属于物理学领域的话题，字数近 24000 字，这是笔者看到的字数最多的辟谣类文章，其评论数量为 439，文章用了大量的物理学知识来澄清"水可以产生和人类相似的感情"这一荒谬的观点，指出谎言的背后是经济利益，而且这一话题还引起一家主流都市报的关注，某都市报就这一话题策划了"三碗米饭"的实验，2011 年 11 月 30 日，该报刊发《一个小学生的米饭实验》①，每天上学前，一名四年级的小学生从冰箱里捧出两碗米饭，对着一碗美言，对着另一碗咒骂，还有一碗米饭放在冰箱里不被理睬。文章的结论是：对米饭的态度不同，结果也会不同：被夸奖的米饭散发出香气，被咒骂的米饭变黑发臭，从未被理睬的米饭流出脏水。据该报道，一些小学生做这个实验，最后只有一位同学坚持一个月，记者还采访了广州本地的专家，这种传播策略却能给用户带来过度刺激，该刺激包括"感觉轰炸、信息超载和决策压力等三种方式"②。当新闻的真实性被叙事瓦解后，事实核查者就不得不追问新闻"文本"的写法，米饭实验引发了一些科普人士的较真，一些澄清性报道接踵而生，例如《新华社每日电讯》在 2011 年 12 月 5 日刊发文章《三碗米饭实验该怎么做》，果壳网发布文章《"米饭实验"该怎么做》，这两篇文章的标题类似，但是澄清的思路差别较大：

前篇文章的作者从概率统计规律的角度来做了澄清，讨论了影响米饭变化的变量因素，比如饭量和温度等。另外，香和臭之间存在主观偏

---

① 梁艳燕、关倩莹：《一个小学生的米饭实验》，《南方都市报》2011 年 11 月 30 日。
② 宋林飞：《西方社会学理论》，南京大学出版社 1997 年版，第 517 页。

差，受心理因素影响较大。他还提出科学的结果应该具有可重复性。结论是："水或米饭能够感知人类的喜怒哀乐，这个说法与现有的科学知识不符，是一个很不寻常的主张。不寻常的主张需要不寻常的证据，一个主张越是不寻常，支持它的证据就要越确凿、越充分，才能让人信服。"①第二篇文章，即果壳网发布的澄清文章先肯定这个小学生完成实践的几个环节，如提出假设、设计实验、实施实验、通过某都市报公布结果等，但这篇文章的重点是这个小学生在实验的一些环节做得不好，包括：实验条件控制、影响因素分析、各个影响因素的控制、人为因素的干扰、实验分组、重复实验验证结果等。②此外，本书还想从叙事层面来分析此处不同媒体之间的风格，就"米饭实验"而言，有两类叙事者，一类以果壳网为代表，采用的方式是"讲述（telling）"，主体是一种全知叙事者，他站在人物身后，时刻告知读者人物的真实想法；而另一类以某都市报为代表，是一种展示（showing）性的叙事，这种叙事者则让人物自由说话与行动，不对其指手画脚③，核查者是分析问题的专家，擅长作为讲述者，但是也应该重视"讲述"和"展示"之间存在的张力，因为写法的改变意味着秩序、观念、视角和视野的改变，是"权力和知识之间关系的变化"。

上述两篇文章对新闻报道中的传播方法提出了质疑，这则报道距离本书写作的时间已经过去了九年，回过头来看，当时这则新闻很可能是以猎奇的方法来教育读者要怀有爱心，但是又以科学实验的名义来宣传。这种再现世界的形式充满着选择性，如同新闻生产的逻辑，它决定读者阅读何种内容，还在叙事中嵌入了传播主体的主观判断、价值观

---

① 方舟子：《三碗米饭实验该怎么做》，《新华社每日电讯》2011 年 12 月 5 日。
② 参见《"米饭实验"该怎么做》，果壳网，2011 年 12 月 1 日。
③ 参见［美］伊莱休·卡茨等编：《媒介研究经典文本解读》，北京大学出版社 2011 年版，第 96 页。

甚至隐藏的偏见，这种偏见源于何处？它不是由于传播主体的偏向所致，也不是传播机构的"杰作"，而是传播机构所处的社会结构压力下的产物。

2013 年，果壳网加盟北京网站辟谣平台并开发出新的产品"流言百科"，尝试用众包方式打造一个中文互联网最大的"科技流言数据库"。联合辟谣平台以定期或不定期的方式发布与"辟谣：10 大最流行生活谣言榜"类似的榜单。[①] 在本书作者查阅"流言百科"的相关资料时，发现这个产品已经不存在了，输入网址（http://liuyan.guokr.com/）时，显示的结果是"default backend-404"，[②] 网上只有零散的关于它的记载，比如，它的选题分为食品安全、医学健康、科学技术、传说轶事、宠物花草、自然环境等类型，选题种类多样，那么何种选题有可能挤进集体记忆的空间中去呢？或许那些能够引发多数人沉思，让网络用户产生共鸣的文本有这样的功能。同时，百度贴吧上有文章在讨论"网上有一个果壳网和流言百科，它们说的就一定对了吗？"在这个贴吧中，有用户说"不少写手写的东西很论文气"，网络用户在此对事实核查的方式和目的之间出现的错位表现出忧虑，这种现象大概和符号消费的观念有关联，"由货币催生的平均主义引起的现代社会全面的方式与目的、技术与价值、物质与精神的倒置。不惟经济领域，美学和艺术中出现了装饰艺术、工业艺术，知识领域里盛行对方法和技术过程的青睐。这种生活的外在化依靠的是物的完美，而不是人的完美……方法凌驾于目的的过度增长，在外部生活凌驾于我们灵魂生命的力量中"[③]。从新闻叙事的角度

---

① 杜丁：《果壳网加盟北京网站辟谣平台　开发"流言百科"》，《新京报》2013 年 10 月 13 日。

② 数据统计时间为 2020 年 9 月 9 日。

③ 陈戎女：《资本文化论》，《文化研究》（第一辑），天津社会科学出版社 2000 年版，第 175—176 页。

而言，这种论文气息太浓的核查之举，实际上是在言辞和事实的搭配方面出了问题，无论是"质胜于文"还是"文胜于质"都不是目的，我们追求的应该是符号对于事实的精准描述。

三、智能传播中的核查创新

智能传播时代来临，核查的主体、方式和终端呈现都发生变化，此处拟以"中国搜索"为例来分析移动传播中核查实践的技术转型和呈现创新。

（一）试水新型事实核查模式

中国搜索于 2014 年 3 月正式开通，运营者和发起者较为有特色，表面上看，运营者是一家信息科技股份有限公司，但它的联合发起者却是多家主流媒体机构，包括人民日报社、新华通讯社、中央电视台、光明日报社、经济日报社、中国日报社、中国新闻社等。这些机构的媒体属性影响了中国搜索信息传播的定位，其提供的搜索服务包括"新闻、报刊、网页、图片、视频、地图、网址导航七大类"，成立了"国情、社科、理论、法规、时政、地方、国际、军事、体育、财经、房产、汽车、家居、购物、食品、智慧城市 16 个垂直搜索频道和'中国新闻'等移动客户端产品和服务"。[①]

此处拟分析的核查类内容产品是"照谣镜"，它是"中国搜索"微信公众号策划的一个栏目，于 2017 年 8 月 14 日正式上线，其进行核查的方式是"通过搜索网络信息、聚合权威发布"，这意味着它是通过搜索和聚合的形式来完成信息核查，应该说这种方式节省成本，但也容易

---

① 《关于我们》，中国搜索，2021 年 3 月 10 日。

带来风险。针对这样的核查方法，中国人民大学新闻学院陈力丹教授不无忧虑地指出："如今是信息时代，查找、核对事实比传统媒体时代容易得多，问题在于各媒体的具体当事人没有核实事实的职业意识，习惯于在电脑前复制、粘贴、聚合既有的并不确切材料，而所有事实归根结底来自现实世界，虚拟世界本身不产生新的事实"[①]，不论这些辟谣信息是如何被采集的，搜索和聚合模式呈现出一种幻象，它让用户觉得辟谣主体有某些接近信源的特权。互联网信息公司在技术方面的优势也被应用于核查的过程中，"建立假新闻与网络谣言数据库"，"采取技术＋人工的方式""监测分析用户留言"，通过这些传统媒体不擅长的技术依赖型的核查手段，建构出一种智能传播时代的新型信息核查流程，具体环节包括：热词发现、话题提取、搜索比对、谣言甄别、真相查询、审核发布等。这是本书第一次谈及这种技术型的核查手段，它已成为目前乃至将来的一大主要趋势之一，它和人工审核并行，共同建构出当前事实核查的两大路径图景，并行的意思是技术不是万能的，甚至在目前的内容核查实践中，技术尚未起到决定性作用，而隐蔽的、有审核难度的内容则还是靠人工来完成。在"照谣镜"微信栏目中，"对于通过技术无法确定是否属于谣言的内容，本公众号的微信运营团队进行逐级人工审核"。到了下一级流程，即核查结束确认谣言之后，移动自媒体平台的传播方式也和传统媒体有所区别，"第一时间录入数据库并发布辟谣内容，制作辟谣关键词，实现命中用户留言中涉及的相关内容，实现自动回复、主动辟谣"。

　　新媒体之新，不在于载体和平台的迭代更新，而在于建立起新型的传播主体和用户之间的关系，传播的信息注重用户留言涉及的内容，这种传播观念在实践和表述之间的差异巨大，可以说多数信息核查的内

---

① 陈力丹：《核实事实，不采用无消息源的新闻》，《新闻与写作》2015年第7期。

容，都关切用户言论，但是自媒体从内容生产到信息呈现的方式再到终端页面的包装等方方面面回应了这种关切，既然辟谣实现了这样的移动情景的转变，那么为什么还会屡屡出现所谓的热点谣言呢？回到这些失实信息的社会作用来看，人们在消费这些信息时，目的不是为了消除所谓的不确定性，而是通过这些信息完成自己和其他传播者之间的社会互动，或者增强不同主体之间的社会黏性，或者强化了某种自己既有的观点，因此，失实信息即便在辟谣之后，有的信息消费者可能仍然会偏向选取那些符合自己口味和价值观的信息来传播。在这个传播链条中，个别传播者在消费信息之外，意外地发现了实现自己被认同的另类路径。就信息核查的平台而言，此处探讨的案例还有一大特点，即信息的"融媒体、跨平台"核查模式，在网络 PC 端、企业头条号、企业百科和手机客户端等不同平台实现了"不同的分发端口"，这在传统媒体的核查实践中虽也有零星举措，但尚未形成主流。就核查的内容范围而言，之前我们观察到一些网站核查的内容有"日常生活常识化"的倾向，而在移动智能传播时代，内容范围被大为拓展，关注的领域有：时事新闻、网络安全、食品安全、人身安全、教育、健康、理财等。辟谣信息的来源也相对多元和权威，包括党政机关、行业协会、科研院所、主流媒体等。这显示出事实核查有从"自己的领域"演进到"他者的领域"的趋势，前者是指，"个体的日常领域，包括他常去的地方和生活所必需的事务，如街头、每天要吃的面包等"，而后者则指，"让他们操心不已却无法企及的领域"。在宣传文案中表达出来这些信息，意味着信息核查朝着纵深的方向发展。下面我们拟分析 50 期中国搜索的"照谣镜"栏目，其时间跨度从 2017 年 8 月 14 日到 2018 年 7 月 23 日，其中新版有 31 期，旧版有 19 期，专栏推送的频率为每周一期。

（二）改版前后区别明显

全国范围内的"辟谣热"把事实核查同时嵌入到政治管理、公共治理和新闻生产的多重路径，成为合力运作的产物。这一点从第一期"照谣镜"的开栏语和图片可以看出。"开栏语"的使用还是让笔者颇感意外的，因为这是报纸时代的产品形式，《人民日报》"求证"栏目的第一期，也有类似的形式，再往前推，新报纸或期刊出版发行第一期还有所谓的"发刊词"，"照谣镜"的"开栏语"如下：①

> "谣言，妖言也"。所谓"众口铄金，积毁销骨"，古已有之。而今，各种谣言一乘上互联网"快车"，不仅"升温发酵"快速，其负面影响也更大。
>
> 谣言并不可怕，可怕的是丧失了辨别谣言的能力，"不信谣"的前提是"识别谣"。因此，即日起正式推出每周一期的栏目——"照谣镜"，并致力于将其打造成一个线上辟谣平台。
>
> "照谣镜"将通过搜索网络信息、聚合权威发布等方式，发声辟谣、正本清源。我们也希望广大网友提供线索，一同为治理网络谣言贡献自己的力量。
>
> 网民是遏制谣言传播的关键一环。互联网世界需要我们时刻保持一颗敬畏之心，谨慎发言，不造谣不传谣，为自己的言行负责！

"开栏语"仅有270多字，从"识别谣"到"贡献自己的力量"，这些文字淡化了信息企业在商言商的底色，我们看到了技术（搜索与聚合）与治理共同作用下的理念转变，它的着眼点是网民，意在提升

---

① 《开栏语》，中国搜索，2017 年 8 月 14 日。

其辨别谣言的能力，这种看似不经意的转变其实蕴涵着一种逻辑的转变，即，事实核查也好，辟谣也好，它所争夺的不是传播的平台，也不是对内容真假与否的最终定夺，而是通过不同的形式和路径来影响和服务用户。

2017 年中国搜索"照谣镜"完成改版之举，成为其事实核查实践中的一个转折点，改版后的产品更具有用户意识，形式的变化虽然产生的影响范围有限，不过有些主线贯穿于改版前后的内容当中。

1. 改版前的内容分析

第一期"照谣镜"内容的呈现形式是，先列举出具体的谣言作为标题，内文分为"谣言"和"真相"两个部分，同时还辅以图片的形式。这五条作为标题的谣言是"（1）地震局援救中心向市民征集救助金，承诺双倍奉还？（2）中国从印度撤侨？（3）岳阳肖家洞'水库垮坝'？（4）吴京一家人都不是中国人？（5）艾滋病疫苗真来了？"这五条谣言涉及的主题较为宽泛，跳出了"日常生活常识"的窠臼，涉及到健康卫生、娱乐、公共安全等被普通用户所重视的话题。选题和核查的形式基本没有什么新的创举。第一期的内容最后通过网警提示的形式作为结尾，具体内容是：《刑法》第 291 条中和疫情相关的规定。① 但是，对于大多数谣言或者不实信息而言，传播行为如果没有造成法律规定的损害后果，《刑法》也就无法适用。因此，不考虑谣言本身特点，过于依靠法律规定的治理效果，在以前或者将来的信息核查实践中，会被反复验证这是一条虽然有效果但仍需要进一步探索的路径。

第二期的"照谣镜"辟谣了七个谣言："（1）花一元钱就能抢到千元商品？（2）维生素 B2 包治百病？（3）8 月 20 日将实行新交规？（4）一杯酸奶等于两罐可乐？（5）放在汽车后备厢的水喝了会致癌？（6）

---

① 参见《照谣镜（第一期）》，腾讯网，2017 年 8 月 14 日。

过午不食是'养生秘法'?"第三期的"照谣镜"辟谣了七个谣言:"(1)购买网络矿机可获得高额回报?(2)湖南某酒吧发生枪战致3人死亡?(3)暴雨后 sk5 病毒致人死亡?(4)智能手机每晚关机既能避免辐射又能省电?(5)食盐里居然有剧毒氰化钾?(6)豆制品诱发乳腺癌?(7)厨房做饭时接打电话容易引发爆燃?"

从第二和第三期的选题中可以看出,辟谣内容的"日常生活常识化"特点又出现了,第二期有四条(第二、四、五、六)都是类似的选题,第三期也有四条(第四、五、六、七)是类似的选题。为了节省篇幅,我们统计了剩下四十多期的内容发现,类似"苹果籽有毒、尖头西红柿致癌"之类的内容所占比重基本处于一个相对稳定的状态。这种模式架构了一种新的现实,对相关内容的辟谣所采用的叙事模式,在无形之中帮助用户界定了世界运作的方式以及何者是有意义的,但是,这种辟谣所参考的框架也只不过是一种解释体系,它能解释生活乃至人生的经验,也可能被其他试图解释生活或人生阅历的体系所取代。此外,还有两大特点是中国搜索"照谣镜"所独家具备的:

一是在辟谣的选题中,暴力类的选题常见。如摔娃、飞机坠落、游乐场打架、混乱之中捅死人、城管打人、缆车起火致人亡、机场恐怖事件、高速连环相撞酿成惨烈车祸、割鹿头和鹿鞭、粉丝为鹿晗跳楼、牧羊人徒手与狼搏斗、新郎被闹婚闹到当场死亡、飞机坠海、银行抢劫引发警匪枪战、川航深夜航班有吸毒人员劫机、广州天河区"人质事件"、18 层在建楼宇轰然倒塌、海口暴雨学生掉进下水道、母亲因给不起儿子彩礼轻生,诸如此类的和暴力有关的谣言尤其多。

二是和普通人经济生活相关的选题比较多。不少谣言和个人投资理财关联较大,如抵押房产证每月可获巨额利息、投资放贷巨额回报、语音借钱、炒"原油期货"赚大钱、支付宝来电请你"转账检测"、女子豪购商品狂刷 400 万、朋友圈分享链接也能"兼职赚钱"、扫二维码付电费、不带医保卡看病要交 26 元服务费、交 2.5 元会费可得 30 万元扶贫款、用户去世后微信中的钱会被充公、社保卡里的 90 元到年底不用完就要作废等。

以上是"照谣镜"前 19 期推送文章的基本状况，如果从这些内容来对目标用户进行画像的话，会发现这个群体注重保健养生，对"疾病"主题很关注，他们还关注暴力类的话题，再就是这个群体很注意日常经济生活方面。他们关注电费、医保卡、社保卡、房产证、投资等，因此结论是，这个群体是城市中生活稳定的中年群体，从中也可以看出关于生活经验的最大区隔机制。

2. 改版后的内容分析

2017 年 12 月 25 日，中国搜索推出了"照谣镜"2.0 版，这是笔者在为写作本书搜集材料过程中看到的首家针对移动端而设计的内容核查产品，和之前的版本相比较，有两点变化：

图 3-7　针对微信公众号用户设置体验环节的核查产品

第一，为增强用户互动体验程度而设置新的环节。在辟谣或澄清内容之前，也是在读者阅读内容之前，设置一个问卷调查，让用户判断选择项中的哪些是谣言，传播者这样说道，"在阅读本期内容之前，请您先自测一下判断力，看看以下这些网络传闻是真是假"，同时，该问卷调查是专门针对微信公众号端口设立的，在 PC 端无法进行投票，这样一个小小的细节，体现出移动互联网时代内容生产的用户意识以及终端收窄的现象。

　　第二，采用技术手段遮蔽待核查的内容，如果用户愿意阅读，可以通过"点击下方空白区域显示答案"的设置来完成。在第一期的五个需要核查的传言中，每个核查内容都是这种设置方式，但是此举只坚持到第五期。尽管这种尝试维持的时间不久，但是未来的发展趋势中包含着这种做法的某些基因，笔者把其界定为从"视觉凝视"向"触觉凝视"的转变，"视觉凝视就是我们通常所说的看见，强调的是事物的表面形状与形态，它相对肤浅，是一种浅尝辄止的体验，而触觉凝视则将物体的表面视为某种纹理，观众得以深入内部，它创造了现实的深度"。[①] 从第六期开始，澄清事实的部分不再采用技术的形式遮蔽，而是通过加红色框等版面语言来凸显，在框的上方注明上述网络传言是真还是假，"这是真的"、"这是谣言"等粗体红色字作为结论。"这是真的"意味着网络传言是真实的，比如"不吃早饭易得胆结石？""仰卧起坐姿势不对会造成腰肌劳损？""孕期患牙病可能导致流产？"等网络传言最终被澄清是真实的，表明网络传言和谣言不是对等关系，但是，辟谣也不完全是反映现实的一面镜子，它是再现世界的一种形式，而这种再现也充满着选择，"选择读者读什么的过程，不仅包括客观的事实，还包括主观的判断、个人的价值观以及成见"[②]。这种倾向很大程度上不是由传播者个人所致，而是源于传播机构所处的社会结构位置与相关的规范。

　　"照谣镜"改版后的版面语言比较丰富，视觉效果也有着明显的新

---

①　[美] 伊莱休·卡茨等编：《媒介研究经典文本解读》，北京大学出版社 2011 年版，第 150 页。

②　[美] 迈克尔·舒德森：《新闻社会学》，徐桂权译，华夏出版社 2010 年版，第 40 页。

媒体时代的特征，但是在内容方面，还是延续之前的风格，没有多少创新之处。从另外一个角度来看，这种没有创新的内容也说明传播中的谣言有着一个明显的边界，在这个边界之内，谣言有生存的土壤，同时多数辟谣类内容产品的选题也多来源于此，一旦越过这个边界，谣言的数量就变得骤然减少，这时，内容核查产品的生产空间也被大大挤压。

（三）不同网站的核查风格比较

从以上分析的诸多网络媒体中可以看出，以新华网的"中国网事"为转折点，网络媒体的事实核查经历了一个架构的转变，媒介中的架构是一些约定俗成的理论，告诉我们什么存在，发生了什么，什么重要，以此形成我们选择、强调和呈现的原则。[①]"中国网事"在开始的事实核查中呈现出明显的"扒粪"风格，这和它所依托媒体的特殊位置有着密切的关系，而且即便如此，这种架构也没有恒久坚持下来，转变后的内容所表达观点的风险性也被大大降低。

国外的网站核查行为包括"设立自我监管的用户，使网站信息的核实工作容易操作，以及把信息核实当作编辑工作的一个重要部分"[②]。商业网站的信息核查持续反思我们的日常行为并试图依照某种逻辑来改造这些行为，这种改造是一个"广泛的、动态的、复杂的互动决议过程"，它所存在的信息情境是处于不断变化之中的。在互联网场域中，这种重新解释出现的频率高、速度快，在这个重新建构世界的过程中，网络用户可以选择不同的解释体系，在未来，这种情形会更加普遍，而这种重

---

① 参见［美］迈克尔·舒德森：《新闻社会学》，徐桂权译，华夏出版社 2010 年版，第 43 页。

② ［美］比尔·科瓦奇、汤姆·罗森斯蒂尔：《真相：信息超载时代如何知道该相信什么》，陆佳怡、孙志刚译，中国人民大学出版社 2014 年版，第 194 页。

新建构世界的主要原因则是地理流动性和社会流动性在互联网的冲击下不断加强。对于网络用户而言，他们的生活被这些辟谣信息所影响，但是辟谣者和信息获取者或许从未见过面或者相互不知道彼此是谁，在一个陌生人的世界里，开创了一种新型的个人关系。由此看到，一方面，在迅速变动的信息化社会中，传统的基于社区的信任形式被改变。另一方面，这种具有自反性的辟谣之举把人们推向对于"抽象体系"的信赖，而且广泛地嵌入到了社会各个群体的社会生活中。① 我们得以生活在其中的网络社会由此不仅是一个承载技术结果的空间存在，而且还是一个由社会塑造（且不断地重构）出来的空间存在。

> 我们已经习惯于这种数字技术，因而看世界的方式和他们不一样，我们对何为真实的理解各有不同。每一种工具里都嵌入了意识形态偏向，也就是它用一种方式而不是用另一种方式建构世界的倾向，或者说它给一种事物赋予更高价值的倾向；也就是放大一种感官、技能或能力使之超过其他感官、技能或能力的倾向。②

作为传播利器的新媒介更是放大了这种技能，以"今日头条"在健康科普领域的人格化表达为例，2018 年 6 月初首批"健康真相官"专家团亮相，到 2019 年 5 月成员达 50 人，# 真相来了 # 话题阅读数达 76 亿。③ 小程序"微信辟谣助手"的人工智能体现得十分明显，有专门针

---

① 参见［英］安东尼·吉登斯、飞利浦·萨顿：《社会学》，赵旭东译，北京大学出版社 2018 年版，第 138—139 页。
② ［美］尼尔·波兹曼：《技术垄断》，何道宽译，中信出版集团 2019 年版，第 12 页。
③ 《今日头条：247 万用户参与举报不实信息》，中国互联网联合辟谣平台，2019 年 5 月 6 日。

对"我看过的谣言"一栏，点击进入后，则显示"我看过的谣言，共阅读过 ** 篇谣言文章，如果阅读过谣言文章，会收到辟谣提醒或者类似于'你仍未允许此页面读取你阅读过的文章及收取辟谣提醒'"等方面的内容。无论是何种媒体的"求真"或者"求证"类栏目，它们都是文化领域的行动者，扮演着意义、符号与信息的生产者与调校者的角色，追求的都是新闻的真实，这种真实可以从两个层面来理解："一是事实层面，事实本身不能成为新闻，它必须经过大众传播媒介的运作，因此必须受制于传媒职业道德和法规，新闻真实的这层含义规定了新闻的质料；二是价值层面，新闻真实必须是价值事实，具有新闻价值，才能进入传媒机器，而这与文化价值体系和意识形态紧密相连。这样，客观事实的真实就与新闻真实彻底划清了界限，新闻真实对客观事实的描述，是把关人依据特定的标准选择加工的结果。"① 这对于理解澄清性新闻非常有帮助，它告诉我们，澄清或者核查的是新闻真实，是经过把关人依据某些标准加工的真实，这种真实和客观事实不是对等关系，反倒是和文化价值等关联较大，这种现象在本书关于辟谣联盟和内容审核实践的研究中体现得更加充分。

本章小结

央视网独家辟谣栏目"考证"将目光对准时下热传的网络谣言和生活中被误读的常识、知识，致力于考证事件真相，还原事物本貌，其定位的辟谣方式是"人民战争"，即让谣言陷入人民战争的汪洋大海。无论是关注、参与互动还是提供线索让用户加入话题讨论或投票，这些

---

① 米丽娟：《新闻求真方法论研究》，四川大学出版社 2014 年版，第 82 页。

举措都意味着媒体在信息核查中逐步认识到，解决问题的关键在于用户，更重要的是，这种传受之间的符号交流能提供了解彼此的可能，能使人们相互理解与共同合作成为可能。一些地方网站进行信息核查的逻辑发生转变，从专业的人士扩散到"大多数"，现代社会节奏快、压力大、生活碎片化，大部分网络用户没有充沛的精力和足够的时间去做这些在短期内看来对自己没有什么经济收益的事情，对于普通个体而言，参与信息核查是一种"无用之用"。目前"大多数"们在信息核查实践中的现状是：核查的意识和新媒介素养不理想、一些人保持沉默等。无论是报纸还是电视，抑或是网络媒体，其事实核查实践都为受众展示了新的探索空间。事实核查正在完善一种更加精致的把关理念，这些行动能够帮助用户鉴定新闻信息中哪些是事实，哪些是推测，哪些是观点，哪些是客观呈现。除了报纸和体制内的媒体网站以外，一些商业网站也开设了与事实核查有关的栏目，商业新闻网站的信息核查实践类似于企业社会责任运动，企业寻求把它的价值观和行为与各种各样的利益相关者联合的方式。我国当前网络辟谣行动中的几条路线有：净化网络传播媒体，提高信息传播者的把关意识；单纯否认并且不去实地验证事实；专业的媒体和调查记者针对影响较大的谣言进行专业的信息传播要素核查。在部分辟谣内容的最后，网络编辑总结出某类谣言的基本规律和识别方法，这些内容对于普通用户而言比较重要，是提升其信息核查素养有效的路径。

第四章　联动模式下的核查类产品

> 我们不是生活在单一、连贯的统一的视野中，我们需要一
> 种多维视野，才能够看清楚事物的本来面目。
>
> ——麦克卢汉

第二章和第三章分别研究了不同媒体中的核查类产品，发现它们之间并没有"合纵连横"的现象。把不同平台上的核查类产品联合起来，形成一个庞大的传播矩阵，这是近年来事实核查在我国发生的一个极具特色的转变，本章拟分析网络联合辟谣联盟中的若干平台所具有的力量及其产生的社会和历史条件。理解这个新颖的媒介矩阵形式要放在风险社会的背景下，"风险社会指工业主义的一个日益不可把握的阶段，这个阶段更为现代，并且被疑虑笼罩，因为它处于人为制造的自我毁灭的可能阴影中，提出了自我限制的主题，贝克认为这才是风险社会概念的新意，还把它形容成一片荒凉之地"①。这种"荒凉"延展至互联网空间，具体表现为各种谣言盛行，传统的稳定性逐渐消失。我国的网络联合辟谣联盟在这种背景下应运而生，从顶层到地市级形成一个蔚为壮观的根状传播景观，传播主体投入协调一致的集体行动，以实现共同的辟谣目标，在此过程中，"组织"在这个模式中占据了十分特殊的地位，而组织"常常是借助明确的规则、规章和程序，用理性的方式设计以实现其

---

① 转引自刘小枫:《现代性社会理论绪论》，华东师范大学出版社 2018 年版，第 49 页。

目标。它还是基于所设想的目标创立起来的，落脚于专门建造的有助于实现目标的建筑物或物理环境中，组织有规制的功能，组织运用某种特殊的方式影响并塑造人们的行为"①。

第一节　联动式辟谣实践溯源

联动式辟谣是近年来发展比较迅猛的一种内容核查模式，它由一种地方性联动辟谣的经验拓展开来，经历了近十年的发展历程，逐渐被研究者纳入学术研究的视域中。

一、首家地方联合辟谣平台的出现

联合辟谣平台这种内容核查的模式在 2020 年已经颇具规模，以中国互联网联合辟谣平台为核心，辐射到全国 40 多家辟谣平台，被称为辟谣实践中的联动模式，类似于规模庞大的军团作战，这种壮观的场面有助于阐明和建构网络用户的集体经验，"景观的震撼体验，特别是在政治宣传的形式中，是一种引起注意力感知特别有效的手段"②。这种连动式辟谣之举和之前散兵游勇式的辟谣形成了极大的反差，它不是突然出现在公众视野下的，而是经过七年多的时间，在不同地区进行了酝酿和孵化，在 2018 年驶入快车道，形成了一张遍布全国的辟谣网络。"组织变革独立于技术变迁，组织变革是为应付经常变化的技术环境所需

---

① 〔英〕安东尼·吉登斯、飞利浦·萨顿：《社会学》，赵旭东译，北京大学出版社 2018 年版，第 785 页。
② 〔韩〕康在镐：《本雅明论媒介》，孙一洲译，中国传媒大学出版社 2019 年版，第 182 页。

的反应。然而，组织变革一旦开始，新信息技术便可以大为提高其可行性"①。

全国范围内的联合辟谣平台脱胎于地方。在笔者所掌握的资料范围内，成立于 2013 年 8 月的北京地区网站联合辟谣平台算是成立较早、影响力较大的一个地方性质的联合辟谣平台，最初是由千龙·中国首都网联合搜狗、新浪微博、搜狐、网易、百度等五家网站共同发起。截至 2015 年 8 月，成员已经增加至 45 个，涵盖网站、报纸、电台、电视台、社会组织等。② 它吸纳了传统媒体（如《北京青年报》和《北京日报》等）、网络媒体（如千龙网）和第三方技术平台（如搜狗通过识图技术辨别图片的真假）等诸多主体参与其中。在联合辟谣平台的运作过程中，既有当地网信办和警方等行政机构的支持，也有一些商业性质的网络社交媒介（如微博等）参与其中，这让我们深刻地感受到了共同行动的力量。为了调动普通用户的参与热情，辟谣平台显示了其媒体机构的属性。③ 这个联合辟谣平台的样本意义在于，它形成了"中国互联网史上第一个在管理部门、行业组织指导下，基于大数据结构，以开放平台的方式，由行业领军网站联合建设的辟谣平台"④。这些做法在之前是没有的，尤其是传统媒体和网络媒体联动、政府机构和辟谣平台联动、网络媒体和社交平台联动等诸多需要协调资源的行为更是彰显出这种创新形式影响之大，这是一个新的探索路径。在之后的发展过程中，还逐步吸引了更多主体加入，如"2013 年 9 月 29 日，市网信办、首都互联网协会为《北京日报》等 11 家加盟北京地区网站联合辟谣平台的市属新闻媒体授牌，

---

① ［美］曼纽尔·卡斯特：《网络社会的崛起》，夏铸九等译，社会科学文献出版社 2001 年版，第 212 页。
② 《活跃在辟谣战线上的互联网辟谣平台》，百度网，2015 年 9 月 22 日。
③ 《北青网正式加盟北京地区网站联合辟谣平台》，sootoo 网，2013 年 8 月 23 日。
④ 《活跃在辟谣战线上的互联网辟谣平台》，百度网，2015 年 9 月 22 日。

它们将和网络媒体进行合作辟谣，对疑似谣言信息开展调查，还原事件真相，同时辟谣信息经过数据整合将再次返回到网络上，在平台及平台加盟各网站上呈现"①。联动模式的辟谣之举是不同主体之间相互分工合作，有专门的主体负责内容搭建和日常维护，数据整合由另外的公司负责，而辟谣信息的提供则由若干平台负责，最后谣言的呈现则通过统一的数据平台来完成。② 在一系列宣传报道中，这种模式被赋予最大的特点是联动，但是笔者认为其最大的特点是以市场化主体为主的联动才更精准些，之后全国各地的模仿者在联动上做的工作很充分，但是在市场化主体方面还有提升的空间。

图4-1　2013年8月，北京地区网站联合辟谣平台成立

二、其他地区的辟谣联盟

各司所长的联动模式很快被更多省或自治区所复制，2015年9月，西南地区的辟谣平台联盟出现，四川省九家网站首次开通网络辟谣平

---

① 李泽伟：《11家北京市属媒体加盟辟谣平台》，《北京青年报》2013年9月30日。
② 北京地区网站联合辟谣平台：《活跃在辟谣战线上的互联网辟谣平台》，百度网，2015年9月22日。

台，成员有：四川新闻网、四川在线、四川网络广播电视台、新浪四川、腾讯大成网、成都全搜索、乐山新闻网、北纬网、宜宾新闻网等九家媒体。四川省网络文化协会负责组建辟谣联盟，辟谣联盟成员开通辟谣平台。① 此处辟谣联盟的组建者是四川省网络文化协会，下文提到的内蒙古自治区辟谣平台的组建成员中也有当地的网络文化协会。辟谣联盟此后还出现在西北地区，2017 年 7 月，由陕西省委网信办、省公安厅、省环境保护厅、省卫生和计划生育委员会、省食品药品监督管理局、省通信管理局，陕西各市（区）网信办和 12 家新闻网站共同发起的陕西网络辟谣联盟正式成立。②

　　运作这三个辟谣平台机构的所在地，要么位于中国的政治中心，要么位于西部地区，需要追问的是，谣言的数量和辟谣欲望的强度是否和经济的发展程度有关？在北京、上海、广州等一线城市，人们的生活节奏快，工作压力大，在这种情况下，谣言的活跃程度和主管机构认为的辟谣迫切程度是否和西南或西北地区的情形类似？这其中是有着明显差异的，西南的四川和西北的陕西，经济虽然无法和一线城市比肩，却也是宜居之地，人们闲适的生活某种程度上也是谣言滋生和传播的条件之一，即传播者有时间和精力去关注那些在非正式媒体中流传的小道消息。当然，西南和西北地区的这种联动式辟谣实践也有着深层次的政治或者社会治理的考量，但是如果没有足够活跃的信息传播者，可能就不会产生这种联动气质的辟谣模式。数量众多的媒体通过一个通道集中发布辟谣信息，把网络空间中信息"黑市"的生存空间压缩到最小限度，从而在最大程度上确保更多的人能够接收到这些辟谣信息，这本身就是"嵌入"了一个相当传统的辟谣理念，如同纳普提出的五条制止

---

① 成商：《四川省 9 家网站开通辟谣平台》，《成都商报》2015 年 9 月 30 日。
② 赵昊：《陕西网络辟谣联盟成立　搭建网络联合辟谣平台》，西部网，2017 年 7 月
　　28 日。

谣言大量流传建议中的第四条所说："播发信息并不能保证信息被接收，因此最好能确保所有的人都接受到这些消息。必须消除一切未知的空白点。"①

三、辟谣联盟升格到更高级别

2018 年，联动式辟谣的做法被进一步拓展，从地方层面升格到更高的级别，是年 8 月 29 日，中国互联网联合辟谣平台上线，主办方是中央网信办违法和不良信息举报中心，承办者是新华网，从体制内机构运作的角度来说，这种配置的规格较高，反映出该平台被重视的程度之高，该辟谣平台的栏目设置有着很强的网络媒体基因，平台号称整合接入全国各地 40 余家辟谣平台。体制内媒体（如人民网、新华网）和商业网站（如腾讯、今日头条）等不同类型网站及平台也同时推出辟谣栏目和产品，联合平台的辟谣数据资源 3 万余条。《人民日报》的报道称这种运作方法开创了"联动发现、联动处置、联动辟谣"的工作模式。②互联网联合辟谣平台涵盖了陕西、内蒙古、北京、上海、福建、河北、江苏、天津、山西、浙江、安徽、山东、河南、湖北、湖南、海南、四川、贵州、甘肃、宁夏等 20 余个省、自治区或者直辖市，我们在此看到了网络辟谣联盟形成一种壮阔的媒介景观，空间成了争夺的对象。因此，支配空间的能力非常重要，而网络联合辟谣平台则充分表征出这种模式下所蕴含的资本之丰沛。上述数据与资料是中国互联网联合辟谣平台在 2018 年成立之初呈现在媒体上的新闻内容，其实对于辟谣联盟的职责、定位和具体的任务还是缺乏相对清晰的界定，真正能让研究者看

---

① ［法］让－诺埃尔·卡普费雷：《谣言：世界最古老的传媒》，上海人民出版社 2008 年版，第 6 页。
② 郑海鸥：《中国互联网联合辟谣平台正式上线》，《人民日报》2018 年 8 月 30 日。

清其面目的是在该联盟成立两周年时，《中国青年报》刊发的一篇有趣的文章把这个平台拟人化并做了详细的介绍。

中国互联网联合辟谣平台活跃在以下几种情景中：在突发公共事件发生时为公众呈现真相；在网上某些谣言热传时首发辟谣信息，以正视听；在最受关切的民生热点问题面前，为公众解疑释惑；用户在后台留言提问时，打消用户的疑虑。这四个情景的特殊性在于，传统媒体在该时段内是缺位的，这种失声是由于媒体本身特质所致，如时差或者传播空间等方面的限制，因此，某种程度上来说，联合辟谣平台是在从事一种查缺补漏性质的传播。纵观 2018 年 8 月 29 日到 2020 年 8 月 29 日两年以来该平台的一些工作，多是常规性的，比如盘点当月热传的十大谣言以及发布年度互联网辟谣影响力优秀作品或者在非常时刻设置特殊栏目，如在疫情期间开设健康传播辟谣专区等，这些工作同时也体现在本书之前讨论的一些媒体辟谣实践中，但是这种高规格的联动辟谣模式还带来了业务之外领域的拓展，即提升用户的专业识谣能力被纳入更重要的方面，例如多家平台提出"帮助大家提升辨谣识谣的能力"①，这种观念应该说是一种理想模式下的愿景。卡普费雷的观点对我们分析问题有很大的启发性："真实性的概念，核实的概念，是源于社会的一致同意；因此，真实主要是社会真实。并不存在一种可以充当真实性标准的事实，而是存在着多种事实"②。

全国一盘棋式的联动式辟谣实践强化了此项行为的职业性和品牌性。从治理层面而言，这是观念转换的体现，如果"转换"二字不适当，也可以认为该模式使核查的行使越来越隐蔽了，但是这种隐蔽的方式在世界范围的治理实践中也有一种明显的演进趋势，这是巨大的转变。

---

① 《联合辟谣平台》，百度网，2020 年 8 月 28 日。
② ［法］让－诺埃尔·卡普费雷：《谣言：世界最古老的媒介》，郑若麟译，上海人民出版社 2008 年版，第 12 页。

品牌的创建更是让辟谣之举在青年群体面前呈现出很大的亲和力，"一个可爱的卡通形象——真真，在微信表情商店上线了16款表情，让辟谣'动起来'"。这种迎合新生代群体的模式让前台活跃了新的身影——青年文化，而且在传播的终端上也体现出亲青年的属性，"设置了尽可能多的端口——网站、客户端、学习强国、微信、微博、今日头条、抖音等。还会开通支付宝、微信、百度、今日头条的小程序"①。从这些举措中，治理的运作通过仪式的展演来体现出来，因为展演能体现出一种"向心"的凝聚力，事实核查的实质和治理的方略之间出现了一种愈发适配的关系。

第二节　联动模式下的不同平台

在人类生活的地球村中，谣言再现了人们和现实生存环境之间的假想关系，与此同时，辟谣和传谣在同步发生。在联动式辟谣的实践中有两类不同的平台值得关注，一类是位于根系顶端的传播平台，一类是位于根系中间位置的省级辟谣平台，前者位于新华网首页的右上角，名为中国互联网联合辟谣平台，后者为加入前者的全国范围内省一级的辟谣平台，本节围绕这两类平台展开论述。

一、新的社会事实：网络联合辟谣平台

网络联合辟谣平台成立于2018年，首页的栏题分为：权威发布、部委发布、地方回应、媒体求证、专家视角、辟谣课堂、案例分类、真

---

① 《联合辟谣平台》，百度网，2020年8月28日。

相直击、读图识谣、法律法规、工作动态等。

联合辟谣平台代表了事实核查的另一种模式，即在主管机构的支持下，建构联动协同的核查机构，进行统一联动的核查实践，"政府作为主导方与社会组织交涉时，通常以嵌入作为主要手段，政府选择事权下放、政策扶持、管治微调等方式，将社会受支配地被动'嵌入'国家转为社会有意愿地主动'嵌入'国家"[①]。此处的"嵌入"对于理解辟谣联盟来说是个有效的工具，它包含了如下几个要素：一是有政府部门和辟谣组织等两类被指认的机构，它们构成嵌入的前提。二是一个事物嵌入另外一个事物之中，这不能理解成网络辟谣组织中仅有网络信息管理部门，而应该理解成嵌入强调的是结构性，即网络联合辟谣平台的复杂运作形式和其在社会结构中所处的特殊状态。三是嵌入机制强调一个事物是如何嵌入另外一个事物的，这种机制可以从原本一些商业网站中开设辟谣平台，但是后来在体制内网站重新开设辟谣平台的实践中彰显出来。四是嵌入之后，双方的关系发生了怎样的变化？这是嵌入的后果和状态，在前述的中国互联网联合辟谣平台成立两周年时的一篇文章中，这种关系非常明显地体现出来。[②]

（一）PC 端上的内容展示

新传播技术使得这种联动辟谣看起来和商业逻辑主导下的事实核查区别不大，如在最终的端口上，除了 PC 端之外，还有辟谣 APP（又分为安卓版和 iOS 版）、微信公众号、官方微博、手机浏览、强国号等，分别有各自的二维码，用户导入方便。

---

① 陈书洁、张汝立：《政府购买服务发展的障碍——一个"嵌入"视角的分析》，《北京师范大学学报（社会科学版）》2016 年第 6 期。

② 王思斌：《中国社会工作的嵌入性发展》，《社会科学战线》2011 年第 2 期。

1. 栏目的设置情况

此处拟分析的是网络辟谣联盟 PC 端的内容设置情况，该端口的内容体量庞大、栏目设置丰富、版面的设置和传统的门户网站的内在逻辑一致，比如设置了头条，头条被冠以"今日要闻"，选稿多偏向国内外重要的时政类新闻，头条的底色是蓝色，标题的颜色为白色。头条下面的内容分为两栏，左边是滚动图片栏，右边是"权威发布"。

2020 年 9 月 12 日，在滚动图片栏目，有五篇稿件，其中《8 月十大热传谣言：揭示谣言套路　清朗网络空间》，发布的时间为 2020 年 9 月 3 日，以视频的形式呈现，但笔者在 PC 端点击该内容时，视频显示是黑色，并没有什么内容。第二篇内容是《8 月科学流言榜联合发布》，发布的时间是 2020 年 9 月 2 日，通过图片的形式，把文字内容进行了视觉化处理，使得阅读更适应碎片化的情景（见图 4–2）。但是，仔细研究会发现，此处的真相解读没交代出信源，这种做法在关于娱乐或者健康类方面的辟谣中较为常见，容易让人形成各说各话的错觉，在百度贴吧上也有专门的帖子在讨论，"辟谣的内容就一定是科学合理的吗？"由此可见，一些辟谣者相对缺乏跳出他们所处的环境用语言向受众进行描述的能力，再例如，一些辟谣文章的叙事方式简单粗糙，形同告知，"假如信息的表达方式是通知式的——'经我们的核实，真实的情况是 X——这不是鉴定新闻报道，只不过是换了一种方法表达倾向性观点。'"[①] 第三篇内容是《中国互联网联合辟谣平台上线运行两周年》，于 2020 年 8 月 29 日发布，形式是一张图片，上面有该辟谣平台五个不同的终端二维码。第四篇是关于这个辟谣平台的 APP 广告视频，发布的

[①]　[美] 比尔·科瓦奇、汤姆·罗森斯蒂尔：《真相：信息超载时代如何知道该相信什么》，中国人民大学出版社 2014 年版，第 120 页。

时间为 2020 年 9 月 1 日。第五篇为《真真说地震：这些预测你信了吗？》发布的时间是 2020 年 9 月 3 日，以视频的形式来核查几则关于地震的谣言。上述五篇内容的发布日期从 2020 年 8 月 29 日到 2020 年 9 月 3 日，而本书作者观察的时间是 2020 年 9 月 12 日。

图 4-2　《8 月科学流言榜联合发布》部分内容

2. 内容贴近用户

接下来分析的几个栏目较为清晰地显示出中国互联网联合辟谣平台运作的内在机制。"权威发布"、"部委发布"、"地方回应"、"专家视角"、"工作动态"、"法律法规"等栏目表明传播主体的特色所在，这也说明由互联网发展所推动的辟谣网络，正在建构出我们周遭的组织结构。传播主体是互联网管理机构，所以所选择的内容也多从官方日常内容治理的角度来展开，在内容的传播方面，该平台也有着比较强的用户意识，我们特意选以下几个方面进行分析。

调动用户参与的"我来查证"栏目。这个栏目应该是整个首页最具有用户意识的栏目，传播主体设置了两条新闻，让用户点击选择，其中第一条新闻是"喝醋能软化血管？"用户可以选择的答案有"真的""假的""不清楚"。第二条新闻是"电子烟有助戒烟？"用户可以选择的答案同样有"真的""假的""不清楚"。在用户选择好答案后，接着可选择提交。在 2020 年 9 月 12 日，笔者在选择答案后，点击提交按钮，显示的提示是"抱歉，本次调查已结束"的字样。在"我来查证"栏目的"更多显示"中，一些文章在结尾注明了对该文进行把关的专家，如《酸儿辣女、肚子尖生儿子？》一文的最后特别注明："本文由某医科大学第一附属医院产科副主任医师刘 ×× 科学把关"①。《"药妆"真是敏感肌"救星"吗？》一文的最后特别注明："本文由某医科大学某某医院皮肤性病科副主任医师、副教授时 ×× 科学性把关"。②《有氧运动可延缓细胞、大脑衰老进程？》一文的最后特别注明："本文由某中医科学院副研究员代 ×× 科学性把关，目前的主要研究领域包括健康养生、康复锻炼、中医内科疾病、针灸、推拿、中药和传统锻炼等"③。这些文章多属于健康传播领域的选题，尽管它模糊了个人生活与公共话题或者有些话题本身可能就没有明确的边界。这样进行事实核查的思路很值得借鉴，特别是在一些重大的、涉及公众利益方面的核查中，如果文章结尾有这种权威人士把关，会使传播主体核查或者辟谣的合法性大大增强，甚至可以依据自己的最佳判断来建构内容。

互联网用户更可能成为网络化或者弹性化组织的一部分。具有 UGC 理念的另一种产品的形式是"谣言线索在线提交"栏目，这种最

---

① 谢龙：《酸儿辣女、肚子尖生儿子？》，中国互联网联合辟谣平台，2019 年 2 月 15 日。

② 刘加林：《"药妆"真是敏感肌"救星"吗？》，中国互联网联合辟谣平台，2019 年 2 月 18 日。

③ 赵鹏：《有氧运动可延缓细胞、大脑衰老进程？》，中国互联网联合辟谣平台，2017 年 12 月 27 日。

大限度调动用户参与事实核查的做法是成本最低的形式，辟谣联盟平台的谣言提交有着一套程序，如一开始点击进入"填写须知"，其中要求"如实填写您的联系方式，以便核实相关情况，您的个人信息将被严格保密"，而且特别区分了谣言和其他类型信息的举报渠道不同："涉政治有害、暴力、低俗等违法和不良信息，请举报至中央网信办违法和不良信息举报中心"。下一步是在线提交谣言的步骤，其中必填的有三个部分：25字以内的文章标题、包含省市名称的地域信息、信息的类别（类别可分为：新冠肺炎疫情专项、时事政治、党史国史、食药卫生、公共政策、公共安全、突发事件、科学常识、社会热点等）、不少于20字不多于1000字的内容、个人的手机号码等。关于这种激发用户参与核查的实践，需要警惕出现"形式排除内容"（即作为形式的举报栏目，其繁杂的步骤有可能无法实现辟谣的目的）的不良后果出现。研究者更需要思考如何培育用户自觉进行事实核查的一种惯习，惯习"可以描述为习得的性情，例如为一个社会环境所接受的个人举止、说话、思维和行动的方式等。惯习概念是重要的，因为它使得我们能够分析社会结构和个体行动以及人格之间的联系"①。

"读图识谣"栏目也是一个用户意识很强的栏目，其理念和碎片化时代的传播情景相适配，比如该栏目下的一些内容产品，就很有针对性地考虑了碎片化时间给文字阅读尤其是深度阅读带来的压迫感，而把文字通过图片的形式展现出来，则有效解决了这些问题。在2020年9月12日的内容中，关于日常生活常识的信息不少，"高质量的睡眠方法、下雪天要不要打伞、急救误区、夏天喝水、贴秋膘、吃米饭诱发糖尿病、冬季室内通风误区"等，以至于让人产生这种"辟谣"过于

---

① ［英］安东尼·吉登斯、飞利浦·萨顿：《社会学》，赵旭东译，北京大学出版社2018年版，第840页。

关注无关紧要的生活小常识这样一种错觉，不过话又说回来，"世界不是由抽象概念所代表的，而是由平凡日常生活的琐碎所代表的。看似微不足道的对象和无关紧要的碎片等待着构成星丛"①。辟谣聚焦日常生活的本质是通过不同媒体反复地做同样的事情——介入网络用户的私人空间，从而使这些经过辟谣的、破碎的生活经验有着被转变成习惯的可能。

3. 关注大事件中的事实核查

PC端的辟谣平台还有一个需要特别注意的是和健康传播有关的"防控辟谣专区"，以该内容为代表，可以看出网络联合辟谣平台的内容选择兼顾风险和危险，"风险与危险的差别在于：风险取决于人的决断，它引致的损害亦是由人的行为决断所致；危险则是先于人的行为决断而给定的，引致的损害亦由外界因素决定"②。2020年8月18日，我们选择了前100条信息，其中被标注为"事实"的信息有20条，被标注为"误区"的信息有10条，被标注为"辟谣"的信息有6条，剩下的多属于"谣言"，此处拟重点分析属于"误区"和"辟谣"的信息。

被标注为"误区"的信息如下：

（1）《开学后，学校会完全封闭?》2020-08-18，《经济日报》。

（2）《十一放假大学生能不能离校?》2020-08-18，《经济日报》。

（3）《北京9月份开学后，学校还都是在网上上课?》2020-07-15，首都教育微信公众号原创。

---

① ［韩］康在镐：《本雅明论媒介》，孙一洲译，中国传媒大学出版社2019年版，第163页。

② 参见刘小枫：《现代性社会理论绪论》，华东师范大学出版社2018年版，第48页。

（4）《安宫牛黄丸可预防、治愈新冠肺炎重症？》2020-07-08，《健康时报》。

（5）《核酸检测"混检"结果不可靠？》2020-07-03，《健康中国》。

（6）《抗体检测比核酸检测更"靠谱"？需要更大范围推广？》2020-07-01，《新京报》、《健康时报》客户端。

（7）《"第二波"疫情真的来了吗？》2020-06-29，新华社。

（8）《对离京人员一律隔离14天？》2020-06-24，《北京日报》客户端。

（9）《肉、蛋、鱼、海鲜不能吃了？》2020-06-26，中国新闻网。

（10）《病毒零下20度可存活20年并非指新冠病毒》2020-06-20，浙江在线。

被标注为"辟谣"的信息如下：

（1）《微信群卖498元新冠疫苗？这十个新出涉疫谣言勿信！》2020-08-19，人民网。

（2）《网传"加强冷冻肉类食品新冠病毒检测的通知"为谣言》2020-08-12，中国互联网联合辟谣平台。

（3）《7月20日起高速再次免费通行，时间延长至今年底？》2020-07-20，红网。

（4）《疫情防控不放松！这些最新谣言要明辨》2020-06-19，中国互联网联合辟谣平台。

（5）《打消疑虑看清真相！逐一粉碎关于北京疫情的这些谣言》2020-06-18，中国互联网联合辟谣平台。

（6）《防风险堵漏洞，遏制谣言不手软！》2020-06-17，中国互联网联合辟谣平台。

从上可以看出，这些内容产品比较依赖有关政府部门的声明，标注为"误区"的信息多于标注为"辟谣"的信息，需要"辟谣"的信息往往对某地或某行业有着重要影响，和人们的日常生活关联较大，如果不予以重视，容易引发舆情或次生的舆情灾害。还应当特别留意在重大突发公共事件持续期间，诸多网站都专门开辟了针对健康传播的辟谣专栏，这种基于人们身心健康的内容生产似乎在某种程度上统一了不同群体的意见和认知。辟谣之举建构了一种警告系统，覆盖的群体规模和空间范围也相当可观，这是特殊时期通过健康类话题维持社会凝聚力的一种全新的实践模式。

（二）APP 端的内容展示

对于互联网联合辟谣平台的分析，以上是基于 PC 端的观察，上文提到，该平台在移动端有五个端口，那么这些端口的内容传播又是怎样的情形呢？本部分拟重点分析 APP 端。

1.移动端首页内容的特点

联合辟谣平台 APP 的顶部是五张滚动图片，内容和 PC 端雷同，在首页的底部，设置了"首页、曝光台、举报 / 查证、事件、知识"等栏目。2020 年 9 月 13 日首页的前 18 条新闻分别是：

（1）《短视频：破解健康养生类谣言五大套路》2020-09-12。

（2）《@ 准爸爸准妈妈：这些孕育谣言，我们帮你一起打》2020-9-12。

（3）《北京银保监局消费提示：小心，别中了"黑中介"

贷款的"定制圈套"》2020-09-09。

（4）《北京银监局消费提示："代理维权"是馅饼还是陷阱》2020-9-11。

（5）《流言：预防癌症，动物源奶等食品不能吃，应用蜂蜜》2020-9-11。

（6）《死蟹不能吃？母蟹比公蟹好？今天全部解释清楚》2020-9-11。

（7）《接种新冠疫苗，应该了解这些》2020-9-10。

（8）《自己造谣又辟谣，网络公共信任受损如何追责?》2020-9-10。

（9）《你需要办电子房产证？假的！多地警方紧急预警!》2020-9-10。

（10）《珠海爆炸事故致255人受伤？官方回应》2020-9-11。

（11）《这些谣言又来了，别再信了》2020-9-11。

（12）《"隔夜菜"到底能不能吃？ 30道菜450个数据揭开真相》2020-9-10。

（13）《功能水包治百病？小心染上病!》2020-9-10。

（14）《开学了，"学习用品"的套路又来了》2020-9-10。

（15）《仅凭身份证当天可放贷？北京银监局：别中"黑中介"贷款圈套》2020-09-09。

（16）《联合辟谣两周年寄语：让真理的眼药水及时滴入》2020-09-09。

（17）《打开飞行模式，手机充电就会特别快?》2020-09-09。

（18）《"早C晚A"必须固定搭配使用?》2020-09-09。

上述样本中，类似于日常生活常识方面的辟谣新闻有 1、2、5、6、12、13、14、17、18 等九条新闻，消费类新闻有 3、4、9、15 等四条新闻。和 PC 端的特点很类似，移动端的辟谣新闻也有沦为"日常生活常识化"的倾向。从受众的角度来说，各种生活常识上的辟谣类信息让他们在逻辑上矛盾的意义体系之间进行"选择"，"每一次'选择'的时候，他进入的意义体系会给他的生活经验和他所在的世界提供一种解释，包括对他放弃的意义体系的解释"①。

2."曝光台"都曝光了什么

联合辟谣平台 APP 的"曝光台"栏目则是各类谣言的集纳，在前 100 条新闻中，线索来源都显示为"公众举报"，该栏目的选题同样有"日常生活常识化"的趋势，甚至更严重，前 20 条新闻如下：

（1）慢性咽炎需要抗菌药物治疗？（2）塑料中的食品会引发癌症？（3）雾化吸入治疗伤宝宝"元气"？（4）"早 C 晚 A"必须固定搭配使用？（5）普通人可长期服用阿司匹林？（6）牛奶敷脸能美白？（7）牛奶煮沸后会损失营养、生成有害物质？（8）双语幼儿园附近有孩子被拐走？（9）"白粥 + 咸菜"是清淡饮食；（10）超 12 排的玉米是转基因？（11）冰啤酒热量低，放心喝；（12）健身必须放弃零食？（13）用充电宝充电，会损害手机？（14）防蓝光眼镜预防近视、防辐射？（15）夏粮少收千万吨，粮食危机要来了？（16）家庭常用药基本退出医保？（17）高血压是遗传疾病，预防也没有用？（18）三峡大坝泄洪让大坝下游地区的洪灾"雪上加霜"？（19）微信

---

① 　［美］彼得·L.伯格：《与社会学同游：人文主义的视角》，何道宽译，北京大学出版社 2014 年版，第 57 页。

群有色情视频，群主和管理将被行拘？（20）免费接种的疫苗以后要自费？

在上述 20 条新闻中，除了第 15、18、19、20 条之外，剩下的全部属于针对生活常识方面的辟谣信息，可以从中看到一种生活方式的存在，所谓生活方式是指"不同的个人、群体或社会全体成员在一定的社会条件制约和价值观指导下，所形成的满足自身生活需要的全部活动形式和行为特征的体系"[①]。热衷于对生活常识辟谣，这在某种程度上说明事实核查的领域还有很大局限，至于为什么会有这种情形？回答这个问题，还需要求助于理论，因为"一种理论的力度和价值，恰恰在于它不满足于记录主体行动的目的，而是相反地，致力于让某些个体或者群体改变通过完全不同于以往的方式看待自己和自己的行为，进而改变他们行事的方式和身份"[②]。此处拟根据福柯的"话语"理论来分析该问题，"话语是言说或思考通过共同假设而结合在一起的特定对象的方式"，事实核查在从新闻生产环节溢出的过程中，话语发生了巨大的转变，而这种话语转变的背后则是核查的运行方式的变化。通过这种方式，"话语就可以作为限制其他思考或演说方式的一种有力工具。知识变成了一种控制性的力量"。[③] 这种试图消灭生活方式差异性的辟谣话语，其最终目标不是这些内容，而是不同群体成员行动和生活的差异性。

和国外的事实核查相比，我国的事实核查显然有着很大不同，国外

① 中国大百科全书总编辑委员会主编：《中国大百科全书（社会学卷）》，中国大百科全书出版社 1991 年版，第 369 页。
② [法]迪迪埃·埃里蓬：《回归故里》，王献译，上海文化出版社 2020 年版，第 32 页。
③ [英] 安东尼·吉登斯、飞利浦·萨顿：《社会学》，赵旭东译，北京大学出版社 2018 年版，第 92—93 页。

注重政治方面的信息核查，我国的相关机构在核查实践中则对生活常识表现出浓厚兴趣。这种现状的原因是什么？这种执着地关注网络用户生活方式的辟谣行为，不是医学立场的考量，也不是信息获取上的偏差问题。在社会学家看来，日常用语有着十分重要的政治作用，"日常用语需要一定的时间转变成更加直接的意识形态和一致的看待社会的方式，这一过程是在一套设计出的政治主张的影响下发生的"①，而形成新的日常用语的便捷路径就是改变目标群体的日常生活习惯。辟谣平台作为一种文化媒介，不管它传播何种信息，这种媒介都会对社会生活产生一些重要的影响，但是很大程度上，辟谣可能只为这些日常生活习惯提供了一个讨论的框架，至于能在多大程度上改变它们，尚需时日加以观察。

3. 作为社会区隔的辟谣

点击底部的"事件"和"知识"两个栏目，会发现其中不少内容和首页内容重复，如在 2020 年 8 月 18 日的"知识"栏目和首页皆有"死蟹不能吃、塑料中的食品引发癌症、准爸爸准妈妈孕育谣言、隔夜菜不能吃"等辟谣信息，这除了反映出澄清类信息的数量还没有庞大到足以撑起辟谣平台 APP 架构的程度，还表明"在精神世界和言语世界当中，在物理空间里和客体化的重大的社会对立被复制，形成一些构成看法和区分之准则的对立，成为一些直觉和评价的范畴，即心智结构"②，诚然，死蟹、隔夜菜是和经济状况密切相关的，但这种辟谣实则是社会区隔的一种变形。

---

① ［法］迪迪埃·埃里蓬：《回归故里》，王献译，上海文化出版社 2020 年版，第102 页。
② ［法］皮埃尔·布尔迪厄：《世界的苦难：布尔迪厄的社会调查》，张祖建译，中国人民大学出版社 2017 年版，第 202 页。

（三）微信公众号上的内容展示

网络联合辟谣平台的另一重要端口是公众号，名为"互联网联合辟谣平台"，简介是"新华网承办、多部委指导、十余家区域性辟谣平台联合、百余名专家参与的谣言信息联动发现、联动澄清平台"。此处的"联动发现、联动澄清"是当前我国事实核查的最大特色，即有足够的资源在不同主体、不同区域之间进行协调，这在我国过去以及当前世界范围内都是比较少见的，至少笔者在所读的文献范围内，尚未看到过关于"联动发现、联动澄清"模式方面的研究。在此我们看到了一种介于机械式组织和有机式组织之间的新型组织形式，所谓机械式组织，指"带有等级制命令的科层制组织。在这里，信息通过明确的渠道垂直传递"，而有机式组织"则以松散的结构为特征，其中组织的整体目标优先于狭隘限定的责任。信息流和'指示'更具有发散性，沿着垂直轨道外的许多轨道传递"。这是社会学家伯恩斯和斯塔尔克在1996年研究苏格兰一家电子公司内的革新和变化时的发现，而且"有机式组织更适宜于处理创新性市场不断变化的需求，而机械式组织更适合于传统的、稳定的生产形势"。① 就网络联合辟谣平台在文本和语言的生产方面而言，体现出一定的机械组织的特点，但是在信息传播的过程中，则又有着浓郁的有机式组织的特点，这种融合的组织特点表征出核查机构和新型的互联网产业在相互渗透过程中的一种嵌入性特征。

但是，多方力量对联合辟谣平台的支持，不能化约为资源的独大，分析这种"支持"需要着眼整个网络社会中的种种关系，因此，对于联合辟谣平台的研究，也应该集中在人和网络社会之间的关系，这种关系

---

① ［英］安东尼·吉登斯、飞利浦·萨顿：《社会学》，赵旭东译，北京大学出版社2018年版，第790页。

在不同的平台也有着不同的体现。较之于 PC 端和 APP 端口，微信公众号的发文频率要更活跃些，如 2020 年 9 月 13 日是星期天，当天该微信公众号推送三篇信息，分别是：《抗疫英雄揭新冠病毒最可怕之处？武大中南医院官方辟谣！》文章于 2020 年 9 月 13 日下午四点推送；《提供变质食物中学食堂系县委书记老丈人承包？官方辟谣》，文章发布的时间同前；在 9 月 13 日下午两点，还推送一篇《强盗就是强盗，无法开脱——评有关鸦片战争的几种谬论》。另外，周六（9 月 12 日）之前的内容，也和 PC 端和客户端的内容有所重复，但是内容的编排方面显然要更适配移动端。

二、快速发展的地方辟谣平台

辟谣联盟已经成为建构常识经验和感知真实世界的有效形式。辟谣平台和社会是不可分离的，社会性在这些新的平台中不断得到表现，这使辟谣平台成为一种控制的力量，微妙地引导着日常生活的方向。互联网联合辟谣平台的参与者超过 40 个，这些平台通过集中的方式构成了当前很独特的媒介景观，它们类似于一群结网捕鱼的人，从以前的单独行动变成一个有着神经中枢的有机体，它们还类似于在内容核查场域中的军团作战者，这种上下整齐的联动式辟谣实践，体现在宏大叙事风格的网页设计和内容呈现方面，无论内容更新的数量是多是少，从整体上来看，都呈现出异常绚烂的媒介景观美学。下面拟分析一些地区的辟谣平台。

（一）两个地方辟谣平台

内蒙古网上辟谣平台。内蒙古自治区较早的网络辟谣平台成立于 2014 年 7 月，发起者是内蒙古自治区网信办和内蒙古网络文化协会，平台的搭建者是一家知名的商业网站。成立之初，该辟谣平台联盟的成员包括《内蒙古日报》、内蒙古人民广播电视台、内蒙古新闻网、《北方新报》、《呼和浩特日报》等 10 家媒体。求证、发布和举报查询是该平台的主要功能。2015 年 4 月，"内蒙古地区辟谣平台完成改版升级"，主管单位是内蒙古网络与信息办公室，主办单位是内蒙古网络文化协会。笔者注意到升级后的辟谣平台有一处发生了明显变化，即平台的搭建者从新浪内蒙古变成了活力内蒙古网站，后者由"内蒙古自治区互联网信息办公室主管、内蒙古网络文化协会主办"。这样一来，内蒙古自治区有两个辟谣平台，一个由商业网站搭建，一个由体制内的网站搭建，对比二者的内容架构会有如下发现：一是商业网站搭建的辟谣平台在 2015 年之后就鲜有内容更新了，而且部分内容出现无法打开链接的情形，在视频新闻栏目下，点击相关内容时，显示出视频已经被删除的信息，"谣言粉碎机"栏目下没有任何内容显示。反观活力内蒙古搭建的辟谣平台，活跃程度很高，网页版式和颜色搭配要比改版前的更美观些，具体栏目有：辟谣头条、权威发布、媒体辟谣、微信辟谣、典型案例、专家视角、净网行动、月度谣言榜、辟谣矩阵等，首页上还介绍了谣言的一些特征，如整体失实、捏造细节、图文不符、夸大事实、过期信息、信息残缺等。需要反思的是，谣言既然有这么多的让人不适的所谓特点，那为什么谣言伴随人类社会发展而一直生生不息？为什么在互联网时代搜索便捷的情况下，网络谣言反而会让人意外地在某个时间节点呈现出勃勃生机呢？显然用这些特点来界定谣言过于简单，当然更不能把谣言和传闻、流言以及假新闻等搞混淆。笔者在本书中反复强调的一个观点是，谣言有它漫长的发展历程，它混杂在各类信息中间，通过种种易容术来逃避对手对它的甄别和剔除。

湖北辟谣平台。2014 年 9 月湖北开通"举报、辟谣、打谣平台"，由管理部门、传统媒体与新媒体共同建立，主要承担谣言举报、真相调查、辟谣信息发布、联合查处谣言等职能。媒体的报道表明，该平台的指导单位有七家，分别是湖北省委宣传部、省网信办、省委政法委、省公安厅、省新闻出版广电局、省新闻工作者协会、省通信管理局。主办单位有两个：湖北日报传媒集团和湖北广播电视台，协办单位的数量较多，有湖北日报网、湖北网络电视台、《楚天都市报》、湖北经视以及"中央驻鄂、省直、市州主要媒体及所办网站"。[①]该辟谣平台的内容设置包括谣言曝光台、权威发布、深度调查、典型案例、辟谣视频以及专家视角等栏目，平台的一大亮点在于在网页的下端展示出了湖北的辟谣联盟，有36家网络媒体机构，基本囊括了定位于湖北的地级市（如襄阳、孝感等）的网络媒体，此外还公布了14个举报方式，包括一些新闻爆料台和不良网络信息举报中心等。

（二）一种"根状"路径的形成

当前中国对网络谣言进行联合治理的路径用一个形象的比喻是"根状"，最上面是一个国家层面的平台，下面囊括了一些省级辟谣平台，而省级辟谣平台下面又裂变出若干地市级的辟谣成员。类似的结构模式，在北京、山东、浙江等省或直辖市的辟谣平台上也有所体现，北京地区网站联合辟谣平台显示的联盟成员有20个，包括百度、知乎、搜狗、果壳、今日头条和360等商业性机构。在山东互联网联合辟谣平台首页的下端，显示出成员单位有22个，涵盖了临沂、淄博、枣庄、烟台等地的网络媒体专门制作的网络辟谣专题。浙江联合辟谣平台则显示联盟成员有35家单位，也多为省内的一些市级网络媒体机构。

---

① 别鸣：《湖北省开通举报、辟谣、打谣平台》，荆楚网，2014年9月19日。

2020 年 11 月初的数据显示，上海、山西、安徽等地的联合辟谣平台则没有这么复杂的架构，然而即便是展示成员单位的做法也有所不同，山东辟谣平台显示的是成员单位的辟谣平台，而浙江和陕西等地则把省内所属的一些新闻网站作为成员单位，没有具体的辟谣平台。河南的网络辟谣平台联盟成员的展示方式则介于上述二者之间，首页下端的七个"网络辟谣平台"，其中有两个是专门的辟谣网络专题，而其他的则是"洛阳网、开封网"之类的网站。在这里有两个问题值得注意。

一是如何看待北京地区联合辟谣平台的 20 个联盟成员中有着近一半的商业机构，而非北京地区的联盟成员多是依附于体制内的网络媒体，甚至有的省份在个别商业网站已经建立相对完善的辟谣平台的情况下，又另起炉灶搭建了一个以体制内机构传播为主的平台？

二是现有的内容体量能适配这种辟谣平台延伸到地市级的做法吗？

对于第一个问题，纵观电子论坛之后的内容核查实践，笔者发现一个明显的趋势是主管机构在其中所起到的作用越来越重要，这说明各级政府职能部门对该问题的重视，但假如市场主体在这种模式中渐趋边缘化，而一个没有多方主体参与合作的模式是无法兑现一个长久而又乐观的预期的，因为对谣言最敏感的应该是活跃于市场的互联网内容生产公司。网络谣言这种新的品种在当前的研究中本来就不是很充分，因此，联动辟谣的主体不应该是单一的，而应该让市场化主体参与甚至作为主要的参与者。第二个问题其实是本书作者在分析经验材料时的一个深入思考，我们发现不少辟谣平台更新慢，内容也多是一些反复炒来炒去的"隔夜饭"，因此，这种辟谣式的内容体量和延伸到市一级的辟谣平台之间存在着怎样的相关？即，在什么节点时，辟谣平台被作为社会公器服务于大众，为社会的良性发展而运作，而一旦超过这个节点时，它就极有可能沦为一种形式，从公器到形式主义，这是原本创新探索实践的一种"内卷化"转向，也是当前研究网络联合辟谣平台课题的学者无法回避的一个问题。

在这种根状模式中，在根系顶部和根系底部之间，信息的传播是双向的，来自根系顶部的信息强化了核查类内容的权威性，来自根系底部的信息则扩大的内容的数量。联合辟谣平台作为媒体集群，构建了一种社会真实，"通过制造一种由媒体主导的对现实的看法，他们制造出现实的效果，因为这种看法参与制造了他们自称描述的现实"①。所有的辟谣内容都要通过媒体展示，才可能得到普通网络用户的认可以及各方力量的重视。在研究地方网络联合辟谣平台时，我们也发现一些媒体专门的核查性产品也被纳入这个系统中去了，如浙江辟谣平台的首页上显示出一些媒体的核查类产品：浙江卫视的"真相求证"、浙江在线的"权威辟谣"、民生996的"谣言粉碎机"、新蓝网的"照谣镜"、19楼的"19谣言粉碎机"、新浪浙江的"微博辟谣平台"、腾讯大浙网的"新闻课"等。湖北的辟谣平台上有《楚天都市报》的"今日求证"、湖北经视的"真相调查"等。该如何看待一个省内有如此之多的功能定位类似且部分内容重复的栏目产品呢？应该放在消费社会的大背景下去分析这种雷同，而且这种雷同在其他领域也普遍存在，如同可口可乐与百事可乐、肯德基与麦当劳、王老吉凉茶与加多宝凉茶，这些CP其实更多反映出"边缘性差异"的普遍存在，"边缘性差异来自美国心理学家里斯曼（Riesman），他认为现代社会有能力设计、生产、经销大量的不同产品，它们的差异只是边缘性的。在产品功能相同的情况下，边缘性差异就更多地指人们在审美层次上的差异"②，上述列举的例子便是这种审美层次差异的体现。

---

① ［法］皮埃尔·布尔迪厄：《世界的苦难：布尔迪厄的社会调查》，张祖建译，中国人民大学出版社2017年版，第82页。
② 石义彬：《批判视野下的西方传播思想》，商务印书馆2014年版，第238页。

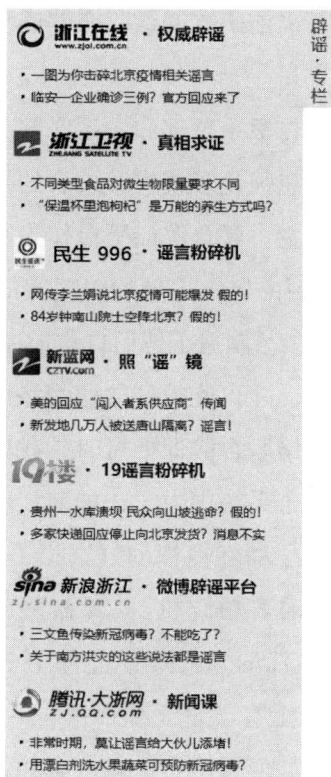

图4-3　浙江辟谣平台上的辟谣专栏①

相关链接：部分省、自治区和直辖市的辟谣平台

湖北辟谣平台：http://hb.sina.com.cn/zt/piyao/

北京地区网站联合辟谣平台：http://py.qianlong.com/

上海辟谣：http://piyao.jfdaily.com/

陕西网络联合辟谣平台 http://www.sxjubao.cn/piyao.htm。

福建辟谣平台：http://py.fjsen.com/node_168554.htm

---

① 笔者于2020年9月11日截图。

河北网络辟谣平台：http://piyao.hebnews.cn/

天津互联网辟谣平台：https://jubao.tjcac.gov.cn/portal/refute.jsf#

山西互联网联合辟谣平台：http://www.sxgov.cn/node_304505.htm

浙江媒体网站联合辟谣平台：http://py.zjol.com.cn/

安徽网络辟谣平台：

http://ah.anhuinews.com/cms_udf/2016/ddh/index.shtml

山东互联网联合辟谣平台：

http://www.sdjubao.cn/portal/py/index.html

河南省网络辟谣平台：https://piyao.henanjubao.com/

湖南省互联网辟谣平台：http://pypt.rednet.cn/

海南省互联网联合辟谣平台：http://www.hinews.cn/piyao/

四川省互联网联合辟谣平台：http://www.thecover.cn/channel_3909

贵州辟谣平台：

http://news.gog.cn/cms_udf/2018/pypt/index.shtml

甘肃地区联合辟谣平台：http://www.gspiyao.com.cn/

宁夏互联网辟谣平台：http://nxpiyao.nxnews.net/

新疆互联网违法和不良信息举报中心：

https://www.xjwljb.com/home

图 4-4　山东省内的市一级辟谣平台 ①

---

① 笔者于 2020 年 9 月 11 日截图。

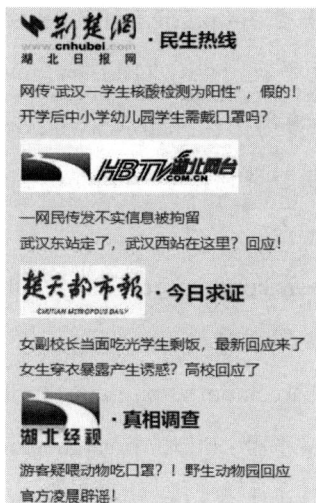

图4-5　湖北辟谣平台上的事实核查栏目 [1]

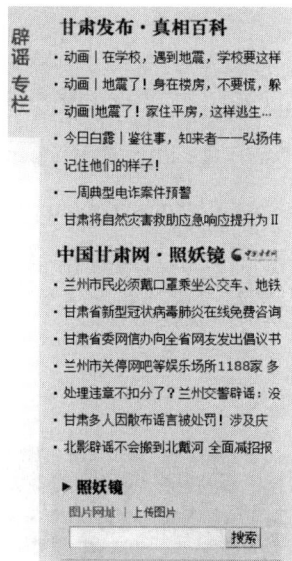

图4-6　甘肃辟谣联盟上的辟谣专栏 [2]

---

[1]　笔者于2020年9月11日截图。
[2]　笔者于2020年9月11日截图。

三、其他形形色色的辟谣联盟

"辟谣要想有效果，也得翻来覆去地说，遗憾的是，辟谣由于必须严格遵循正式宣布的固定模式，不可能寄希望于让大众媒介反复传播"①，这是互联网繁荣以前学者对于辟谣实践的一种忧虑，不过，或许现在已经可以彻底克服这种困难了，网络辟谣平台完全可以实现翻来覆去地说，在我国的辟谣实践中，类似这种模式应该有更值得期待的表现。除去网络联合辟谣平台之外，类似于联动模式的其他各类辟谣联盟（如守护父母辟谣联盟、食品辟谣联盟、微博辟谣联盟、公安微博联盟、省级辟谣联盟等）也雨后春笋般地出现了，这些联盟成立的时间横跨 2011 年到 2018 年，这段时间也是中国互联网发展较为迅猛的时期。

（一）健康与食品类辟谣联盟

UC 携手数十家权威机构、行业媒体及知名自媒体组成"守护父母辟谣联盟"，利用专业、科学的知识粉碎困扰父母的生活谣言。联盟成立数天，便产出 40 余篇专业辟谣内容，带来超 2000 万的曝光量，内容和话题引发近百万网友参与。该联盟集结了以下三类主体：国家卫生健康委员会"健康中国""健康山西""健康贵州""健康杭州"等国家或省市卫计委自媒体号；人民网、光明网、科普中国、千龙网、《新京报》《楚天都市报》《成都商报》等媒体官方自媒体号；数十家在健康、育儿领域知名的自媒体。针对"守护父母辟谣联盟"话题中用户互动较多的"热门谣言"进行专业回击，内容覆盖健康、生活、饮食、育儿等各个

---

① ［法］让－诺埃尔·卡普费雷：《谣言：世界最古老的媒介》，郑若麟译，上海人民出版社 2008 年版，第 260 页。

方面。①

中国食品辟谣网成立的时间为 2015 年 8 月 28 日，由新华网联合中国食品科学技术学会以及中国营养学会等发起。具体的特点是：建立网络谣言黑名单机制；每月与理事会成员会晤，探讨近期公众账号的谣言传播情况；对被举报次数多的微信公众账号进行网络警示。该机构每月邀请专家举办一次线上科普讲座，每季度举办一次大型线下科普活动，邀请专家学者、会员企业走进社区和高校科普食品安全知识。该联盟的选题主要来源于其他权威媒体，辟谣方式是邀请部委协会领导、食品领域专家、法律学者、媒体人士参与，梳理和分析网络谣言，最后通过新华网全媒体平台"食品辟谣"发布。② 有媒体报道称，食品安全谣言在网络谣言中占比甚高，所以引入辟谣联盟等众筹机制和新媒体手段。③此处的众筹机制，不管针对事实核查流程的哪个环节，都是一种正向的创新之举。2015 年 9 月 8 日，"中国食品辟谣联盟升级仪式暨新华网大型科普节目《营养翻译官》上线发布会"举办，中国食品辟谣联盟推出"营养翻译官"，用短视频的形式创作辟谣科普内容。④

发布会上个别企业发布"亮剑网络食品谣言"行动计划，对于涉及当事企业的谣言，拟采取如下措施：向发布谣言的微信公众账号提起诉讼；悬赏 1000 万元追查谣言黑手；出资 3000 万元成立"打击网络谣言专项基金"；与行业组织和业内企业联手反击谣言。⑤ 该企业的做法开

---

① 参见东新：《UC 联手权威机构媒体 成立"守护父母辟谣联盟"》，东北新闻网，2018 年 9 月 6 日。

② 参见《活跃在辟谣战线上的互联网辟谣平台》，中国网信网，2015 年 9 月 22 日。

③ 参见陈琼：《食品辟谣联盟的意义》，中国青年网，2015 年 8 月 31 日。

④ 参见：《中国网络诚信大会举行：16 家网站平台承诺共同抵制网络谣言》，半岛网，2019 年 12 月 3 日。

⑤ 参见杜燕：《中国食品辟谣联盟向谣言"亮剑" 倡导网络谣言"社会共治"》，中国新闻网，2017 年 5 月 24 日。

了两个先河，一是企业辟谣的主动性提升，企业作为辟谣主体来为自身辟谣，如果这种自证清白缺乏制度化规范，其中难免会隐藏着对网络受众极为不利的因素。二是当事企业参与辟谣在之后的实践中成为一种常态，例如字节跳动公司在 2020 年 9 月 21 日发布了一则《关于 TikTok 若干不实传言的说明》，分别就四个传言进行辟谣。① 甚至一些名人也有过发布辟谣告示的行为，这些反驳多数是一种防御行动，没有剑指传播谣言的个人或者群体，但是上述企业打击谣言之举呈现出企业和辟谣联盟合作的新气象，明确把打击的矛头指向了特定的主体（不管能不能实现这个理想），然而企业在澄清某件事不存在的可证实方面有着很大的障碍，带来的极有可能不是谣言就此彻底结束，而是相关议题被搁置起来或者被受众做了"对抗式"解读，当公众领域再次出现这些话题时，留给受众的谈资或许依然会攀附该议题，在这种情况下辟谣者似乎左右为难，谣言改变的不是谣言中的事实，而是传播谣言的人的观点和立场，因此劝服谣言传播者就显得极其重要，"相信什么取决于由谁来说，没有一个可靠的发言人，反谣言的战斗必然导致失败"②。

（二）微博"辟谣联盟"的发展

曾经在微博上呼风唤雨的"辟谣联盟"成立于 2011 年 5 月 18 日，专门针对社会热点进行监控并辟谣。由大学教师、媒体人以及其他网络上的意见领袖等发起，特点是"网友自发的自律组织"，并宣称"只辟事实，不辟观点"。2012 年 4 月的《羊城晚报》报道称，在微博上，这个联盟没有 V，没认证，"纯民间，所有人自带干粮！""这是一个开放的网络群组，相当于一个兴趣小组，谁都可以加进来，成员差不多有

---

① 参见《关于 TikTok 若干不实传言的说明》，搜狐网，2020 年 9 月 21 日。
② ［法］让－诺艾尔·卡普费雷：《谣言：世界最古老的媒介》，郑若麟译，上海人民出版社 2008 年版，第 271 页。

五六百人，最核心的成员有二十多人"，到 2012 年 4 月，已对社会热点辟谣超过 150 条。①

该联盟的辟谣流程是八个审核委员会成员投票判断传言真假，顾问小组提供建议、意见。辟谣的渠道主要是通过网上的信息检索，用搜索引擎对一条微博的多个关键词在新闻、论坛、博客里面检索消息出处。② 在每一条辟谣微博发布的过程中，辟谣联盟内部有一套层层审核的机制，实行"一票否决制"。这种技术和程序叠加的形式强化了其合法性，"它已经丧失了意识形态的旧形态，已经成了一种以科学为偶像的新型意识形态，即技术统治论的意识形态，这种新的意识形态不再具有虚假的意识形态的要素和看不见的迷人的力量。和以往一切意识形态相比，已经不再具有多少意识形态的性质"③。2012 年 4 月 25 日，北京大学医学院等多所高校"辟谣达人"汇聚一起交流辟谣心得，呼吁更多的网友利用专业知识粉碎谣言以及发动身边更多的亲朋好友一起"让假消息遁形，真相水落石出"，他们还声称辟谣的目的是"揭穿谣言，发现真相"。④ 我们此处研究的目的并非局限于该联盟是如何被制造出来的，而是重点关注辟谣内容是如何传播的，更重要的是去观察和分析其传播主体建构意义的方式，看辟谣内容是如何被用户所接受或解构的。

网络用户之间有着不同的心理结构，这种结构由文化背景、政治观点、知识素养和艺术品位等诸多要素构成，人们的心理结构影响其思想和行为模式，需要很长的时间才能形成，而一旦形成，人们在同外部世

① 参见温建敏、张璐瑶：《吴法天：求真应该是法律人的天性》，《羊城晚报》2012 年 4 月 5 日。
② 参见王晓莎：《活跃在微博上的"辟谣联盟"：我们这群人很较真儿》，中国网，2011 年 8 月 9 日。
③ 石义彬：《批判视野下的西方传播思想》，商务印书馆 2014 年版，第 52 页。
④ 申志民：《高校"辟谣达人"阻击网络谣言》，《新京报》2012 年 4 月 26 日。

界发生互动时，就可以省却思考的过程，不假思索地快速解读信息。如果网络用户习惯于某种思维方式，该方式就会介入他对网络社会情境的解释，因此关于辟谣的话题还容易延展到用户和辟谣文化形式之间的诠释关系层面。在微博上，有的记者看到了"料"，有的求知者看到了知识，有的用户看到了"真相"，有的精英人士看到了"监督"，而"辟谣联盟"中的个别成员看到的则是骗子与谣言。这些感性经验似乎能引发很大争议，这不就是柏拉图所说的"洞穴隐喻"吗？"我们所认识的真实世界只是理想现实的影子和幻觉，这些影子可以帮助我们理解世界，但由此形成的知识不足以成为道德生活的基础。如果必须在道德真实和经验真实之间进行选择，前者更重要"[1]。以此类推，在信仰真实和经验真实之间同样存在一个选择问题，无须多费口舌，在实践中已经有各种各样的选择行为，柏拉图的论断同样适用于互联网语境，但是问题在于如何摆脱信仰真实传播中的一些困境，例如大量的自媒体在信仰和事实之间缺乏基本的职业操守。传播中的"说辞"使用也存在一些问题，所谓"说辞"指的是："为了操纵公众认识，防止出现计划、概念、信仰或产品的冲突性描述而事先设计好的短语和政治营销中使用的流行语。它的一个特点是措辞与众不同或者印象深刻"。[2]

　　通过分析辟谣联盟这个组织的物理特征，我们会对其产生新的理解。这样的"辟谣联盟"是"网上义务清洁工"和"公益组织"，这样的"公益组织"理应得到广大网友的支持与赞扬，但在实践中又呈现出了多样性：有的媒体报道了个别辟谣联盟的另一种情形，"加 V 的影响大，我们要集中清理一次"，"我们一定要实事求是，对人不对事"。2021 年 8

---

① ［美］比尔·科瓦奇、汤姆·罗森斯蒂尔：《真相：信息超载时代如何知道该相信什么》，陆佳怡、孙志刚译，中国人民大学出版社 2014 年版，第 16 页。

② ［美］比尔·科瓦奇、汤姆·罗森斯蒂尔：《真相：信息超载时代如何知道该相信什么》，陆佳怡、孙志刚译，中国人民大学出版社 2014 年版，第 92 页。

月 3 日起，知名网友连续贴出几张"辟谣联盟"QQ 群聊天记录截屏图，引起网友一片哗然。① 这给我们提供了一个极好的追问机会：究竟什么会被辟谣联盟视为社会真实？被建构的事实会影响我们的日常生活本身吗？显然，这些问题愈发凸显辟谣联盟的价值偏向和利益相关性。

作为"药方"的辟谣联盟还表现出其特有的症候。一些网友对此处讨论的微博"辟谣联盟"有不同的看法，原因在于：把别人摆放的物品都视为垃圾，把所有人都视为可能扔垃圾的人，把每个玩微博的人都视为可能造谣的人；动作太夸张，扯标语、放喇叭、巡逻、挥扫帚。② 该联盟的成员号称"为真相服务"，"为净化微博舆论生态贡献力量"，却与堪称严厉的质疑和嘲讽不期而遇。《人民日报》曾有报道称，"辟谣"这个词之所以让一部分人心生反感，是因为此前在一些地方一些人那里，它成了对抗监督、文过饰非、压制不同意见的挡箭牌。那些朝三暮四的"辟谣"本身就经不起推敲，甚至造成"越辟谣，越信谣"的恶果。③阴谋论者偏向于质疑核实者的动机，尤其是在一个缺乏最基本共识的社会情景中，某一群体的大部分言论可能会被另一群体否定，这鲜明地折射出"在任何存在争议的领域，就会存在对于事件及其历史的不同描述方式，因为不同的观念和利益相连，这些利益为自身合理化而寻求对于世界的解释"④。微博"辟谣联盟"引发质疑的最本质问题是，该联盟意在解决什么层次上的真实？在真实但不重要与重要但不真实之间，如果存在一种张力的话，那么限度又在哪里？其实这些多样化的争论并没有削弱什么，反而会让人们认知和思考的水平不断优化，由此形成的批判

---

① 参见赖丽思、叶婷：《辟谣联盟内部讨论被曝光　被指预谋攻击网络名人》，央视网，2011 年 8 月 5 日。

② 参见阿平：《"辟谣联盟"为何不招人待见》，《青年时报》2011 年 8 月 4 日。

③ 参见杨健：《人民时评：微博时代我们怎样辟谣?》，《人民日报》2011 年 8 月 10 日。

④ 石义彬：《批判视野下的西方传播思想》，商务印书馆 2014 年版，第 483 页。

精神难能可贵，因为"批判的精神更胜于所批判的内容本身"。

　　我国当前处于社会转型阶段，在这样的背景下，研究应该去探析为什么在互联网场域中自发的信息核实者的数量如此之少，从另外一个角度说，用户参与度低涉及事实核查实践中的群众路线问题，"要坚持走好网上群众路线，调动各方面积极性，把党委、政府、企业、社会组织、网民等作用都发挥出来，汇聚形成推动网络强国建设的强大工作合力"[1]。本书在研究论坛和博客的内容核查时指出，在博客时代的信息核查实践中，自发参与者发起"人民战争"，这种模式在联动式的辟谣模式中还需要被进一步发扬光大，这至少从以下可以表现出来：市场化主体在这场声势浩大的实践中并没有充分发挥出应有的作用，在以网络专题为模板的辟谣平台上，显示的是记者的辟谣和平台按部就班发布的辟谣信息，和用户互动相关的数据呈现的不多。在政治类谣言、商业类谣言或者生活常识类谣言中，大部分谣言的内容并不要求用户采取行动，易言之，用户如果不在这个谣言的基础上采取相关的决策行为，并且该行为可能带来一定的利益得失的话，在这种情况下，网络用户进行信息核查的动力也就缺乏存在的前提。这也解释了为什么在当前的联动式治理模式中，更多是一些职业的核查者、辟谣者（如媒体记者、政府部门发言人、企业公关部门等）在从事辟谣活动。一些微博辟谣平台的转发和评论数量甚至只有个位数，这也说明网络空间中具有低度学习的特性：因为人们获取与处理信息需要付出一定的心理成本，所以人群都被吸引到抗拒最少的路径上去了。[2] 这在某种程度上说明了普通的网络用户缺乏核实信息的内在动力，尽管"获取现实的真相是一项社会任务，

---

[1]　庄荣文：《网络强国建设的思想武器和行动指南：学习〈习近平关于网络强国论述摘编〉》，新华网，2021年2月1日。

[2]　参见［美］曼纽尔·卡斯特：《网络社会的崛起》，夏铸九等译，社会科学文献出版社2001年版，第409页。

我们通过社会互动来了解现实。人们运用在社会互动中发展出来的各种观点去理解经验，理解事物"①。

（三）其他机构成立的辟谣联盟

除了上述几类辟谣联盟之外，还有行政和事业单位主导下的其他一些联盟，它们也是事实核查实践中不能被忽略的组成部分。公安微博联盟是政府机构自发形成的组织形式。2014 年 8 月，"平安北京"与周边13 个省市组建了公安微博联盟，使辟谣微博得到更广泛的传播。"平安北京"微博总结出谣言集中在几个方面：社会热点问题；涉及儿童方面的问题；媒体一些较片面的报道形成的问题。实践中还存在"传谣信息量远远大于辟谣的量"、"不实信息传播了但是辟谣信息看不到"等问题。

公安微博联盟组建后，微博发布出去后与联盟成员单位沟通，相互转发，覆盖更广泛。微博谣言通知系统上线，实现针对转发不实信息用户的全量反向覆盖，即不实信息判定后可向所有转发该信息的用户回推通知，并且确保回推的信息对原有参与用户全面覆盖。对于包括不实信息在内的违规行为处理，该联盟以电子卷宗的方式全程直播处理进度并公示结果。当某条微博被判定为不实信息时，就会在 PC 和手机客户端页面上同时被标注为不实信息，用户点击相关标志将进入处理卷宗页。被标注为不实信息后，发布者不能自行删除微博，但是相关微博可以被转发，每转发一次相当于被公示一次。② 这种思路对于谣言传播者的心理震慑要远远大于传谣行为本身，但是目前学界在辟谣的反作用议题方面尚缺少深入的思考，按照"信息处理"理论的观点，"我们在某个特

---

① ［美］乔尔·查农：《一个社会学家的十堂公开课》，王娅译，北京大学出版社 2018年版，第 108 页。
② 参见《近期十大网络谣言公布 公安微博联盟扩辟谣覆盖面》，莆田学院网站，2014 年 8 月 14 日。

定时间对一个人或一件事的看法取决于我们记忆中在这时涌现的一些与这个人或这件事有关的信息。这些信息有些是肯定的，有些是否定的，它们与人或事的联系有些是紧密的，有些是松散的"①。这是谣言对人们影响的经典理论之一，即当某一信息出来之后，受众首先在头脑中闪现一些存储在大脑中的相关信息，尽管谣言被证明为虚假的或者错误的信息，但是它的影响并没有止步于此，它在传播者的头脑里提供了一个谣言指涉对象的一个新的关联，比如谣言说某知名食品致癌，尽管被证明是谣言，但是却在受众大脑中关于该食品的信息库里增加了一个新的关联：癌症。尽管受众明知癌症和特定食品之间没有因果关系，但谣言还是使得它们之间有了直觉上的关联，这层联系恰恰说明为什么受众尽管不相信谣言是真的，但是谣言也会起作用。因此如何切断这种关联就显得格外重要，辟谣不能简单地理解成批驳，先前的研究表明，"披露谣言加上反驳起到了与单单披露谣言同样的消极作用"②。

《河北日报》官方微博在 2013 年 8 月 24 日向全省网友发起"你举报我求证"打击网络谣言微行动，倡议成立河北网络辟谣联盟。通过网友举报、媒体追踪求证、权威部门信息发布三方联动的形式，携手该省各界共同打造河北网络辟谣联盟。③ 其运作和上述模式没有太大差别，此类辟谣联盟的主体生产出自己的社会资本，提供了社会互动的各种规则，在其中我们看到了事实核查和内容治理策略的合流，此类联盟为网络用户提供了一种新的网络社会生活的结构。

---

① ［法］让－诺艾尔·卡普费雷：《谣言：世界最古老的媒介》，郑若麟译，上海人民出版社 2008 年版，第 266 页。

② ［法］让－诺艾尔·卡普费雷：《谣言：世界最古老的媒介》，郑若麟译，上海人民出版社 2008 年版，第 266 页。

③ 参见马凤娥：《河北日报官方微博发起河北网络辟谣联盟》，河北新闻网，2013 年 8 月 25 日。

第三节　主流媒体关注新常态

互联网辟谣联盟使网络空间中的生活有了新的肌理和质地，但是传统的核查方法在极个别情况下异化成为拟辟的谣言做合理化的论证，提供正当性的说明，它没有深究网络谣言的背后到底发生了什么。展示真相的策略还有提升的空间，随着人们生活的时空发生翻天覆地的变化，原有辟谣模式面临着挑战，《人民日报》曾就这一问题做了系列策划。

一、主流媒体关注防谣新常态

在互联网时代如何辟谣防谣，《人民日报》"求证"栏目在 2014 年 12 月份刊发三期名为《新媒体时代防谣新常态》的特别策划。

第一期的主要内容是：2014 年的谣言变化有：产生重大负面影响和社会危害的谣言总体比过去少得多，但社会危害相对较小、对人们造成一定困扰的谣言还存在；谣言主要集中在生活和健康领域，一些内容相同的谣言反复出现。各种谣言总结帖大增，其中不少是网友自发整理发布，形式活泼，方便"速读"。"以传谣形式辟谣"这样一种新的辟谣方法出现了，不过其利弊争议较大。部分有专业背景的网友更活跃，承担了不少辟谣与科普工作。辟谣力量进一步集结、信息平台进一步完善，这在当时是较为明显的变化。应对网络谣言最需要改进的是加强监管和增强辟谣服务。[①] 这一期的内容比较敏锐地注意到网络谣言三个方面的问题：一是产生谣言的领域远离政治场域；二是注意到以毒攻毒的辟谣

---

① 余荣华等：《谣与防谣都有新变化（新媒体时代防谣新常态①）》，《人民日报》2014年 12 月 17 日。

方法，即"以传谣的形式辟谣"；三是注意到草根群体在防谣中的重要作用。

第二期的主要内容是：事件性、具有重大影响和社会危害的谣言变少。与生活密切相关的谣言变多，有些谣言披着科学的外衣，有些则温情脉脉，看起来较软，但针对它们的辟谣更难。这类谣言的特点是"故事"编得精彩，图片数字暗示可信，用语能唤起恐惧同情等心理，靠"实用"博得转发。朋友圈的闭环特性导致微信平台上的谣言"易传难辟"。①其实，不应该仅仅看到这些技术层面的问题，辟谣所追求的真实同样值得深入探析，是证据可以证明的就是真实吗？还是用户中大部分人认可的就是真实？其中前者是建立在客观的基础上，后者是建立在认同和信仰的基础上。例如，在健康传播领域，有专家建议"每天早上给孩子准备充足的牛奶，充足的鸡蛋，吃了再去上学，早上不许吃粥"，这样的建议竟冲上热搜，"明明一个早餐吃什么的小话题，也被上升到爱不爱国，是不是崇洋媚外的道德制高点上"②。这意味着在一些情况下公众所认可的事实是社会性的，或者公众认为是真实客观的信息被当作是真实客观的。这个观点对于内容核查与辟谣实践来说是一个巨大的挑战，因为辟谣平台可以不删除谣言而仅标注它是谣言，也可以删除谣言，但是，人脑的机理和网络完全相反，信息在人脑中是不断叠加积累的，而无法像电脑的删除键那样彻底抹去一个信息的痕迹。

第三期的主要内容是：关于辟谣所面临的主要问题。具体的问题有：传谣信息量远远大于辟谣信息量；网上辟谣的专业性有待提高；辟谣的回应速度不快；应对"软"谣言，要用"柔"办法，扶持第三方平台（笔者认为，这种观点和此后辟谣联盟的迅速发展有着某种程度的关

---

① 张洋：《谣言有了新变化，辟谣也有了新难题》，《人民日报》2014 年 12 月 18 日。

② 《早餐是喝粥还是喝牛奶，每个人看完这篇都有不同的答案》，腾讯网，2020 年 4 月 27 日。

联）；不同谣言需区别对待；对于很多因认知局限而传播的"软"谣言，应对的办法是增强信息服务；督促网站建立从审核到接受举报再到过滤的机制（这是《人民日报》在 2006 年博客第一案系列报道之后又一次通过系列报道的形式提出内容审核的观点）；辟谣信息不如谣言本身被关注，部分原因在于有些辟谣者缺少实事求是的态度。① 这一期的报道对辟谣的效果做了反思，但是总体来说，"很多辟谣之所以失败，是因为辟谣未能达到其所瞄准的公众：没有人议论辟谣一事"②。

这一期专门分析了辟谣实践中的一些问题，分析这些问题的框架是在政治和法律的范畴内，缺少作为病理的谣言分析，文章提出"没人议论辟谣一事"，说明实践中的事实核查存在自说自话缺少互动的情形，如果受众对这些信息做了冷淡处理，就需要从辟谣的内容和方法等方面进行全方位的反思。在互联网时代，去核实一条信息可能就是在搜索引擎上花费十多分钟查询的事情，假如学历层次低的用户由于媒介素养不高等问题而缺乏这种核查意识的话，那么学历层次高的用户为什么在这件事上同样有失语的表现？这个问题呈现出反逻辑性，可能这种异常的推动因素恰恰是谣言的社会功能之一，或者可以说，谣言除去它的负面作用以外，还有一些社会学的功能，苏联的一项调查证明了这种功能的复杂性，"知识分子也需要谣言，以便与大众媒介拉开差距，并且证明知识分子不同于大众，这个结果同样也适用于印度、法国、巴黎或者任何一个小城镇"③。谣言的核查还存在一种隐性而又消极的方式，比如当笔者获取一则耸人听闻的谣言之后，可能把这则谣言和一位同事分享，

---

① 参见余荣华等：《治谣防谣，监管与服务一个都不能少（新媒体时代防谣新常态③）》，《人民日报》2014 年 12 月 19 日。

② [法] 让－诺埃尔·卡普费雷：《谣言：世界最古老的传媒》，郑若麟译，上海人民出版社 2008 年版，第 302 页。

③ [法] 让－诺埃尔·卡普费雷：《谣言：世界最古老的传媒》，郑若麟译，上海人民出版社 2008 年版，第 112 页。

他的反应如果是应和的，则加大了这则谣言的可信性，如果他驳斥，那么该谣言的病毒传播性就会被削弱；同理，我也可能会在和其他人闲聊时传播这则谣言，在获得确认或者被反驳的同时，这何尝又不是另一种核实过程呢？

以上三期的内容聚焦于信息的传播效果，淡化了架构层面的分析，尽管指出核查在互联网时代辟谣所面临的新问题和所采取的新措施，但是"大部分辟谣的致命弱点就是'仅仅可以反驳'"，在辟谣中安排专家发言，但实际上并没有为用户提供更多的信息，更何况，有大量的谣言是无法进行辟谣的，因为它们仅仅是可以证实的，这又牵扯到传播过程中的信息不对称问题，进而又可能陷入中观或者宏观的政治或者社会问题的"泥淖"中，这一系统性偏向特别值得注意。辟谣实践中对谣言传播者的关注度还是不够高，尤其是关于网络用户核实谣言的愿望和能力方面的分析，这在未来的研究和实践中是大有文章可做的。

微信也曾发布官方辟谣账号"谣言过滤器"，该公众号重点对社会热点类、科普类以及医疗健康类的谣言进行辟谣，不仅涉及前端的谣言发布，也将对谣言打击和辨别的范围扩大到后端交易等环节。[①] 这种措施未必适用于当前网络其他端口上的谣言核查，但这种开阔的思路启发我们去寻求现象背后错综复杂的社会和技术原因，如此一来，应对谣言就不应当是简单地进行反驳。

成立的各类联盟已经足够多了，我们也已经看到网络联合辟谣平台的生产模式和作用于其上的组织结构，但是对更加纵深问题的关注却一直处于显而不见的状态，从受众的角度来说，"感兴趣的信息，即使耳聋也能获取到"，这句话给受众的主观性赋予了十分重要的地位，各类

---

① 参见《微信联合人民网等设立辟谣公众号"谣言过滤器"》，人民网，2014 年 10 月17 日。

网站上更多传播什么是谣言，如何辨别谣言等方面的内容，对于辟谣的
效果问题却探讨不够充分，然而，这又是十分重要的话题之一，因为在
实践中存在着"有选择地接受辟谣"的现象，"当涉及非常有感情色彩
的问题时，人们面对与自己所相信的事情相悖的消息，便会采用逃避
的态度"①。对于谣言的态度存在这样一种常见的现象：受众采取把事
实和态度相互剥离的处理方式，即受众接受谣言所传播的事实是虚假
的事实，然而却用谣言来佐证自己的观点或态度等主观性的东西，而
这些东西也恰恰是谣言传播畅行不衰的原因之一。此外，对于媒体的
选择也是一个非常重要的问题，究竟何种媒体才能实现辟谣的最好效
果呢？主流大众媒介在黄金时段是不是最优先的选择？国外的学者提
出的观点颇为出乎意料，"促使宣传对象采取逃避态度最厉害的传媒，
倒是传播消息最佳的传媒。黄金时间播出的电台、电视节目，诸如电
视新闻，也起到相反的效果"②。除去联动式治理谣言之外，近年来频
繁开展的专项治理行动同样值得关注，最有代表性的是 2013 年我国开
展的轰轰烈烈的"网络打谣"专项治理行动，谣言传播的空间被大大挤
压，从这个角度来说，谣言的增多或者减少都反映了特定时间节点的社
会气候变化，显示出社会中不同群体的诉求或强烈的情感倾向。专业的
辟谣平台就是在这样的情形下登上舞台，作为一个研究对象，这些平台
和辟谣实践启发我们，在辟谣的同时应该解释公众赞同或者传播这则
谣言的心理因素有哪些，只有让用户知其所以然，才能够提升辟谣的
效果。

---

① ［法］让－诺埃尔·卡普费雷：《谣言：世界最古老的媒介》，郑若麟译，上海人民出
版社 2008 年版，第 260 页。
② ［法］让－诺埃尔·卡普费雷：《谣言：世界最古老的媒介》，郑若麟译，上海人民出
版社 2008 年版，第 260 页。

二、重视从心理学的角度介入实践

分析了联动式辟谣平台和其他各种辟谣联盟之后，我们发现在辟谣过程中存在他者的干预、法律的调适、道德和伦理的弹性约束，却缺乏心理学家和传播学家介入的以号脉症候为特点的辟谣方式。历史上有些国家在这方面做了一些探索。

在第二次世界大战中，波士顿有名的《旅行者先驱日报》搞了个辟谣创新，1942 年 3 月到 1943 年 12 月间，这家报纸开辟了一个每周专栏，称之为"谣言诊所"，任务就是每一期反驳一则当前流行的谣言……在心理学家的协助下，谣言诊所解释一则谣言必然会迷惑人或吸引人的原因。其解释手法指出如果说无风不起浪，那么这个浪就存在于我们自身，而不存在于人们不知道的什么假定的事实之中，很快美国 40 家大日报和许多全国性杂志，以及加拿大杂志纷纷效法。①

这难道不是前互联网时代的辟谣联盟之举吗？而且这种谣言诊所"似乎效果不错"，这给当前我国宏大的辟谣联盟实践提供了一些启发。

一是辟谣联盟或者联合辟谣模式的出现是社会良性发展的需求，和具体的社会发展情景有着密切的关联，在中国和西方国家莫不如此。

二是事实核查产品存在的时间短暂是正常的。本书在第二章和第三章研究一些媒体的信息核查产品时发现，很多栏目存活的时间仅有数年而已，也一直在考虑这其中的原因何在，结论是，这些栏目是社会的活

---

① ［法］让－诺埃尔·卡普费雷：《谣言：世界最古老的媒介》，郑若麟译，上海人民出版社 2008 年版，第 281 页。

物，它们是有生命力的，而生命力又和它所生存的社会环境以及舆论环境有关，这二者堪比土壤和空气，因此，当条件适合时，它们就呈现出生命力，反之就悄然离场。

三是要加大从心理学的角度介入辟谣实践的力度，要分析谣言诱惑人的根本原因所在，而不能仅仅是反驳了事。还要意识到，谣言在人类历史的长河中从来就没有彻底消失过，当前以网络为主的各类主流媒体也未必能将其彻底消灭，因为"谣言并不一定是虚假的：相反，它必定是非官方的。它怀疑官方的事实，于是旁侧敲击，而且有时就从反面提出其他事实"①。

网络联合辟谣平台的形式可以反映其所依存的社会，它们是社会的一面镜子，其自身的社会组织和形式反映了社会的组织和形式。联动式辟谣的逻辑结果是对日常生活的经验同化，本书此处无意于探索如何控制谣言的传播，而是从内容核查的角度来分析这样一种信息传播的情形，规模宏大的网络联合辟谣平台和各种形式的辟谣联盟为分析问题提供了一个极佳的视角。网络联合辟谣平台尝试建构网络空间中日常生活的实践和关系的网络，在这个空间中，核查的可见性被大大强化了，其角色被摆在突出位置，试图造就的是一种在凝视下高效治理谣言的网络空间，围绕着组织"有效地分配身体"（福柯语），但是这种事实核查会产生一种让人忧虑的可能，假如只看到了网络、电视、广播、报纸等合力作用下的消灭谣言的可能，假如辟谣的目的是只想让四平八稳的消息传播，这种貌似合法合理的诉求会不会导致意料之外的效果？毕竟，这样一个因素不容忽视，"文化扩张得越广，分裂本身可以交织进去的生命变化就越多样，分裂的力量就越强大，分裂的地区性的神圣性就越坚固，对文化的整体性来说就越陌

---

① ［法］让－诺埃尔·卡普费雷：《谣言：世界最古老的媒介》，郑若麟译，上海人民出版社 2008 年版，第 287 页。

生"①。但是，即便有一些顾虑，也不影响辟谣联盟已经呈现出的正向的社会功用，在此我们需要注意的是社会功用和效果可能是两码事。

相对于壮观的联动式辟谣实践而言，要辨别并且击退谣言或者假新闻，最重要的是培育互联网用户的理性分析精神、批判性思维和心智，这些要素的形成离不开米德所谓的"想象演习"，简单来说就是指运用象征符号的过程，"选择那些有助于合作的行为；扮演他人的角色，即把自己放在他人的位置上，如果一个有机体发展了理解常规姿势的能力，运用这一姿势去扮演他人角色的能力、想象演习各种行动方案的能力，那么这一有机体就有'心智'"②。无论是在传统社会还是在网络社会，心智和自我同样都是社会维持和延续的关键因素。

在事实核查概念的嬗变过程中，这种批判性范式似乎还有很长的道路要走。至此，我们已经完成了对报纸、电视、网络以及本章辟谣式核查的分析，这三章内容的共性在于，不同媒体所追求的都是一种"媒介事实"，"是用各种符号对客观事实的表达和陈述，是媒介呈现出来的特定事实的文本。媒介事实具有双重性，它是传播主体对客观事实的认识，是传播者主观化的事实；对受众而言，媒介事实来自传播者，所以又是客观的事实"③。

本章小结

联合辟谣平台这种内容核查的形式在 2020 年已经颇具规模，以中国互联网联合辟谣平台为核心，辐射到全国 40 多家辟谣平台，被称为

---

① 　刘小枫：《现代性社会理论绪论》，华东师范大学出版社 2018 年版，第 144 页。

② 　宋林飞：《西方社会学理论》，南京大学出版社 1997 年版，第 261 页。

③ 　米丽娟：《新闻求真方法论研究》，四川大学出版社 2014 年版，第 110 页。

辟谣实践中的联动模式，类似于规模庞大的军团作战，这种壮观的场面有助于阐明或建构网络用户的集体经验。它不是突然出现在公众视野下的，而是经过七年多的时间，在不同地区进行了酝酿和孵化，在 2018 年开始驶入快车道，形成了一张遍布全国各地区的辟谣网络。成立于 2013 年 8 月的北京地区网站联合辟谣平台是成立较早、影响力较大的一个地方性质的联合辟谣平台。中国互联网联合辟谣平台活跃在以下几种情景中：在突发公共事件发生时为公众呈现真相；在网上某些谣言热传时首发辟谣信息，以正视听；在最受关切的民生热点问题面前，为公众解疑释惑；用户在后台留言提问时，打消用户的疑虑。这四个情景的特殊性在于，传统媒体在该时段内是缺位的。"联动发现、联动澄清"反映出当前我国事实核查的最大特色，即有足够的资源在不同主体、不同区域之间进行协调。数量众多的地方辟谣平台通过集中的方式构成了当前很独特的媒介景观，它们类似于一群在结网捕鱼的人，从以前的单独行动变成一个有着神经中枢的有机体，它们还类似于在内容鉴别场域中的军团作战者，这种上下整齐的联动式辟谣实践，体现在宏大叙事风格的网页设计和内容方面，无论内容更新的数量是多是少，从整体上来看，都呈现出异常绚烂的媒介景观。在辟谣过程中存在他者的干预、法律的调适、道德和伦理的弹性约束，却缺乏心理学家和传播学家介入的以号脉症候为特点的辟谣方式。网络联合辟谣平台的形式可以反映其所依存的社会，它们是社会的一面镜子，其自身的社会组织和形式反映了社会的组织和形式。联动式辟谣的逻辑结果是对日常生活的经验同化。要辨别并且击退谣言或者假新闻，最重要的是培育互联网用户的理性精神和批判性思维。

第五章　核查在内容鉴定中的嬗变

> 人们是自己的观念、思想等等的生产者，在这里所说的人们是现实的、从事活动的人们，他们受自己的生产力和与之相适应的交往的一定发展所制约。
>
> ——马克思、恩格斯

在本书的第二章、第三章和第四章，我们探讨了各种和澄清性新闻有关的内容产品，这些"求证"或者"求真"栏目追寻的真实是"主观意识中的真实和客观真实的一致"，"是通过对客体知识的建构，以实证的方法、逻辑推理的手段和知性感念的铺垫来完成的"，采取的是一种经验性和技术性的路径。而本章和第六章则通过对内容把关人和网络平台上的内容审核员的研究来探讨求证的另一个层面，"符号表达与主观意识的一致，它无法通过实证的方法来证明，只能通过对合规则性的说明来判断言语者自我表达的与事实本身的真实性是否一致，自我表达的真实性是一种主观的真实"①。

在互联网发展的数十年中，网络在某种程度上还成为个人追求自我满足的混杂场所。低俗内容或明或暗地伴随其发展，甚至在有的国家被卓有成效地工业化，技术创新使得人类感官和经验发生巨变，由此带来的危害是，未成年群体随时有被这种性欲化的生活方式吞噬的可能，而

---

① 米丽娟：《新闻求真方法论研究》，四川大学出版社 2014 年版，第 98 页。

且其父母也无力挑战这种低俗内容带来的负面影响。现代社会具有持续变化和缺乏持久结合的"流体"（鲍曼语）特征，这给规范互联网和智能手机等新传播媒介带来挑战，因此可操作性强、即时效果明显的事实核查便成为贯穿网络内容传播的一个重要命题。和传统的事实核查不同的是，这种核查是以内容是否符合法律规定为准则的，这是个鉴定的过程，从事这项工作的人被称为"鉴定员"，他们依靠法律和新闻的规范对拟核查的文本进行严格的阅读，使审核和查证的过程变得程序化和专业化。嬗变后的事实核查在流程上发生了三个方面的变化：核查的主体从新闻从业者、草根群体逐渐演变成专业的内容核查编辑从业者；核查的领域从新闻内容扩大到网络上的所有素材；核查的方法从人工转变为人工和技术相结合的方式。

第一节　群众路线下的"把关人"

本节拟从 21 世纪初发生在我国网络场域中的一次反低俗内容的行动，来探析核查主体在不同场域中的变与不变，当然，我们不能脱离具体社会情境来孤立考查网络反黄话题。

一、"网络反低俗"行动发起的背景

21 世纪初，西方国家的互联网发展，有明显的情色化转向，以西班牙为例，2002 年，西班牙色情大亨拟收购当时网络音乐下载领域的 P2P 第一品牌 Napster。在半年时间里，西班牙有 1500 多家网上商店、新闻门户和旅游网站变成色情网站，甚至个别大型跨国网络公司也被该领域的巨额利润所吸引，某知名网站在法国开分支网站提供色情网站链

接服务。① 色情网站发展的主要动力是成人信息更能迎合网络用户的消费口味，毕竟"食色性也"，更重要的是这种模式能带来高点击量和付费用户，2004 年的数据显示，"绝大多数色情网站均可以在成立后五六个月就开始赢利，并且利润率均超过 20%"②。

　　人们塑造了网络媒介，这些媒介反过来又影响人们。有些人宁可将自己的肉身作为媒体传播的内容，也不愿意对网络媒介和个体应承担的社会责任做出理性思考。2003 年前后，我国网络内容的发展出现了一个以女性身体为消费对象和惊世骇俗的文字为特点的转向，她们成为"被男性凝视的客体对象"，文本与受众的互动为这种凝视提供了便捷的路径，而博客等社交媒介则为文本与受众的互动提供了场所。从受众的角度来说，此处对于陌生人的凝视产出了"听众的快感"，"通过对他人的侵犯来补偿自身的痛苦"，类似的现象还有人们当前对于私家史的热衷，尤其是对于那些和受众群体处于类似境遇者的坎坷跌宕人生故事的喜爱，过去的一些经典研究提供了参考答案："一位受众回答说，若我很苦闷，当得知其他人也在经历痛苦时，就会感觉好些，他们比我聪明，却也一样倒霉"③。当然这种侵犯移情理论只是解读受众的一种思路，不能精确地反映受众的清醒意识，笔者无意在此深究该话题，只是想在时隔 17 年后回头再看那个年份的这些事情，或许可以说，把身体作为传播符号的网红所做之事最能体现注意力经济特点，之后的一些打擦边球的女网红，所遵循的无不是这种逻辑，诉诸女性身体的传播是成本最低的、可以使网站和当事人获利的内容生产。

　　自 2003 年 6 月 19 日起，一位名叫木子美的女网友在博客上发布系

---

① 东鸟：《网络战争：互联网改变世界简史》，九州出版社 2009 年版，第 326 页。

② 沈梅、俞海霞：《色情网站为何赢利这么快》，新浪网，2004 年 7 月 23 日。

③ ［美］伊莱休·卡茨等编：《媒介研究经典文本解读》，北京大学出版社 2011 年版，第 47 页。

列文字产品《遗情书》，冠之以"私人日记"的名义，文章把成人生活中一些后台的东西推向网络生活的前台。一些媒体在当时几乎每日翻炒此类内容，部分新闻网站还做成新闻专题，这个所谓的日记成了一个大IP，最后甚至被印刷成书。这种靠眼球效应获取的市场机会几乎没有什么门槛，只要是个文笔尚可、年轻、长相能说得过去的女性，在当时几乎都可以靠这种路数一夜成名。2004年初，一位叫"竹影青瞳"的网友如法炮制，她的文章标题和内容被当时的媒体形容成惊世骇俗，接着她在博客上实时更新自己的艳照，一个月内点击率飙升到13万多。年轻女性在展示身体的同时公开谈论成人话题，绘声绘色地讲述和自己身体有关的故事，在当时的社会中，是个石破天惊的现象，因为其空前的特点，它既能引起保守人士的愤怒，又能激发另外一些人产生强烈的观看欲望，她们暴露在别人的眼光之下，很多用户又无法拒绝自己看到的情形，所以即使不参加公共行动，这些用户也成为公共场景的一部分。这种风气甚至蔓延到当时门户网站的新闻频道中，尤其以社会新闻为甚，以至于有观察者称"社会新闻＝性新闻"。从大众媒介发展史的角度来说，这是在走都市报早期的路子，以低俗新闻来打开市场，著名报人普利策也曾靠这种新闻来破解媒体的发展困境，但是，如果一直依靠这种模式，只能说明这家媒体的品格确实不高，2020年10月，笔者打开某主流门户网站时，网页上的广告图片视觉冲击力极大，尤其是灰指甲和修理牙齿的广告，让人看着感觉极度不适，关闭掉这则广告以后，重新打开一个页面，还是出现同样的广告。从传播内容的低俗到广告内容引起读者倒胃口，17年来，个别低俗内容的产制规则似乎一以贯之，这种现象不能不让人嗤之以鼻，尽管利润没有崇高和卑劣的区别，但是媒体和人是有的。无论媒体还是人，降低自身底线是瞬间就可能完成的事情，但是塑造崇高品格却是个日积月累的过程。

部分商业网站过于依靠黄色小报的传播模式引起了主管部门的担忧。2003年，我国主管部门开始强调网络媒体的社会责任，当时的国务院新闻办负责人说："如果在这个先进的时代列车上，装载着的是色情、暴力、邪教、迷信等社会的垃圾，那就抹杀了互联网的先进性，正确认识互联网的发展方向，凡是对社会进步有利的事就大力弘扬，凡是对社会进步不利的事就坚决反对。"[①]2002年博客在我国出现，仅在一年之后，即2003年11月16日便有平台发布《博客道德规范倡议书》："我们对读者和社会承担责任和义务，必须遵循应有的道德规范和伦理准则。"还提出了用户在发博客时应遵守的三项原则：诚实和公正原则、伤害化最小原则和承担责任原则。[②]笔者把这个时期的措施称为"屠龙术"，指的是措施较为宏观，具体的可操作性和强制性措施还需进一步完善，把希望寄托于企业或个人的道德和伦理层面的责任担当。

二、内容鉴定中的参与式核查

如果把互联网比喻为人的话，中国的互联网在2003年前后开始进入青春期，荷尔蒙分泌旺盛，躁动不安，一些网站的内容在低俗的路子上越走越远，引发了网络上的反黄行动。表面上看，探讨反黄行动遮蔽了本部分的核心话题"核查主体的嬗变"，然而，不同表象的背后，往往由一个问题所引起。2003年前后的反黄行动以精英和媒体为主导，不管当时网络平台有没有设立网络鉴定员这个职位，在这个时期，我们看不到职业化的内容审核从业者的身影。

① 蔡名照：《加强公众监督 建设网络文明》，搜狐网，2004年6月10日。
② 闵大洪：《中国媒体20年：1994—2014》，电子工业出版社2016年版，第98—99页。

（一）一个大学教师的发难

科曼认为："许多集体行为的问题只通过个人行为无法解决，由遥远的国家调节或间接的政治民主程序也不容易解决。相反，社群的自我调节，结合民主国家及其机构的权威，倒可以使问题得到解决。"① 如果不是笔者在查阅资料时意外发现在 2003 年还有如此规模的反黄行动，估计这些发起人和行动本身会埋没在大事件迭出的网络发展进程中。事件起因于当时渤海大学的一位叫王吉鹏的老师，他看到朋友的女儿阅读的一些短信后，认为这些内容很低俗，由此掀起了一场反黄风暴，他仅凭借个人之力去质疑知名门户网站的发展和运营策略，而且打击面甚广。这不禁让人想起康德的那句名言："有两样东西，人们越是经常持久地对之凝神思索，它们就越是使内心充满常新而日增的惊奇和敬畏：我头上的星空和我心中的道德律。"②

王先生从 2003 年 5 月在网站上发布第一篇文章《性、谎言、一夜情：我看网络社会新闻》，作为一个非新闻专业科班出身的教师，他探讨了新闻领域的话题，形成了显著的鲇鱼效应，此后他又发布一系列文章搅动当时的舆论，这些文章有："6 月 2 日，在'博客中国'网再次发布《性、谎言、一夜情：我看网络社会新闻》；10 天后，发布《同城约会与道德诱奸犯》；6 月 13 日，《网站 CEO 的下一个称呼：老鸨》出炉；6 月 18 日，他把上述文章在新浪网论坛上第一次贴出，矛头直指三大门户网站，此后他又写《经营色情的 CEO 能判多少年》一文。"③2003 年 6 月 24 日，他在博客上发布文章《一个公民的质问：谁应该为网络色情现状负责?》在短短的两个月时间里，王吉鹏接连在网上发表了近 50 篇声讨网络色

---

① 转引自夏建中：《治理理论的特点与社区治理研究》，《黑龙江社会科学》2010 年第 2 期。

② ［德］康德：《实践理性批判》，邓晓芒译，人民出版社 2003 年版，第 220 页。

③ 万兴亚、刘芳：《一网民质疑三大网站挣"黄"钱》，中国青年网，2003 年 7 月 10 日。

情的文章①，主要内容如下：

首先是详细分析了当时三大门户网站的若干栏目，如同城约会、短信、两性学堂、社会新闻、激情聊天室、包月订阅以及主流门户网站的诸如女性频道中的内容问题，这个过程被当时的一家主流媒体称为"历数了我国互联网涉黄贩黄的'劣行'"②，他从 XL 网站推荐的短信中选取 10 条发送给朋友，反馈过来的信息皆认为这些短信淫秽不堪，他在 WY 网站的成人专区动漫下载里看到很多暴露女性身体部位的内容，还批评了一幅名为《糊涂医生》的漫画有性暴力的倾向。

"同城约会的广告都充满诱惑力的语言，带有暧昧色彩的宣传。所承载的很多时候是约会者的欲望发泄与回归。"③他还把三家网站的同城邀请打印出来，发现以一夜情为目的的内容约占 35%，以金钱为目标的性交易约占 10%。网络聊天室是 2003 年前后炙手可热的网络社交产品，"进入这些聊天室里观察，基本上都是不堪入目的话。在三家网站访问量较高的女性空间栏目中，同样存在色情和性知识性教育很难区分的情形"④。王吉鹏把黄色短信形容成经营色情的先遣部队，把各种涉黄栏目形容成经营色情的据点，但是反黄者似乎忽略了网站的读者是个什么样的情形，而仅以保护未成年人的名义来要求网站应该如何改良是远远不够的。

2003 年对中国来说是一个特殊年份，年初非典肆虐。从网络产业发展的角度来说，如果任何盈利的内容企业出现道德伦理问题，那么这个问题有可能是受众和企业共同造成的。我们还要深入考量反黄的现实诉求是什么？哪些措施可行性较大？从 2003 年到 2020 年，网络黄色内

① 央视《面对面》：《网络反黄第一人：我为何对 CEO 宣战》，新浪网，2003 年 9 月 29 日。
② 万兴亚、刘芳：《一网民质疑三大网站挣"黄"钱》，中国青年网，2003 年 7 月 10 日。
③ 王吉鹏：《同城约会与道德诱奸犯》，博客中国，2003 年 6 月 13 日。
④ 万兴亚、刘芳：《一网民质疑三大网站挣"黄"钱》，中国青年网，2003 年 7 月 10 日。

容从未彻底绝迹，任何一个经常接触网络的用户，很容易在海量的互联网信息中发现一些低俗内容，就像从人类有历史记载以来，此类内容总是占据着一定的空间，它不可能也从未被彻底消灭。我们所要思考的是，如何在低俗内容存在的空间的边界，设立一些必要的关卡，保护未成年人不让其进入（这个话题可以引申出若干部专著的内容，但不在本书讨论的范围之内），阻止不良内容溢出边界，而不是像一阵风一样的行动，风过去之后，一切好像变化不大，即便有些变化，也是一时一地的变化，不具有长久性。"在这三家网站的示范下，一些中小网站则开始冲刺般地向色情进军，低俗的图片和文字开始进入国内的网络中间"①。这种观点有些夸张，同时也过于高估这三家网站的影响力了，以低俗内容为撬开市场的利器，这是中外媒体在发展过程中常用的一个策略，例如，某知名周末类报纸在创刊运营的初期，出现过一条大长腿横在版面视觉强势区的现象，西北某知名都市报在创业初期被称为所在城市的三大俗之一。

在网络传播时代，新型的传播格局中改变的是传播的载体，没有变的是用户的生理本能和媒体强烈的盈利冲动，因此不论在 1903 年西方的都市报版面上，还是在 2003 年中国的门户网站，抑或在 2020 年的不可胜数的内容类 APP 中，都有媒体在模仿传播"性、腥、星"等地摊小报特别擅长的内容传播之道。

（二）博客平台上的反低俗核查

"在同一层次工作的人之间发展出了小群体，常常可以看到一系列有凝聚力的忠诚关系。这个群体能够逐渐形成非正式的程序，从而实现

---

① 王吉鹏：《一个公民的质问：谁应该为网络色情现状负责》，博客中国，2003 年 6 月 24 日。

组织的正是规章制度所无法提供的更大的主动性和责任心"①。网络反低俗内容行动中也有这种小群体存在，群体内部的关系与其说是忠诚关系，不如说是对低俗内容所秉持的共同价值判断，这使得来自现实社会中不同阶层的人凝聚起来成为可能。他们期待的不是经济的回报，而是来自社会的认同和赞赏，这在一定程度上让他们有了力量感、掌控感和自主性。在王吉鹏发起行动的同时，也有专业人士写文章抨击网络媒体上的内容有不良倾向，2003 年 6 月 6 日方兴东发表《互联网呼唤反黄运动》一文，6 月 8 日康国平发表《色情之火，可以燎原——中国网络色情发展溯源》，这两篇文章分析了网络色情的历史及现状。发展到后来，二者出现合流，反低俗行动愈发影响广泛，当事人甚至冠之以反黄运动的称呼，这有些言过其实，因为就其对社会发展进程的影响而言，远不足以称之为运动。这些行动引起了当时研究者的注意，中国社科院研究互联网的专家闵大洪说，"2003 年 6 月 23 日，博客中国正式推出'中国互联网呼唤反黄运动专题'，成为由网站发起的净化网络环境的首次行动"②。草根群体在新社会运动中出现良性发展的趋势，他们通过这种行动成为和商业网站的对话者，不仅提升了自我组织能力，而且还提升了和政府之间的互动能力。

王吉鹏和博客中国在反黄方面的合作充满偶然性，博客中国的负责人在王吉鹏的文章下面留言表示支持，并且留下联系方式，合作意向就算达成了。从社会学的角度来说，这种个人挑选伙伴的方式维持着各方对自我的解释，整个反黄行动也都涉及对身份的解释，王吉鹏在反黄，博客中国的技术精英们也在反黄，在这个高度相似的主题方面，他们之间有没有什么区别呢？《中国青年报》的一篇报道这样说："在王吉鹏之

---

① 　[英] 安东尼·吉登斯、飞利浦·萨顿：《社会学》，赵旭东译，北京大学出版社 2018 年版，第 788 页。

② 　闵大洪：《中国媒体 20 年：1994—2014》，电子工业出版社 2016 年版，第 104 页。

前，互联网媒体实验室的负责人就联合一批网络名人发起了'中国互联网反黄运动'。所不同的是，他们没有点名道姓。"① 一个是局外人，点名道姓地批评那些为了赚钱而拉低企业道德底线的群体，另一个群体是局内人，显然深知反黄行动中的利害关系，步伐相对保守。局内人以方兴东为代表，多年以后，"城头变幻大王旗"，他在网络江湖上的地位被他在高校学术圈的影响所冲淡，2020 年在网络上能检索到他的多篇学术论文，"他赞同网络内容的分级，赞同有严格管理和规范的色情信息，赞同健康的网上交友和约会，赞同将合法与非法、合理与不合理严格区分开来"②。当时的胡泳认为，"对于网络色情的问题，解决的办法是给内容贴上标签，然后让人们自己作出选择（类似于电影业采用已久的分级制）。应该把工具交给父母或其他人，让他们为自己和孩子过滤内容。一些似乎难以解决的问题也许会自动地由市场自身加以解决"③。

从 2003 年到 2020 年，市场始终没有解决网络内容传播中的低俗毒瘤，可见市场有它自身运作的内在逻辑，在其擅长的领域之外，是不能寄予厚望的。2020 年开展的如同雷霆风暴般的互联网整治专项行动，以微博、今日头条等主流网络社交媒介为代表，也展开了专项治理行动，其中微博发了六次专项治理整治公告。由此反观 2003 年的那场反黄行动，彼时的网络空间很类似阿伦特所谓的"公共领域"，它作为行动实现的场所，是人们平等对话、参与行动的政治空间。此处的行动也具有较为理想的意义，它是指人们之间不借助中介而直接交往的，是人类意识发展到高阶段的产物，是优于劳动和工作的真正人类自律。④ 反

---

① 万兴亚、刘芳：《一网民质疑三大网站挣"黄"钱》，中国青年网，2003 年 7 月 10 日。
② 万兴亚、刘芳：《一网民质疑三大网站挣"黄"钱》，中国青年网，2003 年 7 月 10 日。
③ 万兴亚、刘芳：《一网民质疑三大网站挣"黄"钱》，中国青年网，2003 年 7 月 10 日。
④ 王寅丽、陈君华：《浮在水面的潜流》，《华东师范大学学报（哲学与社会科学版）》1998 年第 6 期。

黄行动者们身上那种特质恰恰就是自律："这种自律首先是似乎建立在个人自愿的基础上的，坚决反对强制；其次，它似乎是建立在爱的永恒的共同体中；最后，它似乎保证了受过教育的人能够将一切能力都充分自由地发挥出来。"①当时技术精英们的一些建议，给后来者最大的启发是，解决问题的措施和社会文化、当时的社会心态以及具体时代的政治气候相关联，措施的移植不能看重其时尚性，而要重视移植后的成活几率。学者正视自己的内心和正视自己所处的时代一样重要，提出对策的过程对研究者而言是个和自己不断进行对话的痛苦过程。

在探讨网络传播的专业性方面，互联网精英们要比政法系出身的王吉鹏看得更深刻，前者看到了网络用户自身存在的"硬伤"，"目前在网上掏腰包最乐意、最慷慨的人就是好'玩'与好'色'的两大群体。他们的平均收入远远低于网民的平均收入，年龄也偏低"②。这个分析的视角对于非专业人士来说大概是始料未及的，但是对于王吉鹏来说，是有注意到这个现象的机会的，他在央视《面对面》节目中说："对网络色情的关注始于今年（2003 年，笔者注）5 月朋友打来的一个电话。朋友说发现 13 岁的女儿手机上有很多淫秽短信，而女儿则说同学中很多人都有，也没什么。"③这句话的最后十余个字其实非常关键，在家长们看来十分重要的大事，却被 13 岁的孩子轻描淡写带过，更为重要的是很多学生都有这样的信息，王吉鹏在向网络色情发难之前，如果要做这样一个调查就更有价值：一个班里有多少个孩子？有这些短信的孩子占有多大比重？收到此类信息学生的学习成绩处于什么水平？他们在日常生活中是否有着明显的异常表现？ 13 岁孩子应该上初中不久，已然站在青春期的门槛上，他们对自身或人体充满着好奇，如果他们不看这些信

---

① 石义彬：《批判视野下的西方传播思想》，商务印书馆 2014 年版，第 62 页。

② 万兴亚、刘芳：《一网民质疑三大网站挣"黄"钱》，中国青年网，2003 年 7 月 10 日。

③ 央视《面对面》：《网络反黄第一人：我为何对 CEO 宣战》，新浪网，2003 年 9 月 29 日。

息，会从其他科学的渠道去了解他们所好奇的知识吗？可惜的是，在笔者所掌握的资料范围内，没有看到该方面的内容，然而，深入了解这个维度，对于低俗内容核查的范围、目的和诉求来说，显然比行动本身更加重要。

"博客中国"发起这次互联网"反黄"争论，是经过几个月时间的研究和准备的。[①] 在具体的行动中，王吉鹏负责火药助攻，技术精英们负责理论支持，一系列反低俗的措施就此展开，6 月 23 日，"互联网呼唤反黄运动"专题正式在"博客中国"推出，并且配发了"发刊词"，王吉鹏发布《十问张朝阳、丁磊、汪延》和《一个公民的质问：谁应该为网络色情负责》两篇文章。该专题的策划书详细记载了如下议题：网络色情的现状；我国关于互联网出版的法规及政策；国外对于互联网出版的法规及政策；网络色情的表现形式；网络色情的道德范畴与法律范畴；炮轰网络色情的阶段性成果；现阶段的任务。[②] 这种现象的社会学意义在于，互联网"社区中产生的自愿组织，最主要的意义不在于提供公共产品本身，而是社会资本"[③]。这种自发建立的参与形式，减轻了政府介入公共事务的成本和负担，同时还有助于提升网络社区治理的能力和水平。

（三）反低俗内容行动的影响

反低俗行动使得网络越来越像一个自治型社区，其中的治理主体有相对较高的自治水平，优点是网络用户可以更为直接地参与社区治理；社会组织开始具有合法性，并且提供了更丰富多元的社区服务；同时还减轻政府财政负担，其运行机制是用户主动参与、市场主导以及大众媒

---

① 万兴亚、刘芳：《一网民质疑三大网站挣"黄"钱》，中国青年网，2003 年 7 月 10 日。
② 资料来源于王吉鹏未出版的电子文档，《王吉鹏快意恩仇录：我与网络色情的战争》。
③ 夏建中：《治理理论的特点与社区治理研究》，《黑龙江社会科学》2010 年第 2 期。

介的参与。①

　　这种网络用户和精英群体结合的对低俗内容进行鉴别并反对的行动引起当时社会其他领域主体的关注，尤以媒体界甚之。在反低俗内容行动进行的过程中，《21 世纪经济报道》《IT 时代周刊》《中国新闻周刊》"央视面对面"等传统主流媒体均有不同程度的关注。网络媒体方面，新华网在其论坛设立专题、雅虎科技频道也做了网络专题，此外，千龙网、人民网、南方网、广州视窗、大洋网、深圳热线、中国传媒论坛等网络媒体都转发了相关内容。

　　作为影响的另一个维度，此次行动对几大门户网站多少起到了督促整改的作用，这些积极的影响散见于当时的一些文章中：被批评的几家商业网站或多或少删除了被质疑的短信，有的网站删除的条数只有个位数，有的网站删除的数量达到 300 条，还有的网站把成人动漫删除了。在反低俗行动中被质疑的一些栏目在内容、合作单位和免责条款上也改变了传播策略，新浪的激情男女宝典、两性学堂栏目事后进行了改版，打出与中国计划生育宣传教育中心合作的招牌，搜狐的《两性心理》短信订阅则加了"18 岁以下未成年人士禁止订阅"这句话。② 这种力量悬殊的行动，也引起了一些网站部门负责人的回应："网易公关经理说，赞同任何人对互联网的规范提出批评和建议，更希望相关的法律法规条款能尽快建立。新浪公关部负责人表示，新浪丝毫没有懈怠。搜狐公关部负责人不愿书面答复，认为搜狐在王吉鹏所提到的相关业务中，应该是最少的。"③ 此外，在反低俗行动中，运营商关闭了所有的短信联盟，从根本上解决了当时的不良短信问题，但也被舆论质疑成"孩子和洗澡

---

① 　边防、吕斌：《转型期中国城市多元参与式社区治理模式研究》，《城市规划》2019 年第 11 期。
② 　万兴亚、刘芳：《一网民质疑三大网站挣"黄"钱》，中国青年网，2003 年 7 月 10 日。
③ 　万兴亚、刘芳：《一网民质疑三大网站挣"黄"钱》，中国青年网，2003 年 7 月 10 日。

水一起泼出去了"。这些反馈是在主流媒体报道时体现出来的，假如当时没有这些媒体的介入，很难想象被批评对象会有怎样的反馈姿态。因为反低俗行动如果没有被纳入公共场域中，就属于个人行为，而缺乏公共利益诉求的个人之举，其影响远远无法和可能导致企业品牌危机的反黄舆论相比较，这就是现实，换成其他类似的问题，似乎也适用于这样一种逻辑。

媒体关注的焦点会频繁切换，对于反低俗行动的热度也只是持续一段时间。表明反对立场之后该怎么办？行动者的探索也颇有价值，"建议公司采取更实际的行动：加入反网络色情活动；勇于向社会公开承认错误，挽回企业形象；全面删除低俗内容；在自己所属的网站相关栏目里讨论网络色情危害等"[①]。遗憾的是这些对策似乎并没有引发当时媒体的持续关注。现在回过头来看，这些措施蕴涵着网络平台主体对所发布内容负责的治理逻辑。在 2003 年，网络用户中的精英个体通过一己之力在论坛等网络媒介上发表观点，这是典型的参与式治理，2004 年中国互联网协会公布两个自律规范：6 月 10 日颁布《互联网禁止传播淫秽色情等不良信息自律规范》，12 月 22 日公布《互联网搜索引擎服务商抵制淫秽、色情等违法和不良信息自律规范》。这些规范性文件表明，对低俗内容鉴定的责任逐渐压到网站肩上。

2020 年，我国的互联网主管机构发起一些针对网络内容的专项治理行动，在 17 年以前，倘若互联网企业能够和用户的参与式治理实践相互合作，那么今天可能就是另外一种情形，但是一切不能假设，唯独可以思考的是，为什么企业对同样一种治理逻辑，前后的接受程度反差竟然这么大？反低俗行动留给现在的另一治理资源是群众参与模

---

① 王吉鹏：《向张朝阳致敬，向搜狐致谢：评搜狐全面删除涉嫌色情短信》，博客中国，2003 年 6 月 24 日。

式，"地不分南北西东、人不分男女老幼。只要你坚持社会正义、社会道德、社会良知，坚持真理、坚持保护精神家园的信念、坚持社会责任感，都可以加入这个阵营"①。这句充满"人民战争"色彩的话语大概是比较早的公民参与治理的直观表述，虽然朴素，却充满着无限的可能，当我国互联网用户数量超过欧洲人口总数量时，靠专业人士的"管和治"难免存在百密一疏的情形，进一步而言，传播实践的复杂性、海量的用户和内容难免会使得事实核查行为本身存在"隔墙扔砖头，砸着谁是谁"的偶然性因素，单一主体在治理实践中也可能存在有心无力的情形。

因此，让低俗内容陷入"人民战争的汪洋大海"在网络发展的过程中慢慢展现出来，2004 年 6 月 10 日，我国的互联网"违法和不良信息举报中心网站开通"。②2013 年，这种"人民战争"又通过其他形式表现出来，如多家机构联合起来组建"民间万人鉴定团"，提出的口号是"人人都是网络安全鉴定官"，以此吸引具有共同世界观和诉求的人们加入，鉴定团主要鉴定的是网络色情网站，此外还囊括了一些一旦严打就消失，一旦宽松就复燃的网络欺诈等现象。这些机构提出了一些美好的愿景，如吸收一些优秀的鉴定团志愿者作为安全联盟专职员工。③"人民战争"起到一种"磁吸作用"，能激活特定的、志趣相投的公民网络，这个网络中的群体类似于安德森所谓的"共同体"，它和一般层面上的公众有着显著的区别，共同体趋向于一种共同的情感认同，表示一种建立在互动基础上的团体感，而公众则意味着围绕一个共同的政治话题的公民互动，也意味着一组公共交谈的规范。④

---

① 王吉鹏：《搜狐删贴、新浪删字：网络色情批判的一个肯定》，博客中国，2003 年 6 月 23 日。

② 闵大洪：《中国媒体 20 年：1994—2014》，电子工业出版社 2016 年版，第 132 页。

③ 车利侠：《揭秘网络"鉴黄师" 20 万年薪没招来合适人才》，人民网，2013 年 7 月 9 日。

④ [美]迈克尔·舒德森：《新闻社会学》，徐桂权译，华夏出版社 2010 年版，第 83 页。

这种群众路线使得网络公共领域成为社会资本再造的政治空间和话语空间，但是专业的内容核查者和这些"人民战争"的参加者的状况大为不同，这是同一种内容生产过程中，积极的生产型参与和消极的消费型参与之间的不同，这两种参与在同时起作用，从而把传播主体和网络用户结合起来，让后者能够站在消费者的立场上来体验内容产业中的工业化生产。

2014 年，首都互联网协会大规模招募网络志愿者，专门举报网上不良信息，"兼职队伍"人数达 3000 人，他们负责监控的信息大多涉黄，协会对志愿者还有工作量方面的规定，每月要完成不少于 25 条不良信息的举报。① 用户参与的逻辑还体现在当前几乎各个网站上的"用户举报"栏目的设置上，追溯其历史的话，2003 年反低俗行动中提出的这个"阵营论"当是其源头。此后，从"人不分男女老幼"到"民间万人鉴定团"再到"网络志愿者"这种用户参与式的网络内容鉴定发展越来越成规模，也越来越专业。在米尔斯看来，这些人是一种"理想化的人"，"他会为他人着想并友善地帮助他们，他有些外向，踊跃参加社区的日常活动，帮助社区在一个可以调整的有序步伐下'取得进步'。他加入很多的社区组织并为之服务，即便不是十分投入的'参与者'，他当然也会不时在外面瞅瞅。他乐于服从传统的道德与动机，高兴地投入受人尊重的制度的逐渐进步之中"②。

王吉鹏、媒体、博客运营者以及网络志愿者形成了一种自组织网络，"治理是自组织网络的合作，这种自组织网络就是公共、私人和志愿者组织的复杂混合……这种网络是市场和政府机构的一种替代。自组织网络最重要的是其自治性质和自我管理。自组织治理网络是个人和机

---

① 《网络鉴黄师自述：对干露露等擦边球干着急 微信招嫖难监控》，人民网，2014 年 6 月 9 日。

② [美] C. 赖特·米尔斯：《社会学的想象力》，陈强、张永强译，生活·读书·新知三联书店 2012 年版，第 97 页。

构、公家和私人治理其共同事务的诸多方式的总和"，在此网络基础上形成的治理被称为"自组织多中心治理"。① 在这个持续的过程中，发起者发生了重要的改变，从原来的精英个体转变成了互联网公司或者第三方的边界型机构，这其中鉴定的内在动力机制也发生了巨大的变化，原先是非利益相关者基于社会责任感而发起的行动，后来逐步变成利益相关者基于自身长远发展利益而展开的职责范围内的行为。

第二节　内容鉴定中的主体嬗变

网络中的不良内容没有因为反低俗行动而彻底绝迹，反倒是这种行动很快偃旗息鼓，让人感慨这个行动本身充满着偶然性和不可复制性。对低俗内容进行鉴定这项工作再次成为公共话题源于 2013 年的一则招聘启事："十几家互联网公司组成的'安全联盟'公开招聘首席鉴黄师，年薪 20 万元，短短一周内收到超过 30 万条求职留言以及 4000 多份正式应聘简历。"② 尽管如此丰厚的待遇被质疑是企业自我宣传的噱头，但这却是鉴定员作为网络内容产业中的一个工种首次呈现在大众面前，招聘信息对该职位有着细致的描述："研习色情影像、制定鉴定标准；制作鉴别课件、教育视频等学习材料；管理资源并进行评级。"③ 这些信息表明这个职位起到制定行业标杆的重要作用，也意味着在网络内容产业中，对低俗内容的职业化鉴定等工作很可能在当时仅仅处于起步状态。专门针对低俗内容核查的一个群体——鉴定员，最早在公安机关内

---

① 夏建中：《治理理论的特点与社区治理研究》，《黑龙江社会科学》2010 年第 2 期。

② 詹丽华：《全民直播　内容审核员不够用了》，浙江在线，2017 年 3 月 24 日。

③ 车利侠：《揭秘网络"鉴黄师"　20 万年薪没招来合适人才》，人民网，2013 年 7 月9 日。

部出现，现在被移植到了网络传播场域。任何职业看起来都既有光鲜的一面，也有不为人知的苦衷。鉴定员无论作为一个职业还是作为一个群体，在不为人了解且从行政机关溢出到网络传播领域的过程中，从事实核查主体嬗变的角度来说，都是本书绕不过去的一个重要话题。

一、"鉴定员"存在已久

说来奇怪，对于概念的界定一般是学术研究领域所做的工作，但是对于"鉴定员"这个名词进行解释的，最早却在报端出现，"鉴定员"就是将办案单位送来的淫秽光碟等一一审看，并根据内容开具鉴定结论的警察，这个职务需要年龄稍微大一点、品行端正、政治觉悟高且看后不会出任何问题的优秀警察来担任。[①] 这个概念体现出的工作内容是对涉及低俗的内容进行区分、鉴别和定性，目的是为案件服务，对于涉案人的处罚力度有着重要影响，这一点和之后网络传播中的鉴黄目的完全不同。公安部门还对鉴黄工作者的任职要求做了说明，从年龄、品行、政治觉悟以及观看后果等方面做了一系列界定，如此复杂的限定体现出这项工作游离在道德和人伦边缘，它的影响更多具有主观性，是法律触须所无法企及的空间。仅就这一点而言，无论是公安机关还是网络媒体中的相关从业者，尽管其产生的土壤不同，但工作的目的是殊途同归的。

(一) 严格的培训与规定

在笔者接触到的文献范围内，公安部门"扫黄打非"系统内都有鉴定员一职。分析这个问题需要进一步拓展时间的跨度，公安部门的鉴黄

---

① 肖蜀韵、赵霞：《算不算淫秽，警察"鉴黄师"说了算》，《天府早报》2010年2月5日。

工作可能在 20 世纪 80 年代就在媒体报道中出现了，在公开报道之前，该部门就有涉及该方面的业务。"以前只有市公安局治安总队才配有'鉴黄师'。2000 年 1 月起，淫秽物品的审查鉴定权下放至各区县。经统一培训，目前（2004 年，笔者注）重庆市已有近百名'鉴黄师'，其中主城'鉴黄师'几乎都是女民警。"① 这是较早报道公安机关内部鉴定员的新闻，从中可以看出这个群体在 2000 年后经历了一个范围和数量的扩张过程。"以前只有市级部门有鉴黄师"的提法表明鉴定主体的范围在扩大以及鉴定权在下沉，因为 1989 年新闻出版署发布的《关于鉴定淫秽、色情出版物权限的通知》规定，鉴定淫秽色情出版物的最低权限属于省、直辖市、自治区人民政府。

在早期的筛选鉴定员的标准中，除了上述的几个条件之外，对于性别的偏向也是一大特点，"已婚"、"女民警"等核心词在早期的报道中曾经出现。在实践的过程中，逐渐形成了一个职业资质的门槛，需要经过培训甚至严格的考核，"每一次扫黄打非办招聘鉴定员的时候，就得在全省范围进行海选，必须是已婚，而且还得经过培训"②。还有的省份的媒体对培训流程做了细致的介绍："省公安厅组织的公安专家、大学教授及经验丰富的办案民警传授鉴定专业技能，通常涉及这些物品所表现的内容是否违反了相关的法律条款。统一培训结束后，学员们才能取得上岗证。"③ 这个复杂、全面的培训兼具技能和法律等方面的传授，培训的组织者级别很高，授课人员来自学界和业界，这些信息无不彰显出这项工作朝着职业化发展的趋势。

---

① 岳奕茹：《走进重庆女"鉴黄师" 工作就是每天看黄色录像》，国际在线，2004 年 9 月 22 日。

② 楚天：《70 岁鉴黄师：第一天工作像特务 躲小办公室里看》，搜狐网，2013 年 5 月 11 日。

③ 翟星理、林春长：《揭秘"鉴黄"民警工作：持证上岗 最多一周看 524 张碟》，中国新闻网，2014 年 5 月 13 日。

在工作程序方面，大众媒介呈现的鉴定低俗内容的工作，有着一系列严格而又独特的规定："接到鉴定任务后，先要认真地给每个标的物编号、审查鉴定，遇到可疑的地方还需要退回去仔细辨别。"[1]在人数方面也有着特殊的规定，"对同一疑似物品，必须有至少两位持证民警共同参与鉴定。对委托鉴定物逐一鉴定后，需达成一致结论并出具具有法律效力的鉴定书，然后加盖专门的印章"[2]。被纳入司法程序中的鉴定流程更加注重仪式性，该流程本身也是仪式性的重要体现，细节方面的两人审核、加盖印章等做法，消解了这项工作所接触到事务的非严肃性，使得曾被调侃的工作变成行政执法流程中的一部分，而且，核查机关还在一些细节方面有着更严格的规定，如要求除了专业的鉴定员之外，还规定"其余人员不得借机观看"等。

（二）要考虑如何保护未成年群体

在确认流程的前提下，再去分析这项工作的内容，似乎就少了些许轻浮和臆测，那种"这也算一种工作"的轻视之感在复杂且专业的流程中被无形消解。这种消解使得局外人在了解鉴定员工作的内容时，多了些对专业的敬畏感，但是媒体的报道还是给读者留下广阔的想象空间，"有好奇，有忐忑，很紧张，几次摸起鼠标都没勇气按下点击键"[3]，"反锁房门、拉上窗帘、戴上耳机"[4]，"拉上窗帘、关上门在里面偷偷看，

---

[1] 李玉红：《专业鉴黄师：第一次审黄片像做贼 看黄片看吐》，人民网，2014年4月10日。

[2] 翟星理、林春长：《揭秘"鉴黄"民警工作：持证上岗 最多一周看524张碟》，中国新闻网，2014年5月13日。

[3] 李玉红：《专业鉴黄师：第一次审黄片像做贼 看黄片看吐》，人民网，2014年4月10日。

[4] 尉伟：《公安"鉴黄师"两年看黄片三千段 首要条件已婚》，央视网，2012年5月29日。

感觉像做贼"①，"感觉自己像特务"②。这种报道思路估计原本想反衬出低俗内容的不堪，面对这样的内容，处于社会"前台"者似乎都要表现出一种与之割裂的姿态，要不然为什么报道中反复呈现"和自己斗争"的字眼？甚至反复出现了像贼或者特务之类的描述？这种绘声绘色的描述增强了文章的可读性，在读者的脑海中呈现出鲜活的画面感。不过，如果仅仅因为那些内容和成人话题有着千丝万缕的联系而把"鉴定员"和正常的社会或者群体相区隔的话，这何尝又不是一种病态呢？因此，通过反思这种对该工作的感性报道，我们不应过于关注鉴定员身体的表现，也不应该沉迷于对其叙事模式进行刻意解读，而是应该对涉及技术、图像和身体的多个交叉信息的接收过程进行批判性分析。在本书作者所掌握的材料范围内，提及要对黄色内容的最大受害者——未成年群体进行科学引导的报道，其数量不多。就鉴定低俗内容这个职业而言，需要专业技能，需要法律，唯独不需要用道德标榜清高。更需要为未成年人培养免疫力的专业人士。因为仅仅不让未成年人观看低俗内容，其实也只是不让他们看鉴定员所鉴定的内容原件（要知道网络上复制几乎不需要成本），除此之外，在海量的互联网内容中，这样的内容又何止千千万万。那又该如何面对呢？应该延长鉴定工作的流程，内容不能一鉴了之，案件不能一判了之，无论是哪个行业中的鉴定员，都应在鉴定完内容之后，从保护未成年人的角度入手，形成一些文字，从这个角度而言，已为人父母的人士从事这个工作是合适的，从事青少年研究和新媒体研究的专业人士也应该介入这个流程中去，去研究这些真正的问题，从这些源于实践的经验材料得出建议，给青少年创建一个良好的发

① 岳奕茁：《走进重庆女"鉴黄师" 工作就是每天看黄色录像》，国际在线，2004年9月22日。
② 楚天：《70岁鉴黄师：第一天工作像特务 躲小办公室里看》，搜狐网，2013年5月11日。

展环境，这样做才是对下一代人负责的表现。

（三）媒体报道中的复杂情感

行政部门中的鉴定员面临着压力大、时间紧的问题，其实，这在某种程度上是对该职业在体制内存在状况的一种折射，在大众媒体的报道中，至少从三方面体现出一种复杂情感的叙事框架。

一是当事人对这份工作的思想斗争。在体制内部，比鉴定低俗内容重要的事情有很多。在互联网行业，比网络鉴定员收入高的部门、比其重要的部门也比比皆是，如同人体内的各种器官，有大脑、四肢这些重要的器官，也有阑尾这样可有可无的器官。作为个体而言，当身处这些职位时，肯定会产生出一种抗争情结或者逆反心理，"得到消息的那一刻，他表示抗议，找领导谈话想拒绝这份差事，后经领导劝解，才接受了这个全新的挑战。他一直刻意隐瞒着所有亲朋和街坊四邻，同事们经常调侃他"①。抗议、拒绝、隐瞒、调侃，这几个词语基本上可以看出一部分人对于这项工作的态度，然而作为行政或者产业这些巨大机器运行中的一个环节，又确实需要有人从事这方面的工作，因此如何处理这种失衡就显得十分重要。鉴定工作只是把属于私人领域的观看行为移植到工作领域，这种场景的变化扰乱了既有的社会规则，与其说拒绝的是鉴定工作本身，不如说是把诉诸感官刺激的肉身反应转变成理性而又职业化的尺度，把握其带来的文化和心理方面的冲击。

二是"鉴定员"所面临的压力大。和理想中的"活儿少挣钱多"的愿景比起来，体制内的"鉴定员"面临的工作量较大，例如，一些报道这样宣传，24 小时待命，一有命令，不管休息日还是节假日，都

---

① 李玉红：《专业鉴黄师：第一次审黄片像做贼》，人民网，2014 年 4 月 10 日。

到单位进行鉴定，从来没有固定休息日。①4 万多张光盘被查扣后，某
县公安局的 4 名"鉴定员"看了一个多月，才完成鉴定。②7 名鉴定员
在半年内鉴定完 5 万部视频。③"一般不到一分钟就可鉴定完毕，最快
只要几秒钟，只要符合《规定》任意一条就可给它'判刑'，最多一次
鉴定 13 万余张"④。对比其他行业中类似的情形，很难轻易下结论说孰
优孰劣或者哪个工作更轻松，哪个更繁重。很多情况下，不同职业之
间不具有可比性，很多行业中的从业人员是缺少畅通的发言渠道的，
尤其是弱势群体。因此，"鉴定员"所面临的问题，本质上是社会问题
的一个折射。

　　三是这项工作所带来的负面影响很大。现有报道涉及这方面的内容
较多，垃圾、暴力甚至变态内容极易让人产生不适、恶心的心理。⑤ 看
这批光盘时"鉴定员"吐了不知有多少回。⑥ 一看跳动的画面，不管是
什么内容，"鉴定员"脑海里就会不由自主地蹦出那些变态的场景。⑦
多名"鉴定员"均表示偶尔有烦躁、厌恶等反应。⑧ 长时间受到某一类
信息的刺激，容易引起心理或者感官上的改变，所以这些问题是从业者
对所鉴定信息带来的刺激的反应，对于成年人尚且如此，对于其他群体

① 李玉红：《专业鉴黄师：第一次审黄片像做贼》，人民网，2014 年 4 月 10 日。
② 高飞、邢志刚：《江苏沛县查扣 4 万张黄碟　4 位"鉴黄师"1 个月看完》，环球网，
2013 年 1 月 22 日。
③ 于英杰：《揭鉴黄警察：持证上岗　半年鉴定 5 万部淫秽视频》，界面新闻，2017 年
4 月 9 日。
④ 肖蜀韵、赵霞：《算不算淫秽，警察"鉴黄师"说了算》，《天府早报》2010 年 2 月 5 日。
⑤ 翟星理、林春长：《揭秘"鉴黄"民警工作》，中国新闻网，2014 年 5 月 13 日。
⑥ 李玉红：《专业鉴黄师：第一次审黄片像做贼》，人民网，2014 年 4 月 10 日。
⑦ 尉伟：《公安"鉴黄师"两年看黄片三千段　首要条件已婚》，央视网，2012 年 5 月
29 日。
⑧ 岳奕茳：《走进重庆女"鉴黄师"　工作就是每天看黄色录像》，国际在线，2004 年
9 月 22 日。

尤其是未成年人的影响也可以推测出一二，重要的是如何对这些存在心理问题的鉴定员们进行心理干预，一些简单的做法被尝试，如打球、找朋友喝个茶聊聊天、请心理专家授课、与家人沟通等，这些策略与其说是心理治疗，还不如说是一种"自我理性化"，该词"用来形容身体陷于庞大的理性组织中一个有限部分的个人，是如何有步骤有系统地控制自己的冲动与渴望、生活方式与思维方式，并与'组织的规则和条例'保持高度的一致"①。本部分探讨问题所依赖的素材多集中在 2004 年到 2015 年之间的经验材料，也就是说，那个时候存在这些问题，而到了 2020 年，下文会对网络传播时代的"鉴定员"分析，发现这个问题依然存在。一方面媒体广泛报道"鉴定员"存在心理诸方面的问题，另一方面却又很少看到相关的应对策略的报道。不少职业都会存在负面影响，在煤矿一线的工人容易得职业病，专业的运动员身体容易受伤，解放军战士甚至用生命来保家卫国，在这样一个背景下探讨"鉴定员"所面临的职业困境会发现，这些问题不值得大肆渲染，重要的是如何解决和应对。

二、网络传播中的低俗内容鉴定

很难说网络"鉴定员"的职业有多大程度的创新，因为从名称到职责再到目的都是从行政机关的鉴定工作实践中移植过来的，但是从行政部门到网络内容产业，关于这个职业关注的焦点悄然发生了变化，在体制内"鉴定员"看来很重要的道德、伦理和职业的争议性方面，在市场环境下的网络内容产业中，都不是多大的事情。

---

① [美] C. 赖特·米尔斯：《社会学的想象力》，陈强、张永强译，生活·读书·新知三联书店 2012 年版，第 184—185 页。

（一）市场中的内容"把关人"

主流媒体以及一些自媒体关注"首席鉴定员"的焦点集中在，"年薪20万、国家标准五险一金、随时报销图书购买费、每天有酸奶水果福利，还有餐补、交通补助、通讯补助"[1]。网络产业中的"鉴定员"还淡化了对该职业在性别、年龄和数量方面的要求，"很多人都冲着高工资去应聘这个职位，包括很多女性，特别是现在95后的女鉴定员越来越多"[2]，"团队中大部分成员都在20—30岁的年龄区间，多数未婚"[3]。在数量上，一些大的互联网企业成立了鉴定团队，如2020年的报道显示，TX内部有一个10人的"鉴定员"团队[4]，而AL从有业务开始就有鉴定员，在2012年前后，该公司出现了"色情低俗风险类目团队"，同各地公安部门的互动和合作越来越紧密。团队里男女比例是1∶1。女性工作细致，一些打擦边球行动的尺度，做了母亲的女性可能会提出一些更好的建议。[5]

在这个职业逐渐呈现到公众视野的过程中，女性从业者也渐趋成为被凝视的对象，中国移动的"妈妈班"由600位已婚有孩子的妇女组成，她们每天负责筛查由系统过滤后，疑似低俗的图片、文字、音视频，进行鉴别后提交到系统一键封堵。每天总共能筛查1.2万件低俗内容。[6]在苹果商店的社交APP中，有超过1/10的应用主打声音社交功能，由此催生出了声音"鉴定员"这一职业。从业者抱怨这是一个让身心饱受摧残的职业，"24小时轮班监控，各种荤段子、暧昧语音，声音'鉴定

---

[1] 《一位女鉴黄师的自白》，腾讯网，2020年8月14日。

[2] 《95后女鉴黄师哭诉：一天看10000张黄图》，搜狐网，2018年9月28日。

[3] 詹丽华：《全民直播　内容审核员不够用了》，浙江在线，2017年3月24日。

[4] 吴海文、韩佳林：《我是一名"鉴黄师"，但和你想的不一样》，腾讯网，2020年1月20日。

[5] 黄旻旻：《揭秘淘宝鉴黄师》，新浪网，2015年7月16日。

[6] 《中国移动600位已婚妇女每天"鉴黄"1.2万件》，腾讯网，2014年12月1日。

员'多为女性且离职率高"①。红星新闻报道的声音"鉴定员",每天审核 4000 条语音。② 在某电视台的新闻播报中,标题为《新奇职业:女"鉴定员"日删黄图两万张》,新闻中的女鉴定员图像被技术处理,声音也做了变形处理。

(二) 被消费的"把关人"

一些新闻也特别热衷报道鉴定职业群体中的从业者,这种报道偏好其实也体现出在网络内容传播中传承了都市报"黄孩子"的面孔,这个面孔背后的主体是那些认为"污"并不是什么见不得人的一代人,从这个角度来说,"鉴定员"也可说是那些"去污"的人,吊诡的是,去污行为反而可能会成为被戏谑和消费的对象。鉴定工作给从业者带来生理和心理上的负面效应,这些症候同样存在于体制内的从业者,前文已经有所分析,但是在网络传播场域中,鉴定所带来的负面作用有了新颖的解释角度,它更像是内容工业给个体带来的个性的改变,人在这个产业中被"异化"了,这个过程对于个体来说很痛苦,却能引发狂欢,成为被消费的对象,批判终究还是让位于大众媒介所鼓吹的消费主义底色的欢呼,此处所谓批判指的是:"公众在理性精神的指引之下,基于'公'的目的而进行的交往过程,以此形成对公共事务的意见。"③

在网络脱口秀节目《暴走大事件》中,出现了一名网络艺人饰演"鉴定员"的角色,该角色在第一季、第三季和第四季中均有出现,扮演者靠着这个角色走红,在他倾诉各种不幸的背后,引发了屏幕前端观看者的狂欢,例如某网站超过 37 万点播量的"首席鉴黄师的年度总结"视

---

① 雷宇:《声音鉴黄师饱受摧残,AI 声音鉴黄师为何没帮上忙?》,新浪网,2018 年 9 月 26 日。
② 《用游戏选人才的"鉴黄"公司,现在怎么样了?》,中国发展网,2018 年 10 月 15 日。
③ 石义彬:《批判视野下的西方传播思想》,商务印书馆 2014 年版,第 60 页。

频，时长不到 3 分钟，弹幕超过 900 条，视频中的主人公说："这份工作做了三年，这三年我的朋友都说我老得很快，我今年 19 岁（此处弹幕霸屏，满是嘲笑，因为他看起来像 30 多岁，笔者注），我每天工作 9小时，加班要加 5 小时（他此时点烟，深吸一口缓慢吐出，然后一声长叹），后来开始手抖、头晕、贫血、失眠、反胃，头发掉光了"。[①] 这种叙事方式在弹幕上却是一片狂欢，这种快乐似乎还来自该"鉴定员"的外形，他身材稍显臃肿、头发败顶，穿着早已过时的白色背心，总之，此处的"鉴定员"是一副缺乏锻炼、油腻的，媒体在报道"鉴定员"中的女性从业者时，一反这种调侃的语调，但报道的最终落脚点同样是对这个职业抱有偏见，"关于工作内容，她一直不敢和家人说实话。被同事问起工作时，也都会说是开发电脑软件或说是网络编辑搪塞过去"[②]。在一些青年亚文化的活动中，甚至也出现了消费"鉴定员"的现象，中国国际数码互动娱乐展览会（简称"China Joy"）会场上，有人自发成立了一批"鉴定员"，活跃在 CJ 现场各个会场。"鉴黄师"有三个标配——尺子、黄色的特制 T 恤、左肩的袖套。2015 年、2016 年和 2018 年的会场上都有其身影。[③] 从性别化的身体实践角度来说，此处女性的身体异化成一种"他人之物"，这种实践的另一面，男性"鉴定员"能感知到其身体是活跃且强有力的"自身之物"，这种感觉彰显在"拿着尺子在小姐姐们身上比来比去"的身体动作中。"鉴定员"在此被建构成一种负面的形象，是一种污名化，"这是一种贬损关系，在这种关系中，个人或群体失去了被社会完全接受的资格。污名很少是基于有根据的理解的，它们来源于刻板印象，来源于错误的或只是部分正确的理解。在一

---

① 《首席鉴黄师的年终总结》，B 站，2014 年 1 月 6 日。

② 李兴佳、张郁：《出淤泥不染：90 后美女鉴黄师辞年薪 20 万工作》，《河南商报》2014 年 5 月 11 日。

③ 《China Joy 竟然还有鉴黄师》，搜狐网，2018 年 8 月 6 日。

些案例中，污名从来没有被移除并且个人从未被社会完全接受"①。这和鉴定实践中从业者的自我认同有所不同，有"鉴定员"把自己比喻成"医生"、"狙击手"或者是互联网世界的"滤芯"等，这种强烈的反差反映出即便是同类群体之间也存在生存环境、思维方式甚至是政治观点的差距，这是社会问题在这样一个职业上的折射。至此可以做个总结，我们之前说行政机关内的"鉴定员"面临的"压力大和负面影响大"，互联网企业中的"鉴定员"同样如此，然而，这两种相同的说法却有不同的意义。

首先是他们处在不同的体制之中，工作环境对他们生活和处境的重要性有着很大的差别。

其次是机关中的"鉴定员"更倾向于从事行政机关中更核心的工作，在互联网场域的"鉴定员"是不存在这种认知土壤的，也就是说同样是"鉴定员"，他们参与其他类型事务的机会是完全不同的。为了理解"鉴定员"的这种痛苦，领会这种痛苦对现代社会的意义，我们应该深入分析产生这些情感的不同语境和条件，这需要分析更多的历史性的经验材料。

(三) 新技术带来的影响

网络传播时代的鉴定工作流程与核心内容也有着鲜明的技术依赖性。工作流程方面可以从某知名平台看出来，"处理举报的内容；针对系统自动处理之后，其他的需要人工进行判断鉴别的信息，做任务的申领和处理；处理数据、分析会员行为、通过事后处理，反哺系统的逻辑、规则、运行、管控策略，才是工作的核心内容"②。鉴定工作对于人

---

① [英] 安东尼·吉登斯、飞利浦·萨顿:《社会学》，赵旭东译，北京大学出版社2018年版，第429页。

② 黄旻旻:《揭秘淘宝鉴黄师》，新浪网，2015年7月16日。

的依赖性开始降低，人工智能技术的介入改变了鉴定工作发展与演进的路径，"AI智能也被应用到鉴黄领域，未来人工只要对一些尺度比较隐秘的低俗内容进行审核，其他工作都可交给机器人"①。

在这场以人最原始的欲望为鉴定对象的行动中，人的角色似乎有了乐观的改变的可能，甚至有媒体欢呼，"随着深度学习人工智能的上岗，图像'鉴定员'们开始脱离苦海"。将来的"鉴定员"会以何种角色呈现在整个互联网产业中呢？"更像是AI人工智能的训练师"，这是新传播技术驱动下的关于低俗内容鉴定职业者的未来画像，在这里似乎再也看不出类似于"他们其实很重要"之类的描述，因为技术加持下的"鉴定员"，有可能会通过职业资质和技术门槛的提升而形成一种认同感，如同法律职业群体那样，律师和法官之间的相互认同感要比其他职业群体高一些，因为职业门槛较高，共同体对本职业的认同度也随之而提升。智能传播下的"鉴定员"通过技术消解了前辈们深藏于内心的拒斥感，从烦琐的"富士康流水线工人"的角色转移到对技术的开发和驾驭，一些软件出现在公共视野中：多家公司研制出不同的图像识别软件，这些软件在识别色情、暴恐等违规图片和视频方面有优势。② 所有类似的报道都有一个明确的指向，让此类软件越来越像人这样思考，"鉴定员"就可以尽量少地去接触各种令人不快的图像。③

但是技术终归是技术，在网络内容产业的迅猛发展面前，始终存在技术的盲区，新技术的发展存在着最后一英里的悖论，解决它最终依靠的是人类。因此，人工在未来不可能完全消失，只是会退缩到一定的范围内，对于技术容易出现错误的内容，还需要人工进行复核。人工离不开智能，智能也脱离不了人工，因此"鉴定员"的未来只会变化，而不

① 《95后女鉴黄师哭诉：一天看10000张黄图》，搜狐网，2018年9月28日。
② 亚峰：《阿里云"鉴黄"原来是它做的　准确率99.5%》，Techweb网，2017年1月2日。
③ 黄旻旻：《揭秘淘宝鉴黄师》，新浪网，2015年7月16日。

会消失。① 这种观点有些过于乐观，尽管人工核查不可替代，但是鲜活的工作者有可能被隐藏起来，成为信息机器上默默运转的齿轮。在互联网掀起的产业浪潮中，他们又被称为"幽灵劳工"。"最后一英里悖论"的现象其实反映了人们在互联网时代思想的"内在理路"（theory of inner logic），"较早特定的思想传统本身都有一套问题，需要不断地解决，这些问题，有的暂时解决了，有的没有解决，有的当时重要，后来不重要，而且旧问题又衍生新问题，如此流转不已"②。

网络传播中的低俗内容鉴定彰显了这样的一种可能，"政府组织、非政府组织、非营利组织、社区组织、公民自治组织等第三部门和私营机构将与政府一道共同承担起管理公共事务、提供公共服务的责任，这些组织的权利也将得到社会和公民的认可。这一变革的内在逻辑是，社会中的自组织将成为一种发展趋势，个人责任以及个人对自己决定承担的后果将上升为社会选择过程中的主要法则"③。

本章小结

个别商业网站依靠地摊小报的传播模式引起主管部门的担忧，我国一直比较重视网络媒体的社会责任。2003 年前后的反低俗行动以精英和媒体为主导，在这个过程中，看不到职业化的低俗内容审核从业者的身影。反低俗行动使得网络越来越像一个自治型社区，其中的治理主体有相对较高的自治水平，优点是网络用户可以更为直接地参与社区治理，这种网络用户和精英群体结合的对问题内容进行鉴定并反对的行动

---

① 《他们要消失了吗？探访人工智能浪潮下的鉴黄师》，搜狐网，2018 年 9 月 21 日。
② 葛兆光：《中国思想史（导论）》，复旦大学出版社 2017 年版，第 45 页。
③ 夏建中：《治理理论的特点与社区治理研究》，《黑龙江社会科学》2010 年第 2 期。

引起当时社会其他领域主体的关注，尤以媒体界为甚。反低俗行动留给现在的另一治理资源是用户参与型治理模式，"地不分南北西东、人不分男女老幼。只要你坚持社会正义、社会道德、社会良知，坚持真理、坚持保护精神家园的信念、坚持社会责任感，都可以加入这个阵营"。这句充满"人民战争"色彩的话语大概是比较早的公民参与事实核查的直观表述。"人民战争"起到一种"磁吸作用"，能激活特定的、志趣相投的公民网络，使得网络公共领域成为社会资本再造的政治空间和话语空间。但是专业的内容审核者和这些"人民战争"的参加者的状况大为不同，这是同一种内容生产过程中，积极的生产型参与和消极的消费型参与之间的不同，这两种参与在同时产生，把传播主体和网络用户结合起来，让后者能够站在消费者的立场上来体验内容产业中的工业化生产。AI智能也被应用到鉴定领域，人的角色似乎有了乐观的改变的可能。但是技术终归是技术，在网络内容产业的迅猛发展面前，始终存在技术的盲区，新技术的发展存在着最后一英里的悖论，解决它最终依靠的是人类。应该延长"鉴定员"工作的流程，在鉴定完内容之后，从保护未成年人的角度入手，形成一些文字，从这个角度而言，从事青少年研究和新媒体研究的专业人士也应该参与到这个流程中去。

第六章　短视频平台上的核查嬗变

迈向信息化生产之社会——技术范式的转移，会沿着不同的路线进行，而受每个社会的轨迹，以及不同轨迹之间的互动所决定。

——卡斯特

上一章分析了不同场域中内容鉴定主体的变与不变，本章拟以短视频平台上的内容把关人为切入点，继续深入探析事实核查中的主体和空间的嬗变问题。

移动短视频平台是互联网时代的新新媒介，其中的"每一位消费者都是生产者；你能挑选适合自己的媒介；你得到不必付钱的服务；新新媒介既相互竞争，又相互促进；新新媒介的服务功能胜过搜索引擎和电子邮件"①。短视频平台是文化工业的产物，通过产出海量的感性图像，在第一时间捕捉到用户的注意力并把其工业化，在给用户带来震撼体验的同时，还产生了广泛的感官刺激与审美快感。短视频把公共领域中的受众改造成了消费者，把用户的欲望融入商品世界，加剧了文化沦落为商品的趋势，但它也实现了这样一个创新：每个用户手里都有一部摄像机，这些草根用户在拍摄和展示过程中拥有了"发声"的通道，这种传播模式不仅是对事件的简单记录，还是一个复杂的建构过程，该过程反

---

① ［美］保罗·莱文森：《新新媒介》，何道宽译，复旦大学出版社 2011 年版，第 1 页。

过来又影响着短视频平台上的内容，此类平台上的内容把关影响着全媒体时代的内容安全。各类短视频平台的泛滥让人们的生活环境愈发媒介化，"环境的传媒化主要包括：人类生存环境由传媒构成；人类生存环境被传媒模拟（拟态环境），环境的构成物成为传媒的内容；人类通过拟态环境认识其生存环境"[1]。

第一节　信息"清道夫"登场

事实核查员（Fact Checker）是一些媒体中从事检查媒体内容事实准确性工作的一个特殊群体。事实核查员会对记者已经成文但未发表的报道逐一阅读与核实，确认报道中事实性信息准确无误，在国外媒体中还有"新闻监察官"（Ombudsman）或"公共编辑"（Public Editor）之类的岗位，对新闻报道质量进行监督。[2] 内容审核员（Content Moderation Workers），又称"超管""审核超管""互联网清洁工"，和卡斯特所说的"知识生产者——符号操作者"很类似。随着我国经济模式逐渐向服务经济转型，社会职业的构成也开始日益多元。2020 年 6 月，人社部发布公告称，拟增设"互联网信息审核员"工种。形势变化很快，一些从业者撰文称，在整个公司框架中，审核成为和技术、运营并列的大部门。[3] 内容审核员成为适应了新的发展形势的、具有更多责任和要求的一个"新职业"。

事实核查从大众传媒的一个工作流程正式进入到国家职业规划的顶层设计层面，最根本的原因是信息技术革命的成熟转化了劳动过程，产

---

① 米丽娟：《新闻求真方法论研究》，四川大学出版社 2014 年版，第 129 页。

② 王君超、叶雨阳：《西方媒体的"事实核查"制度及其借鉴意义》，《新闻记者》2015 年第 8 期。

③ 刘子珩：《离职内容审核员的口述》，搜狐网，2018 年 9 月 7 日。

生了新的社会分工和技术分工。事实核查与内容审核之间有着怎样的逻辑关联呢？内容审核作为集体表现，它是移动短视频时代事实核查的一种变形，从原来的审核与查证并重变成了重审核而轻查证，成为既审核事实，又审核其他诸多方面的一种特殊的事实核查形式，从这个角度而言，它又是我们洞察复杂现实的一个合适的切入点。在详细论述之前，我们先梳理一下到现在为止本书已经分析的几类核查群体之间的关系，在传统媒体中从事核查的群体，假设为集合 A，在内容传播链条上从事内容审核与查证的群体假设为集合 B，而在内容规范中的"鉴定员"假设为集合 C，本章拟探讨的内容审核员假设为集合 D，其中集合 B 的范围最大，它囊括了 A、C、D 三个集合，此外还包括草根群体中的非专业核查者，集合 D 包含集合 C，即，B∩D∩C，B∩A。可见集合 A 始终在一定的空间范围内活动，有着一定的职业门槛，而 C 和 D 则可以看作是 A 在发展过程中的嬗变出来的群体，但是它们都立足于对现实世界中的意义和精神的焦虑追寻。

一、信息"清道夫"产生的背景

内容审核并不是移动传播时代所特有的把关行为，在 BBS、博客和微博时代就已经出现内容审核方面的实践，如 BBS 时代的 KD 网曾有多达二三十人的内容审核编辑，占总员工数量的 20%。互联网上曾经流传过一篇名为《wb 审核员压力下的机械化生存》的文章，描述了微博内容审核员的工作和生存状态：一百多名审核员月薪 3000 元，12 小时两班倒，平均每天审核 6 万条微博。①

---

① 《急招 2000 名内容审核员，推崇算法的今日头条为何反其道而为之》，搜狐网，2018 年 1 月 4 日。

如果说门户网站时代的内容审核只是苗头初露的话，到了网络社交媒体时代，贴吧、微博、短视频和直播等诸多平台使得内容愈发海量和碎片化。平台之多超乎人们的想象，以字节跳动的媒体矩阵为例，囊括了今日头条、懂车帝、抖音、火山小视频、西瓜视频、好好学习、多闪、皮皮虾、番茄小说、半次元等平台，这些企业的特点是，"使得信息化——全球经济的文化物质化了：它借由处理知识而将信号变为商品。在文化、技术及制度快速变迁的冲击下，能够在目标转变时，手段也跟着转变"[①]。

直播平台的繁盛最先让监管机构意识到探索新形势下的内容把关十分迫切，从 2017 年底开始，快手、花椒、火山小视频等直播平台以及各大资讯类 APP 中内容低俗违法的现象日趋严重。主流媒体对短视频平台批评的力度之大，前所未有。央视报道后不久，火山小视频和快手遭遇品牌危机，后者的 APP 曾经一度被应用商店下架。一种新的社会情景出现了，所谓社会情景，"是参与者对某种社会现实达成的一种共识，社会情景是由参与者界定的，参与者进入的每一个情景都对他有具体的期望，并要求他对这些期望作出回应"[②]，新的社会情景对被批评的企业施加了强大的压力，迫使后者迅速采取措施，火山小视频称，"审核从严不懈……将立即对平台的内容、审核规则、产品机制进行全面检查。补充人工审核力量。将把平台内容审核流程前置"[③]，主流媒体认为违法短视频泛滥的背后推手是算法推荐，当事公司把解决问题的希望寄托在内容审核这种技术手段上，作为对策，把审核流程从后置转变成前

---

①　[美] 曼纽尔·卡斯特：《网络社会的崛起》，夏铸九等译，社会科学文献出版社 2001 年版，第 214 页。

②　[美] 彼得·L. 伯格：《与社会学同游：人文主义的视角》，何道宽译，北京大学出版社 2014 年版，第 109 页。

③　《火山小视频回应早孕网红事件：责任无可推卸，审核从严不懈》，搜狐网，2018 年 4 月 3 日。

置的同时，还强调要补充人工审核员的数量，从这里可以预测出内容审核在之后的短视频治理过程中会起到越来越重要的作用。快手负责人在社交网络上发布题为《接受批评，重整前行》的文章称，"社区运用到的算法是有价值观的，因为算法的背后是人，算法的价值观就是人的价值观，算法的缺陷就是价值观的缺陷。将重整社区运行规则，将正确的价值观贯穿到算法推荐的所有逻辑之中"①，被批评的网络公司作为参与者，它们否定了自己以前的身份界定，所带入的意义结构维持了央视等主流媒体所建构出的社会情景，这可以算作一个转折点，即互联网公司从早期的技术无涉价值的中立观点转向技术的价值取向论。

2020 年 7 月，央视"新闻直播间"报道 B 站传播不良内容，在全国范围内开展的"网络短视频集中整治行动"中，B 站 APP 也曾被下架处理。可见，新传播技术的繁荣并不必然促进人类生活品质和文化进步，在人们沉迷于新传播技术的过程中，一些关于人类心智的品质和文化品位反而处于衰退的态势，由此来反观新技术的意义，就像米尔斯所说，"新巧技术堆积的背后意义是：使用这些仪器的人们并不了解它们，而发明这些仪器的人对其他东西所知甚少"②，丰裕社会中的人文阙遗已然呈现。

正是由于上述问题的出现才使得内容审核的发展驶入快车道，B 站发布公告称将加强审核力量。微博、新浪、网易、腾讯、今日头条及各种依赖 UGC 模式进行内容生产的互联网公司，都设置了内容审核方面的岗位，一度被认为是企业道德伦理的问题，现在被用技术性的措施进行处理。国家广播电视总局发布的规范性文件称："网站节目的上传总

---

① 《新闻追踪：短视频平台大量存在"未成年妈妈"视频》，CCTV-13 频道，2018 年 4 月 3 日。

② ［美］C. 赖特·米尔斯：《社会学的想象力》，陈强、张永强译，生活·读书·新知三联书店 2012 年版，第 190 页。

量和上线播出总量应立即调减至与网站审核管理力量相匹配的规模，确保未经审核的节目不得播出"①。类似于这样的规定使得网络平台对于内容的核查从契约式责任变成了指定式责任，前者是"源自媒体机构与社会或其他主体就媒体应有行为在自律上达成的一致意见"，后者则指"由法律确立的媒体必须承担的义务"。②

这促使一些企业在实践中加大了对审核的人力、物力及技术投入，这种新气象给内容核查业务带来前所未有的发展机遇。事后快手把审核团队的规模从 2000 人扩大到 5000 人，但早在 2018 年 1 月 2 日，就有报道称今日头条将在天津招聘 2000 人的内容审核队伍，此举被认为是一种企业的自我规范行为。③ 内容审核员成了互联网公司经济发展中一些无声的客体。

二、信息"清道夫"的发展概况

短视频平台进入网络用户所处的私人空间中，不仅把外部世界的风险带入到个人层面，而且还通过视觉呈现的方式更广泛地传递了这些危险。

（一）各平台扩增内容审核员

2018 年 4 月，某知名平台创办的子品牌内容低俗、导向偏颇，却火爆异常，这让人们意识到健康内容的重要性。作为智能传播时代的领

① 白金蕾：《广电总局责令今日头条、快手整改》，《新京报》2018 年 4 月 5 日。
② 金冠军等编：《国际传媒政策新视野》，生活·读书·新知三联书店 2005 年版，第 62 页。
③ 《急招 2000 名内容审核员，推崇算法的今日头条为何反其道而为之》，搜狐网，2018 年 1 月 4 日。

头羊，当事公司的负责人除公开道歉外，还招聘了 4000 名内容审核员，而当时其员工总数是八千，这意味着内容审核员的比例就超过一半。① 该企业的人工审核编辑团队包括图文审核、视频审核和评论审核等。② 人民网 2018 年的审核团队约 300 人，2021 年扩增到 3000 人。③ 映客用七个月时间搭建起上千人的审核团队，而 2015 年底，其审核团队只有二三十人。④ 内容审核团队又分为国内、国外、政治、娱乐、视频和文字等多个小组，根据业务线的种类不同，不同小组负责不同领域的内容审核。⑤ 为了降低这方面成本，一些平台在成都、长沙、天津、无锡、武汉、哈尔滨、盐城等人力资源成本低的城市建立审核团队或审核中心。⑥

国外的网络社交媒介同样重视内容审核。脸书上的谋杀、自杀和强奸等视频引发了严重社会问题，2017 年宣布新增 3000 名内容审核员，同年，其"社区运营"团队扩大规模，其中仅新增加的内容审核员的数量就达 4500 名，到 2018 年底，它已有约 15000 名内容审核员。⑦ 还有新闻称，其审核团队的规模将扩充到 20000 人。⑧

---

① 王伟凯：《内容审核：一个正在快速膨胀的新职业》，《南方周末》2019 年 4 月 18 日。

② 《今日头条副总编谈内容审核：把低质、低俗的标准分为两个层次》，新浪网，2018 年 1 月 4 日。

③ 《未来互联网主业收入有可能变成内容风控业务　人民网首当其冲》，人民网，2019 年 2 月 22 日。

④ 詹丽华：《全民直播　内容审核员不够用了》，浙江在线，2017 年 3 月 24 日。

⑤ 王伟凯：《内容审核：一个正在快速膨胀的新职业》，《南方周末》2019 年 4 月 18 日。

⑥ 安福双：《内容平台监管加强，第三方内容风控业务的机会来了?》，腾讯网，2018 年 12 月 27 日。

⑦ 《社交媒体时代的底层物语：那些为机器打工的 Facebook 神秘审核员》，搜狐网，2019 年 3 月 26 日。

⑧ 安福双：《内容平台监管加强，第三方内容风控业务的机会来了?》腾讯网，2018 年 12 月 27 日。

（二）招聘信息中的企业分布与学历要求

2020年8月21日，笔者在某主流招聘网站上以"内容审核员"为关键词进行搜索，得到45条招聘信息，招聘的企业有合资企业、行政机关、国企和民营企业，其中民营企业有32家，国有企业有7家，工作地点分布在北京、上海、广州、武汉、昆明、铜陵、大连、泉州、珠海、深圳、杭州、苏州、厦门、佛山、天津、芜湖、长春等地，二线城市占比超过70%。就是否需要工作经验这一要求来看，有20家企业标明不需要工作经验，有17家标明需要1年工作经验，2家标明需要2年以上工作经验，需要3年以上工作经验的只有1家企业，其余为未标明工作经验的企业。就招聘信息中的学历要求来看，要求是本科学历的有9家，要求高中或者中专学历的有2家，要求专科学历的占主导地位，有34家。就招聘的人数来看，招聘20人及以上的有18家，其中招聘人数最多的为50人。招聘10—19人的有9家，招聘10人以下的有18家。在搜索到的招聘信息中，广州的一家企业在一周内发布了六次招聘内容，在一些贴吧、QQ群里，也都会经常发布相关的招聘信息，从这些信息中可以看出企业对于内容审核员的需求之大，但也反映出这个职业的人员流动比较大，否则某些企业不至于如此频繁地发布招聘信息，一些招聘网站也不至于几乎每天都更新此类职位的信息，当然这种流动也并非一无是处，其积极性在于，"它本身已经变成一种积极的价值观念，一种自由的宣言，而不仅仅是为了对外界压力作出反应或为了逃避这种压力"①。

（三）招聘信息中的福利和要求

在招聘网站上输入搜索关键词"内容审核"四个字，"百度、腾讯、

---

① ［美］阿尔温·托夫勒：《未来的冲击》，贵州人民出版社1985年版，第91页。

新浪、斗鱼、哔哩哔哩"等搜索结果依次弹出。通常的要求是能接受夜班，再加上几则熟悉行业的要求，职位便敞开大门。从这些招聘信息的要求中可以看出这份职业的待遇和要求等方面的特点。

第一，不同地方的月薪差别大。关于内容审核编辑的福利，招聘启事中描述的较多。在需要 3 年工作经验的企业招聘信息中，提供的薪水为每月 3500—5000 元，工作地点在广州。杭州的一家招聘企业给无工作经验的应聘者提供的薪水为 5000—8000 元每月。大连、武汉和昆明等地的企业提供的月薪较低，在 2000—3000 元之间，可见内容审核员这一职业的平均月薪在 4000—6000 元之间。一些知名企业的待遇则相对较高，今日头条在天津的招聘广告中描述道，月薪为 4000—6000 元，六险一金、免费三餐、租房补贴、水果零食。[①] 对于职场新人而言，这是多么诱人的福利啊！快手在北京招聘的审核员提供的是 4000—9000 元的月薪，六险一金、就餐补贴、租房补贴等。[②] 也有的招聘广告对福利一笔带过，如每月工资 8000—10000 元，弹性工作，节日福利多。[③]地方不一样，薪水的数额差别也比较大，非一线城市的待遇明显要差得多，"跟北京总部一个月 6000 元的工资比，二线城市分公司 2000 元的月薪有点少"[④]，外地会稍低一些，但基本上会比当地薪资水平线高一点。快手和抖音是业内翘楚，二者对内容审核编辑提供的待遇具有行业标杆性质，在大城市提供的薪水（4000—9000 元）基本意味着在别的城市是无法超过这个金额的，在大城市生活，即便以上额 9000 元（税前）来计算，除去房租、日常生活开销等，一个月下来，所剩的金额也

---

① 《2018 年今日头条内容审核员工资待遇标准一览》，每日财经网，2018 年 6 月 13 日。
② 《快手宣布招聘 3000 名内容审核员：共青团员和党员优先》，澎湃新闻，2018 年 4 月 6 日。
③ 李迪：《内容审核员："人就是机器，机器就是人"》，民主与法制网，2020 年 6 月 3 日。
④ 王丹妮：《成为直播网站审核员的 245 天后，我选择了离职》，《南都周刊》2019 年 4 月 9 日。

不会很多。

　　第二，要求比较高。合格的互联网信息审核员应该具备以下三种基本特质：思想站位要高、视野格局要广；有将政策转化为实操尺度的能力；有丰富的知识储备。① 实践中这些要求在不同的企业表现得大同小异：今日头条要求应聘者"热爱新闻，关心时事，具有良好的政治敏感和鉴别力，要求本科及以上学历，党员优先"②。其负责人在一些场合甚至专门谈到对内容审核工作的其他要求，"了解移动互联网行业，工作责任心强，执行力高，耐心细致，以及具备良好的团队合作精神"③。快手的基本要求是，本科及以上学历；有较强的心理承受能力，能适应较快的工作节奏，适应倒班工作。④ 在招聘启事中，该企业还提出三种优先的情形，"有良好的政治觉悟与素养优先，有较强的政治敏感度与鉴别能力优先，共青团员和党员优先"⑤。从事不同平台的审核工作，要求侧重点也有所不同，比如弹幕的审核员，要知道最新的网络流行语以及各种最新的梗。⑥ 这实际上是对从业者的年龄和对新生事物的敏感度做出的一个要求。

　　影响力较大的短视频企业在招聘内容审核编辑时，除了对应聘者的政治素养和学历层次有着较高要求以外，还对身体健康状况有着特殊要求，如能适应快节奏工作或者倒班工作等，所有这些要求都表明，内容

---

① 朱紫阳：《合格的"互联网信息审核员"需要具备哪些特质？》，人民网，2020年6月12日。

② 《2018年今日头条内容审核员工资待遇标准一览》，每日财经网，2018年6月13日。

③ 《今日头条副总编谈内容审核：把低质、低俗的标准分为两个层次》，新浪网，2018年1月4日。

④ 《从2000人"扩军"到5000　快手急招审核员》，新浪网，2018年4月6日。

⑤ 《快手宣布招聘3000名内容审核员：共青团员和党员优先》，澎湃新闻，2018年4月6日。

⑥ 孙冰洁、陈锐海：《直播内容审核员：看到女主播们穿得不得体忍不住提醒》，新浪网，2017年12月29日。

审核编辑这个职业是体能、智能和政治站位一并需要的新工种。这种岗位吸引的应聘者是那些刚入社会、学历层次不高的年轻人，这个群体的人生阅历尚浅，面临经济压力大，在拥挤的就业市场面前，选择职业的范围和机会有限。因此，该职业的从业者还被形容成"吃青春饭"，例如今日头条内容审核团队人员的平均年龄为 26 岁，党员占比达 15%①，很多公司大量招聘高校实习生，将审核环节外包或者把审核中心放在二线城市。从学历来看，高职、大专或三本院校的应届生占比甚高，人员构成年轻化、压力较大、工作时间不规律和发展通道不顺畅等，这些无法吸引职场成熟人士的特点对于职场新人来说，提供了一些历练的机会。

第二节　工作的方式与转型

2018 年以来，内容审核员逐渐成为公众关注的热点话题，主管部门出台的一些规范性文件也反复强调了审核工作的重要性，一些互联网公司发布的招聘启事动辄需要上千名内容审核员，还有一些从事内容审核工作的人员或者机构留下了大量关于这个职业的材料。内容审核员成为一个工种，这使得我们不得不思考其各种功能，这些功能被分为显性功能和隐性功能，"显性功能是指特定类型社会活动中的参与者所知晓并意欲的那些功能，而隐性功能则是参与者未曾意欲到的那些活动后果"②。内容审核和内容风险控制正在发展成为一种行业，在实践中，还出现了一些以此为主要业务的互联网科技

---

① 《今日头条副总编谈内容审核：把低质、低俗的标准分为两个层次》，新浪网，2018年1月4日。
② [英] 安东尼·吉登斯、菲利普·萨顿：《社会学》，赵旭东译，北京大学出版社2018年版，第18页。

公司，这些新气象逐渐改变了网络内容产业的组成结构，这是其显性功能，它是社会发展过程中有意识、刻意为之的功能。它的隐性功能是，在互联网的发展过程中，呈现出从用户自发参与治理到国家机构主导的治理，从企业参与治理再到产业化治理这样一条政治和经济多重逻辑影响下的发展进路。内容审核编辑的主要工作内容有哪些？这个问题的答案和考核的标准（如内容是否安全、用户停留时长、流量等）关联较大，本节将通过一些招聘启事和从业者的描述来分析这个问题。

一、工作的内容、环境和方式

（一）工作的内容

知名企业在招聘启事中大都明确规定了主要工作内容，"审核用户上传的视频、图片、评论的合法性、合规性，对违规账号进行合理处置"。[1] 个别从业者在类似回忆录的文章中也写到了该职位的职责范围，清理平台上违法有害信息，提供每日审核结果总报告，通过关键字搜索，对内容平台的弹幕、标题、评论、用户头像、论坛文章、图片、视频、音频等进行审核，如若违规违法则对该条内容进行分类整理，并上传整理报告。[2] 直播平台上的审核范围稍微有所不同，包括封面图、被人工智能筛选出来的高风险直播、被用户举报的直播以及一些网红或高观看量的重点直播。[3] 对于婚恋网站的审核，可能又有不同的侧重点，比如审核用户的资料或者评论中是否有不健康的信息。个别大公司的审

---

① 《从2000人"扩军"到5000　快手急招审核员》，新浪网，2018年4月6日。
② 李迪：《内容审核员："人就是机器，机器就是人"》，民主与法制网，2020年6月3日。
③ 王丹妮：《成为直播网站审核员的245天后，我选择了离职》，《南都周刊》2019年4月9日。

核还要处理举报邮箱里的信息，抽检和复审平台内容，及时上报以及整理互联网行业法律法规和行业资讯的新动态等。[①] 一些广告视频也存在特殊的审核环节，"广告组类似于微博粉丝头条，可以人为制造流量推送视频，这样就产生了审核工作"，"这些视频都会被截取八帧图带视频封面，呈现出九宫格形式，然后根据规则查看是否可做"。[②] 可见，内容审核员所从事都是些琐碎而重复的工作，无关宏旨，在多数情况下，这些工作都是由经济专家认为的"低技能"个体来完成。

从企业和从业者双方的描述中可以看出内容审核员的职能主要是审核移动短视频平台上的文字、图片、视频、音频等，但是各自的工作机制又不相同。内容审核员面对的是受媒体影响而非真实的人或者场所做出的一系列行为和反映，这种现实和象征的混合带来的最大问题是，一些人已经无法把现实和象征区分开来。这种核查实际是一种能够导致定性、分类和监视的方式，它发明了一种新的权力行使方式，实施核查的人通过引导内容发布者接受核查来获得更多的权力。

企业的招聘启事还表明审核的时间节点是在用户把内容上传到平台之后，这意味着"先审后播"制度的确立，从业者的描述还让我们看到了审核的系统性，上传整理报告的做法使内容审核逐步摆脱碎片化的操作方式，而从业者则受制于严格日程和项目的结构化雇佣形式。

（二）工作的环境

进入到有血有肉的对审核从业者进行分析的层面，问题变得更加丰富多彩，这其中既有新传播技术带来的社会迅速变化，也有技术浸淫下

[①] 《今日头条副总编谈内容审核：把低质、低俗的标准分为两个层次》，新浪网，2018年1月4日。

[②] 王明雅：《秒拍归来、斗鱼再上架背后，那些年轻内容审核员的围困与挣脱》，猎云网，2018年10月25日。

人的异化及其带来的复杂情感。在互联网企业中，内容审核团队被形容为一个神奇的存在，"被称为安全团队，是一个'没有声音'的团队"。具体到审核的实践中，审核主体的权力较大，所依据的规范性文件虽然数量不少，但有些情况下需要审核员自己把握尺度，对违规内容进行判断。"形势在强迫个体对于远远超出自己的智力和情绪能力以外的各个方面的现实，都要形成自己的意见和感情"[①]，他们把自己形成一张"行走的敏感词汇表"[②]，无论是此处的"行走的敏感的词汇表"，还是下文提到的"富士康式流水线上的工人"，都表明审核员仅从人的观念而言，已经从本真（authenticity）的存在转变成了非本真（inauthenticity）的存在，即从"个体是独一无二、不可替代、无与伦比的特性"转变成"失去自我，把自己独一无二的特性拱手出让给社会建构出的事物"。[③] 内容审核员非本真性存在的根本落脚处便是他们试图让其所工作的领域"一切安然无虞"。

　　内容审核的主体既受到其所处的互联网公司行政体系的压力型体制影响，也受到网络空间地方性知识的影响，同时也会因审核者所处的情景而表现出行动选择的策略性。一些从业者在自媒体上记载了更为详细的情形，例如，某公司互动审核团队的一位成员回顾道，"入行 6 年后成为组长，带着 20 多名组员。公司里像这样的小组有四个，100 多人的团队承担着全平台的直播内容审核"[④]。在小组内部，分工也有不同，往往是根据内容风险性的大小来细化不同成员之间的职责范围，例如，某企业的审核团队"通常分为 5—7 人一组，其中 3—4 名一审，负责初

---

① ［德］阿诺德·盖伦：《技术时代的人类心灵：工业社会的社会心理问题》，何兆武、何冰译，上海世纪出版集团 2008 年版，第 53 页。

② 黄霁洁：《谁在充当互联网内容审核员？》，上观网，2017 年 7 月 18 日。

③ ［美］彼得·L. 伯格：《与社会学同游：人文主义的视角》，何道宽译，北京大学出版社 2014 年版，第 169 页。

④ 詹丽华：《全民直播　内容审核员不够用了》，浙江在线，2017 年 3 月 24 日。

步审核，2名左右高危审核，高危审核内容涉黄比例要多一些"①。具体的实践和这种细致的描述之间可能会有些偏差，但是可以从中窥探出一些很有意思的问题。

内容审核从业人员工作的环境和状态是个十分有意思的话题，在现有的资料记载中（需要指出的是，这些资料可能不会充分反映出真相，重要作用在于提出问题），其工作环境很有仪式感，"办公环境非常好，窗明几净的大厦，吃喝不愁，福利很多，有休息室"，还有的整个办公室都贴着横幅，上面写着一些口号。直播平台的工作状态则显示出从业者面对高压时智慧性的一面，"工位上并排摆放着两台大显示器，上面共显示着40个网络直播间的画面。一两分钟看完全部的画面，然后轻点鼠标，切换到另40个直播间监控画面"②。个体在真正融入这种环境之前还需要经过诸如岗前培训之类的程序，这种做法和传统企业很类似，旨在强化入职者对企业和职位的认同感，培训的内容包括企业概况介绍、审核的基本知识以及小组培训，这些流程花费的时间长短不等，有回忆者说"差不多两到三天"，③ 也有的培训"长达20多天，几百条审核规则统统得背下来，打印出来有十几页。培训的内容主要是导师讲解审核规则和观看违规视频"④。某知名平台的情形是："每个审核员在正式上岗前都要经过为期两周的培训，培训的内容主要包括国家大政方针和互联网规范等"⑤。

① 王明雅：《秒拍归来、斗鱼再上架背后，那些年轻内容审核员的围困与挣脱》，猎云网，2018年10月25日。

② 叶铁桥：《内容工业流水线上的年轻人》，《青年记者》2017年5月（下）。

③ 刘子珩：《离职内容审核员的口述》，搜狐网，2018年9月7日。

④ 王丹妮：《成为直播网站审核员的245天后，我选择了离职》，《南都周刊》2019年4月9日。

⑤ 孙冰洁、陈锐海：《直播内容审核员：看到女主播们穿得不得体忍不住提醒》，新浪网，2017年12月29日。

（三）工作的方式

内容审核员受到互联网传播系统的结构性驱动而从事高强度劳动。平台中的算法会生成使得工作快速周转的情形，这种挤压时间的方式，使得工作节奏越来越快，而且这个工作对从业者的身体健康很不友好。"审核每日24小时，一周7天，每个内容审核工作人员每天需要工作12小时"[①]。在日常工作中分为早、中、晚三班，"早班从早上到下午，晚班从下午到夜里，小夜班从下午到凌晨，大夜班从夜里到早上。中间是无缝拼接"[②]。因此，"轮班制"是互联网公司内容审核员的工作特征之一，不同企业的区别只在于时间及班制的差异，这种工作方式给从业者带来的压力很大，有离职者抱怨道："中午吃饭和上厕所都有时间限制，工作期间下楼抽烟提神很快就能抽完两根"[③]。这说明在该群体的工作过程中存在着"时间主权"缺失的情形，"这个概念在大多数和生活质量有关的理论中扮演着重要的角色，自治性和对工作流程的控制权是实现身心健康和工作满意度必不可少的一部分，而自治性可控权的缺失则是压力相关性疾患的主要诱因"[④]。新的工作模式在给互联网经济带来便利的同时，也带来了从业者主体性的丧失，工作的高效率掩盖了人被物化的异常状态，体现出超强的工具性的社会功能。这促使我们重新审视新技术的功能主义观点，"无论我们把功能的思维模式应用于无生命物还是我们同类的生灵之中，它都有着全面的影响。在第一种情况下，我们正在处理的事物是异己的，而在第二种情况下，新的管理态度倾向是非人性的，因为它迫使个人关系变为机械范

---

① 黄霁洁：《谁在充当互联网内容审核员？》，上观网，2017年7月18日。

② 刘子珩：《离职内容审核员的口述》，搜狐网，2018年9月7日。

③ 王丹妮：《成为直播网站审核员的245天后，我选择了离职》，《南都周刊》2019年4月9日。

④ [英]乌苏拉·胡斯：《高科技无产阶级的形成：真实世界里的虚拟工作》，任海龙译，北京大学出版社2011年版，第122页。

畴的"①。

上面是对工作时间的描述，那么，内容审核员的工作状态如何？和传统媒体把关者的工作状态比起来，这种状态有哪些不同的特色？这是本研究特别关注的问题。我们还是从相关从业者在网络上发布的一些经验性材料入手，内容审核员每天的工作状态基本是坐在椅子上，盯着屏幕，手握鼠标，发现问题立即截屏，交给负责违规处理的同事跟进。②还有人每天到办公室后做的第一件事就是打开工位上的两台电脑，将显示屏切换到监控模式，调取直播间的画面，40 个直播间出现在眼前。把声音按内容重要性调至不同的大小，更有甚者同时打开十几个页面，一旦发现违规信息立马就能作出处理。③ 人在此成了工具的一部分，内容审核员把自己安置在这个工具系统内，被海量、重复的工作刺激着，这种高强度的状态使得工作的环境变得极为特殊，"没有时间说话，百余平米的办公室里鸦雀无声"④。这种实践的特性表明，此类职业朝着"工作个体化"（individualization of work）的方向发展，其产生的后果很可能是社会的片段化（fragmentation of society）。

内容审核的程序往往因企业的不同而不同，有的平台要经过三道审核程序：第一道是机器，根据关键词过滤掉一部分；第二道是人工审核，两个审核员对一条内容进行审核，如果有一个审核员觉得有问题，则进入到三审；三审的内容审核员，最终决定这条内容是否上线。⑤ 相

① ［德］卡尔·曼海姆：《重建时代的人与社会：现代社会机构研究》，张旅平译，北京联合出版公司 2013 年版，第 187 页。

② 于凌：《一位 93 年的内容审核员和她背后的"内容工业流水线"》，搜狐网，2017 年 5 月 24 日。

③ 王丹妮：《成为直播网站审核员的 245 天后，我选择了离职》，《南都周刊》2019 年 4 月 9 日。

④ 《深思：一个内容审核员的自白》，腾讯网，2018 年 12 月 20 日。

⑤ 王伟凯：《内容审核：一个正在快速膨胀的新职业》，《南方周末》2019 年 4 月 18 日。

关的文字报道也印证了这三道流程存在的普遍性，视频类的内容分初审和复审，后一道审核检查前一道审核的疏漏，此外还会抽检。①

审核的标准被嵌入到这些流程的不同环节中，这些标准也因时间和政治环境的不同而导致宽松程度不同。因为某些新政策或社会事件的影响，一些公司内容审核的标准会调整和更新，不同时期的审核重点也不一样。整改期间对于色情和暴露的直播内容打击特别严厉。②这种情形下的内容审核极为类似福柯所说的规训系统，"这些使肉体运作的微妙控制成为可能的，使肉体的种种力量永久服从的，并施于这些力量一种温驯而有用关系的方法就是我们所谓的规训……它不符合标准，偏离准则，因此它实际上是矫正性的，是规范化"③。个别互联网公司有一套有章可循的审核流程和标准，例如，在有的企业中，与审核相关的制度达 29 项，各业务线审核标准达 5000 多项，案例达10000 多例。④ 如此之多的案例把大量的普通个体引入文件领域，由各种文字材料包围的核查把相关的内容发布者变成诸多"个案"，通过对他们进行连续编码、分类，实现了把他们保持在一定的能见度之内。内容核查机制包围着他们，在这个群体中建构出一套累计的和集中化的知识。

（四）用工方式

内容审核员的用工方式比较灵活多元。有的平台主要业务是在国外

① 黄霁洁：《谁在充当互联网内容审核员?》，上观网，2017 年 7 月 18 日。
② 王丹妮：《成为直播网站审核员的 245 天后，我选择了离职》，《南都周刊》2019 年4 月 9 日。
③ ［法］米歇尔·福柯：《权力的眼睛——福柯访谈录》，严锋译，上海人民出版社1997 年版，第 155 页。
④ 《今日头条副总编谈内容审核：把低质、低俗的标准分为两个层次》，新浪网，2018年 1 月 4 日。

开展，但是审核工作既有企业在国外建立审核员团队，也有企业在中国国内建立审核团队。虽然没有足够的样本详细分析相关平台在什么情况下在国外当地建立团队，什么情况下又折返国内建立审核团队，但从利益得失的角度来看，成本问题应该是最大的考量。外包模式就是在这种背景下发展起来的，内容审核员既有可能是本企业的正式员工，也有可能来自第三方的外包企业。社会上有很多提供内容审核外包服务的第三方公司，该模式下的用工成本非常低。因此一些公司会将内容审核交由第三方承担，后者招聘人员从事文字、图片、视频等内容的审核，工作人员大多生活在国内二三线城市。① 某知名公司在不同城市采用的招聘模式不同，比如在天津，以直聘为主，公司也提供内部转岗；在济南，则主要以第三方公司代理招聘为主，承担招聘工作的公司是南方某省的人力资源公司，内容审核员与该公司签署劳务合同。

一个在经济上有利可图的和内容审核相关的市场开始繁荣起来。2020 年 9 月的数据表明，我国国内从事第三方内容审核服务的公司一共有 20 多家。这些公司渗透到内容产业的各个角落，大致分为四种类型：（1）云服务企业。阿里云、腾讯云、百度云、微软 Azure 等云平台基本都提供该服务。（2）内容企业。先是在自己平台上进行内容审核业务，摸索出经验后对外输出。一些体制内的新闻网站具有从事内容审核业务的诸多优势，于是扩张外包业务，例如，人民网已承接多家国内外著名软硬件厂商的内容审核业务，涵盖网络书籍动漫、游戏和音乐等领域，针对大型客户，采取签订长期内容风控外包服务协议的形式。针对中小型客户，则通过云服务的方式将技术后台供其使用。② （3）外包企

---

① 于凌：《一位 93 年的内容审核员和她背后的"内容工业流水线"》，搜狐网，2017 年 5 月 24 日。
② 《未来互联网主业收入有可能变成为内容风控业务 人民网首当其冲》，人民网，2019 年 2 月 22 日。

业。此类企业的优势是有成熟完善的人员外包体系。① （4）创业企业。这些企业原先的主要业务多元，包括：大数据风控、云服务、人工智能等，它们都有图像识别、视频识别方面的技术优势。② 这些企业从事着移动互联网时代的数字劳动，大量的数据被抓取并提供给算法，使内容生产的质量不断提升，内容审核不再单纯依赖人力的条件，而是以机器力量为基础，创造出新的空间性。这种劳动力外部化的形式，最大的优点是能弹性地适应市场状况，互联网企业中的这些弹性工作者在未来的发展过程中也将会常态化存在。

　　国外的社交网络平台在内容审核领域同样有着多样的用人形式。脸书的审核员中包含全职员工，但也使用外包合同工来完成审核工作，例如，Cognizant 是脸书内容审核业务的外包公司，Knowizant 网站负责脸书的内容管理。而且，脸书还制订"严格和定期的合规审计程序"以检查第三方承包商。③ 外包审核模式也为 Twitter、Google、YouTube 等大型科技公司所应用，并扩展到不同语言环境的新市场，这些业务外包公司参与事实核查的一个重要路径是购买互联网公司的相关服务项目。外包模式不可避免地要受到外部政策环境的影响，并与网络内容场域中的原有核查主体产生关联，这意味着其很容易受到来自现有社会结构、制度和环境对它的多向冲击，比如内容生产的企业对外包方力量的不信任、社会公众对传统媒体提供服务的依赖、企业内部的既有成员对资源重新分配的抵触等。④ 外包公司只有利用好表现为多元策略的"嵌入"

---

① 　王伟凯：《内容审核：一个正在快速膨胀的新职业》，《南方周末》2019 年 4 月 18 日。
② 　安福双：《内容平台监管加强，第三方内容风控业务的机会来了？》腾讯网，2018 年 12 月 27 日。
③ 　金鹿：《调查称 Facebook 内容审核员薪水低、压力大到想自杀》，腾讯网，2019 年 2 月 26 日。
④ 　陈书洁、张汝立：《政府购买服务发展的障碍——一个"嵌入"视角的分析》，《北京师范大学学报（社会科学版）》2016 年第 6 期。

机制才能与网络公共空间中的权力结构和文化网络产生良好的"嵌入"关系，它们既需要赢得互联网公司和相关政府部门的支持，也需要让网络用户群体产生信任感。

（五）人工审核与智能审核

在内容审核过程中，人工审核更多被人们所熟知，因为审核员们是鲜活的个体，他们在网络上留下了大量和其所从事工作有关的文字，这些文字较多提及机器审核和人工审核的状况，尽管一些话语充满主观倾向性，但也从一个侧面反映了实践的一个方面。

机器审核是嵌入网络程序中的人类价值观的外化，最值得研究之处是谁在控制机器以及怎样进行审核等问题。该形式能高效处理文字类内容，在图片处理的正确率上略为次之，不过也有观点称目前内容平台只是将 AI 等技术手段作为辅助，最终内容是否违规还是交给人工来断定。[1]

人工审核着重关注的是目前技术尚无法精准识别的事物，弊端是审核的成本高，效率更没有机器高，"每天 50 万条内容全部交由人工来筛的话，一个人需要工作 500 天才能完成，机器只需 90 分钟"[2]。但也存在这种情形，人工主观判断标准不统一，针对同一内容的不同审核人员会有不同审核结果，人工的这些弊端反倒使一些新技术在内容审核中大显身手，例如，脸书研制了 AI 机器学习系统，能识别多种语言，实时从超 10 亿张图像和视频帧中提取文本并标记。今日头条的 AI 系统 1 秒钟能处理 100 篇文章，内容识别技术模型包括鉴黄、低俗和谩骂模

---

[1] 安福双：《内容平台监管加强，第三方内容风控业务的机会来了？》，腾讯网，2018 年 12 月 27 日。

[2] 《今日头条副总编谈内容审核：把低质、低俗的标准分为两个层次》，新浪网，2018 年 1 月 4 日。

型等。① 技术审核的优势显而易见，但人工智能技术还没达到可以脱离人工的状态，典型的案例是，在人工智能大热期间，诸多大型社交平台却扩大内容审核员招聘规模，这种现象说明在人工和智能技术之间还存在明显的倾斜。技术存在局限，比如，针对低俗内容而言，脸书曾因把一张著名的新闻照片鉴定为不雅内容，因为照片里的小女孩在被汽油弹炸伤后赤裸奔跑。今日头条曾下架过一张关于名胜古迹吴哥窟塑像的图片，因为该塑像"露点"。② 由此可以得出的结论是，新技术所能促动的是，"取代那些可以在预设程序中编码的工作，并提高那些在只有人脑可以掌控的层次上需要的即时分析、决策和重新程式化能力的工作"③。

"智能＋人工"的双轮驱动模式既兼顾效率，又考虑到成本控制。针对人工和技术审核各自存在的问题，实践中企业对不同类型的低俗信息，采取不同的解决方案：机器会识别并标注广告信息和标题党，对于虚假、违法和色情的信息，主要依靠人工审核。人工和智能相互驱动的进程也是人不断被客体化的进程，它大致分为三个阶段，第一个阶段是工具阶段（tool），劳动所必需的物理能量和智力投入都还有赖于主体，这种情形就像事实核查行业主要依赖核查从业者的那个阶段一样，人是最主要的。第二个阶段是机器（machinne）的阶段，即物理能量被技术客体化了，面对这样一种变化，人类在内心开始表现出某种不适。第三个阶段是自动化（automation）阶段，技术达到了方法上的尽善尽美，

① 安福双：《内容平台监管加强，第三方内容风控业务的机会来了?》腾讯网，2018 年 2 月 27 日。

② 《今日头条副总编谈内容审核：把低质、低俗的标准分为两个层次》，新浪网，2018 年 1 月 4 日。

③ ［美］曼纽尔·卡斯特：《网络社会的崛起》，夏铸九等译，社会科学文献出版社 2001 年版，第 292 页。

使得主体的智力投入成为不必要的了。① 然而，不管第三个阶段对技术抱有何种乐观的期待，这种进程始终存在一种难以摆脱的悖论，尽管智能软件在崛起，"但是大多数自动化工作仍然需要人类昼夜不息，就像人类一样，机器也经常会有卡住或出现故障的时候，此刻人类便可对自动化过程做出微调和维护，……当人工智能触及自身天花板时，人工将完善或者倾向于使制造系统完成自动化"②，进一步而言，在人工智能环境下，数字化工作中存在"最后一英里悖论"，即：

> 自动化审核软件变得越来越好，但还远远不够完美。在达到完美的过程中，自动化不可避免地会出现小故障，这就需要人工来解决。一旦工人成功地训练了人工智能，使它像人类一样工作，他们就会转向工程师指派的下一个任务，这些任务将不断推进自动化的边界。人们畅想人工智能的新应用，自动化的终点线也在改变，所以我们无法确定通往完全自动化的"最后一英里"是否会走完。③

对于内容审核行业中的人工智能和从业者而言，这种悖论同样存在，在内容审核的实践中，人工智能在能解决的问题和不能解决的问题之间存在一个不断变化的边界，人工的工作领域不断被创造出来接着又被消灭，人工智能实现了扩张，但对于人力的需求是一直存在的。技术代表着一种外部的支配，而人力则代表着一种社会规范的建构，他们之

---

① [德] 阿诺德·盖伦：《技术时代的人类心灵：工业社会的社会心理问题》，何兆武、何冰译，上海世纪出版集团 2008 年版，第 16—17 页。

② [美] 玛丽·L. 格雷、西达尔特·苏里：《销声匿迹：数字化工作的真正未来》，左安浦译，上海人民出版社 2020 年版，第 13 页。

③ [美] 玛丽·L. 格雷、西达尔特·苏里：《销声匿迹：数字化工作的真正未来》，左安浦译，上海人民出版社 2020 年版，第 15 页。

间的差异性在于，"借助技术构造，自然力和材料都被规训了，从而产生文化成果，也就是经济成就。而社会规范，则涉及用户内部支配的构造，个体与其社会语境融为一体，并且在其中建设性地进行展演"①。

二、个体心性的现代遭遇

维利里奥曾经这样批判后现代的视觉文化，"粉碎了逻辑、削弱了发送者和接收者所习惯的类别……被速度的'极速暴力'冲昏后的后现代视觉文化并未成就任何事情；它只是抛弃了生活，而选择了高速下的虚空。因此，我们除了看着电脑和手机屏幕，监视着自己的互动轨迹外，几乎什么都没做"②。作为现代性症候的一种表征，这些困境在内容核查者的身上表现得更为明显。

（一）"职业隔离"的出现

在移动互联网场域，内容审核员和互联网公司之间出现了利益诉求和价值理念归属的差异。一些传统媒体或网络媒体中的内容审核员出现了米尔斯所谓的"私人困境"。在传统媒体里，一些从事事实核查工作的人觉得工作很"挫"，既不能出去采访，增长见识，也没有申报记者证、申报职称的机会，最大的工作业绩就是不出问题。③"压力大""流动性强""机械化劳动"使他们成了知识与传播工业结构下的雇员。部分从业者认为，在互联网产业的迅猛发展中，他们最终的成果只是一些

---

① ［德］沃尔夫冈·希弗尔布施：《铁道之旅：19 世纪空间与时间的工业化》，金毅译，上海人民出版社 2018 年版，第 238 页。
② ［英］约翰·阿米蒂奇：《维利里奥论媒介》，刘子旭译，中国传媒大学出版社 2019 年版，第 85、93 页。
③ 朱紫阳：《合格的"互联网信息审核员"需要具备哪些特质?》，人民网，2020 年 6 月 12 日。

干巴巴的统计数据和文件资料，"如果一个个体和他的行为后果发生接触只是靠着统计数字、图表或他的工资单的形式，那么他的责任感当然就随着他的无依无靠之感的增加而以同样的速度在减少"①。然而，想要成为专业职场有价值的组成部分，是他们大部分人的愿望。

在调研的过程中，我们看到了审核实践中存在社会学领域所谓的"职业隔离"现象，尽管这个概念原来是指：基于对"男性"和"女性"适合做什么工作的普遍理解，男性和女性会集中在不同的工作类型上。本书借鉴这个概念来分析内容审核从业者所处的尴尬境地，他们中的一些人认为目前的工作还处于垂直隔离和水平隔离的双重困境之中，垂直隔离是指该群体集中在没有多少权力与提升机会的工作上，从业者进入有权力和影响的职位的机会不大。水平隔离指审核员群体从事的是机械化的、不需要技能的职位上。② 总体来说，此类岗位的从业门槛低，是重复性强、枯燥无聊且机器暂时取代不了的工作，有一定的受教育程度，稍作训练的年轻人，几乎都可以从事该工作。此处的"技能"不能简单理解成从事内容审核工作所需要的操作技巧，而应理解成从业者在组织和议价能力方面的体现。其实，这种去技能化在大众媒介传播行业中也有所体现，如都市报中的采编职位，资本和新技术的介入限制了从业者的创造性能力，导致了这个工作的思想性和创新性退化，退化的结果是这些职位只需要执行去技能化任务的肉体而已，从业者无须过多地进行反思。这些问题的背后是劳动市场的模型正在经历结构性的转变，在信息经济中，劳动力被分为两类：一类是所谓的核心劳动力（core labor force），其组成是以信息为基础的经理人员和象征分析者（symbolic

---

① ［德］阿诺德·盖伦：《技术时代的人类心灵：工业社会的社会心理问题》，何兆武、何冰译，上海世纪出版集团 2008 年版，第 52 页。

② ［英］安东尼·吉登斯、飞利浦·萨顿：《社会学》，赵旭东译，北京大学出版社 2018 年版，第 257 页。

analysts）；另一类被称为可替代性的劳动力（disposable labor force），是依据市场需求与劳动成本而能够自动化及雇佣、解雇、移往境外的劳动力。在事实核查领域中，类似于本节所探讨的这些从业者，他们自身的感觉就是基于后一种劳动情景所产生出来的。但是，在新的市场结构中，处境脆弱的又不仅是可替代性的劳动力群体，核心劳动力同样面临困境，他们必须缩短工作生涯，例如，美国的企业早在 20 世纪 90 年代就着眼于劳动力的理性化，"减少过时的、年级比较大的工作者，他们通常是在 45 岁以后和 50 岁出头时"①。面临这种新的组织形式，更应该考虑的是克服这种逻辑发展的制度性障碍，而不是"坐看镜中人"。

（二）不容忽视的身心健康问题

人的精神在这里被"工具理性"更巧妙地奴役，在这样的工作环境中，焦虑弥漫开来，"焦虑可以改变一个人的脑回路，以至于在他脑海中，威胁可以凭空跳出来，哪怕情况并不明朗"②，回忆者反复诉说，最压抑的是工作时间内同事之间几乎没有交流。像一台台没有生气的机器，机械地、重复地做着一件事。时间一长，难免眼睛发干，头晕又颈椎疼，而最头疼的是长胖。"日夜颠倒，身体明显吃不消，肝也出现了问题"③。这些话出自内容审核员之口，生动呈现出从业者形同一种被消耗的物品，流水线使得他们失去对工作节奏的掌控，也消解了人的主体性，这种职业也给人一种"没有被充分保护"的错觉，加上从业者一直处于后台故而极为类似所谓的"幽灵工作"，此类工作在实践中产生的

---

① ［美］曼纽尔·卡斯特：《网络社会的崛起》，夏铸九等译，社会科学文献出版社 2001 年版，第 336、340 页。
② ［美］格雷格·卢金诺夫、乔纳森·海特：《娇惯的心灵："钢铁"是怎么没有练成的?》，田雷、苏心译，生活·读书·新知三联书店 2020 年版，第 217 页。
③ 孙冰洁、陈锐海：《直播内容审核员：看到女主播们穿得不得体忍不住提醒》，新浪网，2017 年 12 月 29 日。

职业倦怠现象很严重，总体来说，审核工作为从业者提供了数字技能普及、身份认同和经济独立等价值，但也缺乏明确的心理平衡：如压力大、技术含量低、要求高、薪酬待遇不理想以及一些心理疾病等。由此可见，他们的工作是原子化的、偶然的，从业者之间似乎缺乏相互协作，彼此之间缺乏支持和参与，在"心理戏剧"的舞台上，演出者通过没有脚本的演出，不断重复和变形着他们个人的这些生活场面。这种困境的背后是他们在内心里拒绝承认自己角色的意义，戈夫曼说，行为者在他的意识和角色之间确定了一个内在的距离，被称为"角色距离"，这种口是心非、表里不一是在自我意识中维护自己尊严的办法之一。① 该问题的实质是从业者用"身心角色"来否定其"心理戏剧角色"，前者与个体基本需求、个人之间的关系和个人的意识有关，而后者则指个体所遵循的普遍的社会期望，与团体之间的关系和集体的意识形态有关。不可否认，少部分内容审核从业者在身心层面出现一些问题，但如果用这些问题来否定其社会层面的价值的话，这也是不妥当的。针对这种状况，一些从事心理社会学研究的专家开出的药方是，通过"戏剧"的"净化"来进行治疗，使被治疗者增强适应环境的能力。②

一些从事信息核查的人还面临着健康问题，这涉及医学定义上的疾病以及痛苦、压力等其他难以定义的精神状态，比如，个别从业者认为自己有被暴力、色情、低俗的内容反噬的可能，即核查者对信息进行把关，把违规信息拒斥在传播信道之外，在这个过程中却被一些负面的信息所侵蚀，他们需要消化那些让人作呕的、常人无法接受的一些内容，有的甚至形成严重的心理问题。这种情形非常值得关注，因为"心态、精神气质或体验结构，体现为历史的确定的价值偏爱系统，它给每一时

① ［美］彼得·L.伯格：《与社会学同游：人文主义的视角》，何道宽译，北京大学出版社 2014 年版，第 156—157 页。

② 宋林飞：《西方社会学理论》，南京大学出版社 1997 年版，第 270—271 页。

代和文化单位打上自己的印记。具体的实际的心态构成了生活中的价值优先或者后置的选择规则，进而规定了某个民族或个人的世界观和世界认知的意向结构"[1]，在其他行业中也存在这种反噬的现象，在做访谈的过程中，一位曾在某知名媒体做情感和心理栏目主持人的受访者也谈到这个现象，他说，从事这个职业时间太久，会被反噬，经常会有些人联系他，很多情况下没有把他当成心理咨询师，而是当成了一个情感倾诉的垃圾箱，倾诉者在结束后，问题没有解决，错误的立场没有改变，反倒把心理咨询师给淹没在垃圾信息中。

在国外的短视频平台上，新传播技术和审核模式被异化为社会控制的工具，技术的合理性变成了统治的合理性，尽管这种技术控制给部分个体带来了巨大的伤害。脸书、谷歌、YouTube 等科技公司中的一些审核员存在一种创伤后压力心理障碍症（PTSD），健康问题甚至还进入法律程序，2018 年 9 月，一名审核员提起诉讼，声称在连续 9 个月观看谋杀、自杀等图像内容后，被诊断为出现 PTSD 症状。[2]"己之蜜糖，彼之砒霜。"对于互联网公司而言，内容审核是可能规避风险甚至获利的行为，但是对于从业者而言却带来了损害自身的一些危险，"在当代社会中的许多活动和群体利益诉求之间，经常相互冲突，以致很难说哪一方不义，这无疑加重了现代社会理论的负担"[3]。在各个群体都有其正当的利益诉求或者自然权力时，如何抑制冲突或者失范成了解决问题过程中衍生出的新问题。

内容审核员是信息时代的知识工人，这种工作像体力工作那样，被采取计件付薪酬的方式，和这种计酬方式相反的另一类知识工作中可能

---

[1]　刘小枫：《现代性社会理论绪论》，华东师范大学出版社 2018 年版，第 17 页。

[2]　《内容审核员成高危职业，互联网的黑暗面究竟有多可怕？》，腾讯网，2020 年 5 月 31 日。

[3]　刘小枫：《现代性社会理论绪论》，华东师范大学出版社 2018 年版，第 51 页。

会含有创意的成分，在工作过程中产生智力和创意的效果，这类工作或许能提高从业者和企业之间的议价能力。在实践中所展现出来的这些问题，表明在新型的内容审核行业中，提供尚不充分的社会保护的劳动力市场成为价值攫取的渠道之一，攫取既是时间性的，也是结构性的，因为就个体而言，无论是"来或者走"，他以为他做出了选择，实际上是被选择了，或者说被那些早已为他们准备好的东西选择了，但是能够公开讨论这种失落情绪和挫败感，客观上也会推动工作的良性发展。在工业社会发展的过程中，类似的对新技术和新职业的不适情形也曾出现过，"本森特认为 20 世纪 50 年代以来他所谓的'对自动化与就业反复出现的惊慌'属于过度反应"①。

（三）互联网公司实施的应对措施

尽管内容审核员群体自身缺乏一种有意识、有组织的摆脱异化的策略，国外甚至还出现"在供应商管理系统和使用供应商管理系统的科技公司之间，处理工人的沮丧情绪变成一场大型的'踢皮球'游戏"②，但是互联网公司所采取的一些改进措施颇为值得关注：有的公司采用直聘模式，提供比较完整的内部晋升和转岗机制，让其有更强的归属感。③实践中还摸索出一套应对 PTSD 的方案：更改审核工具，将视频变为黑白模式，把血液换成绿色、对内容进行艺术处理以及承诺提供更多心理咨询服务，举行集体治疗活动等。尽管如此，应对者们并没有通过改变内容审核员身后发生的社会结构变迁的方式来处理好这些缠绕个人的隐

---

① ［美］曼纽尔·卡斯特：《网络社会的崛起》，夏铸九等译，社会科学文献出版社 2001 年版，第 310 页。

② ［美］玛丽·L. 格雷、西达尔特·苏里：《销声匿迹：数字化工作的真正未来》，左安浦译，上海人民出版社 2020 年版，第 50 页。

③ 王伟凯：《内容审核：一个正在快速膨胀的新职业》，《南方周末》2019 年 4 月 18 日。

忧，更直观地说，没有在法律层面上采取可持续的措施，而"个体的道德福祉和他的心理健康，这两者都有赖于法律秩序的稳固性和由法律所裁可的制度的完备性。因为每一种法律制度都是为某种相互作用定位，把义务和利益与补偿联系在一起的必要程度定位"①。

三、平台开始重视编辑的作用

知识经济是由观念、信息以及各种形式的知识创新与经济增长构成的一种经济。在此类经济中，大多数劳动力并不从事物质商品的生产或流通，而是负责它们的设计、开发、技术、营销、销售和服务②，但是随着社会气候的变化，以技术为主导的互联网公司意识到，在算法主导的时代更需要把关，更需要"总编辑"和审核员。

（一）重提"把关人"

在 Web 3.0 时代，内容审核职业代替了 Web 2.0 时代的网站编辑，从内容的制造者，到搬运者再到流水工，显示出一个行业的演变。这其中网络社交媒介在把关时面临大量前所未有的问题，在求解的过程中，我们发现社交媒介的内容审核正朝着大众媒介的把关机制这个方向发展，在这个过程中，内容审核从不为人知到成为一个职业种类，在这个职业物种成功演进的背后，还产生了痛苦的个体从业者，这种现象在自然界物种的演进过程中同样存在并且无可奈何，比如，以家禽鸡为例，由于它和人类的生活密切联系在一起，所以和其他动物种类比较起来，

---

① ［德］阿诺德·盖伦：《技术时代的人类心灵：工业社会的社会心理问题》，何兆武、何冰译，上海世纪出版集团 2008 年版，第 92 页。

② ［英］安东尼·吉登斯、飞利浦·萨顿：《社会学》，赵旭东译，北京大学出版社 2018 年版，第 267 页。

它在整个物种上的进化是很成功的，在可预测的未来，它似乎不存在种类灭绝的外界因素，但是对于这个物种的个体而言，尤其是生活在工业化的养鸡场里的个体，它们的命运却是相当悲惨的，出生下来就生活在逼仄的空间里，不知道大自然中的风霜雨雪为何物，生命的过程仅有短短数月，便进入到人们的餐桌上。所以，对于内容审核员这一职业所出现的内卷化，需要采取更理性和务实的策略来应对。

除了上面花费大量篇幅论述的内容审核员之外，还有就是一些知名的网络社交平台开始设立总编辑这一职位。2017 年 5 月，国家网信办发布《互联网新闻信息服务管理规定》，强化了互联网新闻信息服务提供者的主体责任，明确了总编辑及从业人员管理等要求。① 网络平台总编辑一职通过规范文件的形式明确体现出来，随着形势的发展，总编辑的职责拓展了边界，突破了新闻信息服务平台的限制，在一些非新闻的主流互联网社交平台上，也开始设立该职位，例如新浪微博设立总编辑和执行总编辑两个职位，2020 年 9 月中旬，该总编辑的微博上显示，其主要从业经历为：历任新浪门户网站的编辑、副主编和主编等职位。今日头条的发展应该说是最有代表性的，2016 年之前企业高层公开宣称"不要总编辑、没有主编"，甚至宣称，"如果头条有主编，他不可避免会按照自己的喜好去选择内容，而我们做的就是不选择"②，到后来，其相继设立今日头条总编辑和字节跳动总编辑等具有内容把关性质的岗位。另外一大移动短视频平台，快手也设立了总编辑和副总编辑岗位，2019 年 10 月其总编辑的履历显示为，有体制内的工作经历，"曾在某市委宣传部、某市人民政府办公厅任职"③。2007 年有新闻报道说某

① 《国家网信办公布〈互联网新闻信息服务管理规定〉》，中国网信网，2017 年 5 月 3 日。

② 《今日头条不仅有总编辑，还干预了用户的兴趣！》新浪网，2016 年 12 月 28 日。

③ 陈晓：《快手科技执行总编辑徐静芸：人生旅程中勇气和能力相伴》，吴江新闻网，2019 年 10 月 8 日。

门户网站高层跳槽到百度就任总编辑一职，此后，百度搜索引擎显示百度设立了总编辑和执行总编辑职务，例如，2017 年 8 月底，百度的党委委员、执行总编辑参加了"学习贯彻落实首都互联网企业党的建设工作座谈会精神工作会"[1]。值得注意的是，作为对成功进行认可的政治身份在此似乎起到了一种正面的激励作用，党务也体现出互联网公司从正式体制中汲取权威的方式。在 2014 年 10 月 25 日，有媒体报道 360 副总裁兼总编辑参加在北京举办的"重点网站负责人学习宣传落实四中全会精神专题座谈会"，[2] 到了 2017 年，仍有新闻披露该企业总编辑的相关活动，在"360 北京时间"（后来 360 转让股权，退出该平台）平台上也设立了总编岗位。此外，像新闻资讯应用"一点资讯"之类的互联网内容产品设立总编辑职位更是不在话下。在设立总编辑职位的所有网络平台中，和本书写作时间节点最接近（2020 年 10 月 2 日）的当属微信。2020 年，微信总编辑这一角色进入公众视野，在中央电视台 9 月 26 日晚播放的《焦点访谈》节目中，微信总编辑首次亮相公开就"网络传播秩序专项整治行动"发声，其从业经历有：2015 年加入微信，此前一直在网络安全公共中心工作，任微信安全风险控制中心高级主任，还是"腾讯互联网安全策略专家、微信安全风控中心高级总监、微信公开课讲师"[3]，在某知名搜索引擎上，关于该总编辑的其他信息并不多。国外方面，苹果品牌在人们的印象中是智能手机、平板电脑和个人电脑等方面的电子硬件制造商，正常招聘的主要岗位也多为工程师、设计师和销售人员等，在近年来向互联网公司转型的过程中，出现了编辑和总

---

[1]　《45 家首都互联网企业党组织书记总编辑齐聚谈党建工作设想》，澎湃网，2017 年 8 月 30 日。

[2]　《360 副总裁兼总编辑曲冰：践行依法办网　守护网络安全》，人民网，2014 年 10 月 25 日。

[3]　程达堃：《首次披露！金璇出任腾讯微信总编辑》，搜狐网，2020 年 9 月 27 日。

编辑这样的新职位，在该公司的发展历史上，首个总编辑岗位就出现在
2017 年 5 月 26 日，《纽约》的执行总编辑柯洛伦（Lauren Kern）跳槽
到苹果，担任苹果新闻客户端的总编辑。①

　　本书关注的是，网络社交平台上的总编辑和传统媒体的总编辑在任
职要求和职责范围方面有什么区别。传统媒体的总编辑多负责所在媒体
的办报（刊）方向和特点，对于出版物的内容负有总的把关权，是所在
媒体机构的主要负责人之一。在移动互联网时代，随着内容审核工作的
重要性提升，这些平台上的总编辑和传统媒体的总编辑定位有所不同，
"互联网内容公司的总编辑大多负责内容风控和政府公关等事务，有的
总编辑还会负责党建工作"②。从这句话可以看出，总编辑是移动短视频
平台上级别最高的内容把关者，相比成千上万的内容审核员而言，自然
是"位高权重"，但是在互联网公司的核心管理层里，其角色和地位如
何，目前笔者还缺足够的材料进行判断，但是从一些知名互联网公司总
编辑频繁跳槽的新闻报道中，也可以琢磨出一些规律。设立总编辑之举
不可谓不重要，其根源应该是技术在以内容传播为主的网络平台上存在
明显的缺陷，或许是此类网络平台在对内容进行把关的过程中，实在没
有发现比传统媒体的那一套把关体系更为成熟、有效的系统，因此出现
了网络平台内容把关的传统媒体化转向，此外，内容审核主体的角色及
权力、义务仍存在不少模糊地带。新型的互联网编辑和内容审核群体共
同构成了移动互联网时代的"新型文化媒介人"（布尔迪厄语），"他们
指的是那些在媒体、设计、时尚、广告及'准知识分子'的信息职业中
的文化媒介人群。他们因工作需要，必须从事符号商品的服务、生产、
市场开发和传播……这些新型文化媒介人劫掠各种传统与文化，目的是

---

① 晨曦：《苹果转型越来越像互联网公司：招募史上首位总编辑》，腾讯网，2017 年 5
　　月 26 日。
② 程达堃：《首次披露！金璇出任腾讯微信总编辑》，搜狐网，2020 年 9 月 27 日。

为了生产性的符号商品，并对使用这些商品的人提供必要的解释"①。

(二) 从"参与式"转向"市场模式"

从网络治理的角度来说，内容审核是一种"私人部门的管理方法"，它认为"优秀的管理者通过利用私人部门的管理技术和刺激手段，能够以较少的施政成本缔造一个运作良好的机构。管理者相信其所采取的方法实际是在公共部门内部尽可能模仿私人部门的工作方式"，这种方法的假设是提高治理效果的最佳甚至唯一方法是用某种建立在市场基础上的机制代替传统的官僚机制，它分散了决策和政策执行的权力，普遍被认为优越于传统管理方法。② 和本书"自媒体和《齐鲁晚报》博弈中的事实核查"以及"网络反黄"等内容相比较而言，同样是内容核查与鉴定，但是背后所依据的模式却发生了变化，如果说此前是一种"参与式"的方法，强化草根群体的参与，是建立在关注组织中网络用户行为的基础上的，而本章探讨的则是一种"市场模式"，它忽视了草根的作用，从企业的角度来说，审核主要致力于互联网公司的内容安全，然后才是服务于政府或用户，这种理念主导下的实践也存在着个别问题，比如，会不会导致马尔库塞"单面社会"的出现？会不会有助于文化的否定功能继续发挥作用等。对于后一个问题而言，文化本来应该让人们看到一个真正有价值的世界，这是个与将生存作为目标的现实生活有着本质不同的世界，法兰克福学派把这称为"对幸福的承诺"，文化的否定功能是文化赐予我们"对幸福的承诺"的前提，因为只有不断地否定，再现现存社会存在的问题，人类才有可能从"生活越来越好了"的表象中突

---

① 石义彬：《批判视野下的西方传播思想》，商务印书馆 2014 年版，第 242 页。

② ［美］盖伊·彼得斯：《政府未来的治理模式》，吴爱民、夏宏图译，中国人民大学出版社 2013 年版，第 18、24、25 页。

围。① 要是这种否定功能被忽略了，这种突围也就无从谈起。

短视频平台是当前文化物化最直接的手段，也是世界范围内文化工业最为得心应手的利器之一，但它又何尝不是一种技术赝象呢？在由这种赝象所构成的境遇中，"人类正通过一种不可逆转的迁移和替代过程来消失自身"，但是人具有技术无法取代的优势："在没有新信息的情况下，能够反思和校正先前的假设，能用语言和非语言的方式分享自己的感受和想法"②。如果说未来关于短视频平台的良性发展上在其他方面有什么可期待的话，参与式影像（participatory video）倒是一种可能，在现有的、与社区治理相关联的研究中，参与式影像被看作是促进社区参与，改善社区治理的新方法和新途径。参与式影像通常也被称为社区影像、乡村影像或草根影像等，里奇和克里斯·朗奇则把参与式影像定义为"动员群体或社区构建自我影像的一套方法"，作为一种影像类型，参与式影像更有可能成为社会底层以及被忽略声音的发声通道，将社区影像与社区治理相结合，实际上是用一种更具有合作性与参与性的影像实践来锻造社区的自我组织、自我认同感、自我管理与自我发展。③ 但是更需要明白的是，当我们在此探讨并尝试构建一种完美而又理想的内容治理模式时，同时也会产生出新的以及难以预测的其他问题，这种悖论似乎无法避免。无论是鉴定员还是内容审核员，他们都参与重建网络空间中的秩序环境，而健康良性的网络秩序对于世界范围内的互联网产业的发展都是至关重要的。当前我国的各类网络平台都是记忆工业中的组成部分，他们能生产出对一个社会发展极其重要的"集体记忆"。此外，从未来的角度而言，这种重建还能净化关于互联网的"群体记忆"。

---

① 石义彬：《批判视野下的西方传播思想》，商务印书馆 2014 年版，第 20—21 页。
② [美] 玛丽·L.格雷、西达尔特·苏里：《销声匿迹：数字化工作的真正未来》，左安浦译，上海人民出版社 2020 年版，第 213 页。
③ 韩鸿：《参与式影像与参与式传播》，电子科技大学出版社 2012 年版，第 154 页。

事实核查嬗变的主题背后是一种工作与劳动的新信息化范式的出现，卡斯特认为它"不是一种简洁的模型，而是出于技术变迁、产业相关政策和冲突性的社会行动三者之间的历史互动交织而形成的凌乱拼凑的结果"①，这种凌乱使得我们很难通过现有的关于"鉴定员"和"审核员"经验材料来发现这种新范式中的规律，在未来，这方面的话题是个值得继续深入研究的领域。

本章小结

内容审核是移动短视频时代事实核查的一种变形，从原来的审核与查证并重变成了重审核而轻查证，成为既审核事实，又审核其他诸多方面的一种特殊的事实核查形式。短视频企业在招聘内容审核编辑时，对应聘者的政治觉悟和学历层次有着较高的要求，对身体健康状况也有特殊要求，如能够适应快节奏工作或者倒班工作等，内容审核编辑这个职业是体能、智能和政治站位一并需要的新工种。内容审核的主体既受到其所处的互联网公司行政体系的压力型体制的影响，也受到网络空间地方性知识的影响，同时也会因审核者所处的情景，而表现出行动选择的策略性。面对庞大的数据量，作为个体的内容审核员难免会存在工作上的失误，新媒介平台会在人工审核处设置多重关卡，以防出现操作失误。外包企业中的工作者从事着移动互联网时代的数字劳动，大量的数据被搜集并提供给算法程序，使得内容生产的质量不断提升，但是外包模式很容易受到来自现有社会结构、制度和环境的多向冲击。机器审核

---

① ［美］曼纽尔·卡斯特：《网络社会的崛起》，夏铸九等译，社会科学文献出版社2001年版，第290页。

能高效处理文字类内容，人工审核着重关注的是目前技术尚无法精准识别的事物，弊端是审核成本日趋增长，效率低下。在移动互联网场域，内容审核员和互联网公司之间出现了个体和机构的利益诉求和价值理念归属方面的差异。无论是传统媒体还是网络媒体中的一些内容审核员，都出现了米尔斯所谓的"私人困境"，互联网公司所采取的公司直聘的模式或提供比较完整的内部晋升机制和转岗机制等改进措施值得关注。

第七章　新闻"求真"中的表达问题

> 时常我在畏怯的观看者中感觉到，我深陷在生活里。文字
> 只是围墙，墙后越来越蓝的山中，烁闪着文字的含义。
>
> ——里尔克

在第四、第五和第六章，我们探讨了事实核查中"求证"策略的另一个层面，即，符号表达与主观意识的一致，又称为表达的真实性，它包含了"认识主体对客观真实性的认识和运用符号对这种真实进行合规则的表达及模拟"[1]，它无法进行论证，而只能进行说明，这是事实核查发生的最大的嬗变所在。表达的真实性也是应对核查自身缺陷（例如情绪和观点无法进行核查）的一种策略，在之前探讨的澄清性或者核查性新闻中，这种表达真实性的问题固然存在，但是都不具有典型性。主体和客体之间的区隔程度和心理距离越大，越能体现出这种表达性真实的重要性，因此，本章拟选取主流党报对青年亚文化领域中的"网游成瘾"的报道为例，来分析这种表达性真实在主流媒体和主流文化对他者文化的审视与鉴定中如何才能实现。

在内容核查的演进过程中，把关主体与作为"他者"的核查客体频繁遭遇，在审视和改造一些内容产品的背后，往往隐藏着系统的知识生产行为和不同日常身份之间的有效互动。表达的真实性问题在大众传播媒

---

① 米丽娟：《新闻求真方法论研究》，四川大学出版社 2014 年版，第 98 页。

介对新媒介中的亚文化报道最为明显，本章第一节拟以《人民日报》对网络游戏成瘾 10 年来的报道为研究对象来对其进行探讨，因为这种报道是第三方机构针对网络游戏进行的极为隐蔽的一种核查形式，是主流文化对亚文化的冷峻审视。第二节在分析不同主体之间的有效互动时，以发生微博舆论场中的个案为研究对象，来分析事实核查中的受众真实问题。

第一节　媒介真实的建构模式

非常态的社会生活包括各种生动的多元性，而不是无力的共性。针对游戏成瘾的媒介呈现秉持"冲击—反应"模式，通过凸显事件焦点和模糊背景的叙事建立解释的机制，亚文化的内涵被微妙地忽略或抽换。本节基于《人民日报》"网游成瘾"报道（2010—2019）来分析大众媒体对亚文化审视中的表达真实性问题，本书提倡通过"内缘立论、外缘出发"的模式来检讨个案或经验材料的选择范围，重建一套分析问题的价值标准，强化关于游戏亚文化的思想介入和脉络清理，从而延续不同文化间的对话。

语言是社会生活的重要组成部分，它与事实核查密切相关，从这个角度来说，我们应该考虑事实核查中的语言和其应用。本部分拟从《人民日报》对网络游戏成瘾的相关报道来展开相关分析。他者是后现代主义的重要概念，游戏世界是传统社会中作为他者场所的隐喻。网络游戏重视差异性、瞬时性、时尚性和文化性，属于后现代主义审美范畴。中国的电子游戏滥觞于 20 世纪 80 年代中后期，发展至 2020 年甚至出现个别游戏产品的玩家超过 1 亿人的壮观景象 [1]，这种亚文化群爆炸的背

---

① 　张熙廷等：《〈迷你世界〉有玩家教唆儿童拍摄隐私照片，嘱咐"不能告诉妈妈"》，《新京报》2020 年 4 月 27 日。

后是社会结构的非标准化。网络游戏涉及一种模仿能力来解放受限制和
疏离的人体感觉，它不仅是一种娱乐方式，还在使用者体内灌输不同于
主流文化的目标、技巧和德性，从而缓慢且深刻地改变了青年群体生活
样式，这些构成了理解青年群体的基盘和底线。作为"新的愉悦感的生
产者"，游戏场域是一个与主流文化相对峙的封闭型空间，支配其文化
的是感官、情绪满足及自我放纵，游戏玩家区隔了外部和集体权威，将
自我作为行动的唯一参考点，该群体的生活方式、价值趣味和审美偏好
更加独立、个性。① 不同群体间的文化关系发生逆转，在亚文化思想入
侵的缝隙或主流文化不曾精研的一些空间，文化思想史的发展呈现另一
种叙述的可能，这些构成了关于网络游戏知识和思想的决定性支持背
景。网游成瘾指时空向度上安排失序的一种亚文化实践，某种程度上是
一种反抗的仪式，"成瘾者"是一个充满活力的集体实验的对象，他们
建立自己的组织，通过游戏疏远主流生活和文化系统。1983 年，《人民
日报》首次报道我国台湾地区的青少年"沉迷电子游戏"现象，称其为
"严重的社会治安问题"。②1996 年，又首次报道我国大陆地区"一些青
少年整天沉溺于交互网（电子游戏等），上瘾不能自拔"。③ 时代的喧嚣
促进不同文化的产生，而对它们的理解都涉及诠释。在 37 年的游戏成
瘾媒介呈现的背后，有着复杂、深厚的关于知识生产的历史背景，使研
究游戏亚文化群体的知识取径大为拓展。

　　通过分析《人民日报》十年来对网络游戏成瘾的报道，本部分拟研
究的问题有：大众媒介呈现青年亚文化媒介真实的策略是什么？网游成
瘾是如何被确认为一种疾病的？网游成瘾群体是通过怎样的叙事被建
构的？

---

① 　[英] 彼得·沃森：《西方思想史》，杨阳译，译林出版社 2018 年版，第 856 页。
② 　穆扬：《台湾何以全面禁止"电动玩具"》，《人民日报》1983 年 4 月 24 日。
③ 　姜岩：《"交互网瘾"猛于虎》，《人民日报》1996 年 1 月 5 日。

在媒体和样本来源上，本部分通过在人民日报数据库（1946—2018）查找收录的"游戏"关键词获得 5828 篇文章，经过详细阅读、梳理以及剔除干扰性文本后，最终选取《人民日报》2010—2019 年间的"网游成瘾"报道共 148 篇，对报道中的专家、职能部门、国外和个案等四个主题的叙事进行重点分析。本研究在沉浸于报道文本中的同时，还从文化思想史角度，通过批判性话语分析法解读关于"游戏成瘾"的报道。此路径强调游戏玩家的教育和生长环境、所秉持的普通常识、互联网文化的特点等要素，由此形成的知识背景使游戏成瘾中的各种怪诞的思想和行为皆有可理解的土壤，如果脱离这个知识系统的支持，主流文化关于游戏的思想将失去理解的语境。

从时间节点上看，2010—2019 年关于"网游成瘾"报道的日期多集中在寒暑假前后，报道的数量与网游政策出台的时间节点关联较大。报道的主题有监护工程、专项治理、防沉迷系统和世卫组织网游成瘾认定等。这些报道通过对知识的占用和分配来使权力发挥作用，呈现出的内在理路是，网络游戏作为一种亚文化，在主流的知识与思想中推衍与扩张，报道中一些常用的关键词却有着终极依据的隐喻。关于游戏的理解框架、诠释结构、观察视角和价值标准，控制着人们对于网络游戏的判断与解释。报道将网游成瘾分为"网瘾少年、现状描述、原因探寻、影响危害、对策寻解、管理政策、反思质疑"七个方面，对策寻解占比最多，为 34.5%，其次是管理政策，占比 22.3%。《人民日报》展开这些话题的框架是排斥与话语权的对立、病理化与非病理化的对立，游戏成瘾本质上是一种关于经验的事物，上述框架使网络游戏脱离原始环境，被纳入传统的知识框架之中，建立解释游戏成瘾的机制。

游戏成瘾从一种媒介使用行为被建构为质疑亚文化的话语，经历两个演化过程：一是从"过度游戏"到"瘾"的话语制造过程，即通过成瘾者个案、国外案例、专家话语和政策规范生产，形成了一种"公共话语"。二是对偶然的事件进行想象，"病态"恰是这种放大式想象造成的具体结果，折射出部分民众对网络游戏这个陌生空间的恐惧感。① 从陌生到熟悉，从关于"青年的文化知识"演变成关于医学问题的"洞察人类自身的知识"，针对游戏成瘾的报道没有脱离以主流文化为知识渊薮和科学依据的框架，报道秉持一种"冲击—反应"的模式："冲击"体现在对个案报道的选择方面，"反应"体现在对职能部门和专家话语的报道方面。该模式遵循"异常状态和对异常状态的排斥"的叙事逻辑，视游戏是对日常生活模式的疏离。"影响"成为报道叙述中被凸显的重点，即，报道把笔墨倾注在成瘾引发的问题上，没有关心更广泛的社会生活史中的文化思想。

一、冲击模式下的叙事框架

"冲击"模式凭借一个非常有宰制力的叙事框架，通过对游戏成瘾进行想象式建构，使一个地方性事件通过复杂的程序放大，成为一个公共事件。

在对青年文化的媒介呈现中，主流文化的观念已先在设定何者可以叙述，何者没有价值，对于后者，在以主流文化价值来设计框架的文章中，难以找到容身之处。② 大众媒介在暴力、冲突、犯罪和悲剧的张力下报道"成瘾者"，出现家庭战争、赌博、杀人、学习退步等词。这种观察和游戏用户的直观感受并不完全一样，但问题在于，此种叙事似乎为网游成瘾的病态化提供了一种追问的豁免权，报道把它作为自然而然

① 杨念群：《再造"病人"：中西医冲突下的空间政治（1832—1985）》，中国人民大学出版社 2006 年版，第 52 页。

② 葛兆光：《中国思想史（导论）》，复旦大学出版社 2017 年版，第 71 页。

的道理接受，很少追问。① 这种叙事手法关注游戏成瘾者的处境，却未揭露"抽离生活"产生的内在逻辑和原因，反之把它引向通往疾病的路径，忽略了"游戏成瘾"问题的深层次矛盾。

（一）诸多个案形成不间断的书写跟踪

知识和理性向来由社会的权力关系打造和调和，知识、阐释和理解总是为目的服务。② 媒介呈现使网游成瘾群体进入描述领域，报道中共有 16 个网游成瘾案例，"成瘾者"的年龄分布在 8—20 岁，其中有 7 人是中学生，9 人是小学生，他们被注视和详细的描述。2010—2019 年间的关于游戏成瘾的诸多个案报道形成一种不间断的书写跟踪，这种把陌生的现实生活变成文字的做法是一种客观化和征服。③

报道的观点通过教育存在的问题（包括家庭和学校两个层面）以及底层想象来表征。过度玩游戏和学校教育的不到位关联："如果学习成绩再不好，对不起父母和老师"④；成绩处于中下游，常上网打游戏⑤；过分痴迷网络游戏，被学校勒令退学。⑥ 这种报道使读者无形中在玩游戏和学习不佳之间建立起因果关系。家庭教育的缺失表现在父母教育方式的不适，如"生活中得不到父母的认可，父亲并未认识到自己在教育方式上存在的问题"⑦，"经常管不住"⑧。对于这个群体的教育很难通过

① 葛兆光：《中国思想史（导论）》，复旦大学出版社 2017 年版，第 41 页。
② ［英］彼得·沃森：《西方思想史》，杨阳译，译林出版社 2018 年版，第 911 页。
③ ［法］米歇尔·福柯：《规训与惩罚》，刘北成、杨远婴译，三联书店 1999 年版，第 215 页。
④ 袁新文：《擎起一片明净的天空》，《人民日报》2010 年 5 月 28 日。
⑤ 张烁、麦田：《让青春的表情像花儿一样》，《人民日报》2011 年 4 月 29 日。
⑥ 于洋：《探寻青年眼中的互联网世界》，《人民日报》2012 年 2 月 7 日。
⑦ 马玥：《一个特殊的生日》，《人民日报》2017 年 2 月 22 日。
⑧ 王明峰、冀业：《寒假体育作业，怎么交出合格答卷》，《人民日报》2013 年 3 月 4 日。

知识导向的说教来实现，倒是很有可能通过游戏导向的交流来实现。然而，报道并没有继续深挖。底层想象体现在隔代生活、留守儿童、贫穷和学习成绩差，彰显出游戏成瘾背后的社会感受，如焦虑、紧张等。"家长的权威和家庭生活的影响在下降，大众媒介和同辈群体的影响在扩张，在涉及年轻人生活时，情况尤甚"①。在报道中，家长权威的下降通过网络游戏体现，有的父母"天天都在偷菜"，以至于他们在对孩子进行游戏教育时，被顶撞、质疑②，一些报道还凸显"母亲"角色的蜕变，如，"痴迷网游，家庭战争持续整整7年，儿子掐我的脖子，我也好几次想结束他的生命……放了三次煤气，想结束一切"③；一位焦急的母亲在网上发帖求助④；"'妈妈，我保证认真学习'，小学四年级学生写保证书誓言不玩网络游戏。可是没多久就忍不住"⑤；三岁男孩的妈妈说如果不让玩游戏，孩子就变得很暴躁，乱发脾气。⑥这种关于细节的详述有着多方面的理论意义，伴随着母亲的角色在游戏教育中的弱化，网络游戏的意义发生离奇的变化，从某种新颖有趣的事物变成疾病，游戏成瘾被看作这些年轻人行为失常的症状。还有的报道从父母所从事的职业触碰到游戏成瘾背后的社会结构层面，如，"我有时要上夜班，他爸爸在家要工作，没人陪他"⑦；"周末回家"⑧；"在电脑上一趴就是一下午，让奶奶很生气"⑨；"周女士10岁的孙子，偷偷给手机游戏充值7000元"⑩；

---

① ［英］彼得·沃森：《西方思想史》，杨阳译，译林出版社2018年版，第636页。

② 犁航：《网游不能拿传统美德开涮》，《人民日报》2011年5月10日。

③ 王海鹰：《7年，我与"网游"争夺自己的儿子》，《人民日报》2010年1月2日。

④ 袁新文：《网络时代孩子怎样长大?》，《人民日报》2010年4月23日。

⑤ 潘少军：《孩子们需要什么样的网络教育》，《人民日报》2011年1月14日。

⑥ 吴月辉等：《触屏时代，不要"为屏所控"》，《人民日报》2013年5月17日。

⑦ 吴月辉等：《触屏时代，不要"为屏所控"》，《人民日报》2013年5月17日。

⑧ 犁航：《网游不能拿传统美德开涮》，《人民日报》2011年5月10日。

⑨ 王明峰、冀业：《寒假体育作业，怎么交出合格答卷》，《人民日报》2013年3月4日。

⑩ 何媛：《别让游戏抢走留守儿童的心》，《人民日报》2018年8月16日。

农村支教老师给痴迷手机游戏的留守儿童算一笔账等，① 这些文字意味着儿童的隔代生活、父母陪伴少或者留守儿童，勾连着的游戏过度使用问题。实际上，个人是身处的社会结构的产物，个体沉迷游戏是对成长环境的私人反应，原生家庭存在的某些问题是导致或产生症状的因素。

媒体的呈现方式与事件真相同等重要，即，客观事件只是新闻的一部分，报道还传播态度和情绪。一些文章以想象式的描写去臆度玩游戏的行为，表现出偏见，如在一段 300 字的报道中，出现"扁、哇哇大叫、鬼哭狼嚎、疯狂、乱撞、抢车、抢银行、炸窗户、黑社会、暴力、如癫似狂、难管、惹祸"等极具负面性的词汇，其中"扁"字最有代表性，共出现六次，如"扁的好、使劲扁、狂扁"等。② 这些叙事强调了网游成瘾中的异常行为，也表明基于网络游戏所赋予某些个体的角色差异超出了主流文化容忍的限度，新闻把他们说成心理失常或者偏离道德规范的人。

（二）关联视角下的"网游致害"叙事

通过关注琐碎的偶发性事件，放大其中的异常行为，报道使游戏成瘾和一些社会问题发生关联："花掉父母辛苦工作近一年赚来的 3 万块钱"③；"山区的一个贫困县、在乡下、县城的网吧里接触暴力电游"④；"充值 7000 元，花掉老人一年的生活费"⑤；"家里连张像样的桌子都没有"⑥，这些悲剧在跨越文化边界方面特别有力，但网游成瘾不应仅被作为病症来对待，更是中国转型期社会问题的杂糅呈现，根本在于个别场

---

① 王玉琳、宋静思：《"三无网游" 顽疾待治》，《人民日报》2018 年 4 月 12 日。

② 犁航：《网游不能拿传统美德开涮》，《人民日报》2011 年 5 月 10 日。

③ 白之羽：《网游想实名，监管要实抓》，《人民日报》2016 年 12 月 13 日。

④ 袁汝婷、苏晓洲：《网络"死亡游戏"真实上演》，《人民日报》2018 年 2 月 8 日。

⑤ 王玉琳、宋静思：《"三无网游" 顽疾待治》，《人民日报》2018 年 4 月 12 日。

⑥ 何媛：《别让游戏抢走留守儿童的心》，《人民日报》2018 年 8 月 16 日。

域文化生态的不良发展。暴力和犯罪问题是个案呈现的又一核心主题，"长时间沉迷于网络游戏，走上犯罪道路"①；"沉迷暴力游戏，扮演和社会杀人"②；在一次玩完电脑游戏后，向陌生女孩挥起刀③；少年疯狂玩11天的网络游戏后自杀，中学生连续上网36小时后从24层楼顶跳下④。在这个逻辑链条上，游戏很难不产生"作为严重社会问题"的隐喻。相对游戏成瘾者的精神状态和引发的社会问题而言，他们所处的客观结构更重要，因为结构能引导和制约网络游戏用户的实践，具有独立性。

网游致害故事的制造具有跨地域的流动性，国内国外都有个案被呈现。关于国外的游戏成瘾报道主要集中在韩国、美国和日本若干国家，共有14个相关案例，其中，2018年有4篇报道，是数量最多的一年，对韩国的报道有6篇，主要放在治理的框架内报道，涉及实名制、防疲劳系统、深夜关闭、"灰姑娘法"等。对其他国家的报道，则纳入冲突的框架，如关于美国的三篇报道的主题是游戏少年枪杀母亲、沉迷游戏的夫妇差点饿死婴儿、校园枪击案凶手沉迷游戏等，对日本的报道也是持续这样的框架，如"网游废人主妇"不照顾孩子等。这些资料配合着叙事者的思路，按照需要的价值来筛选事件和人物，通过凸显事件焦点和模糊背景的叙事手法，使得受众有了立场、视角和当下的兴趣，但实际上这些个体所面临的问题，多是由于社会问题造成的。

二、反应：对象的客体化

大众媒介把知识变成共识，把共识变成日用不知的常识，常识构成

---

① 马玥：《一个特殊的生日》，《人民日报》2017年2月22日。
② 袁汝婷、苏晓洲：《网络"死亡游戏"真实上演》，《人民日报》2018年2月8日。
③ 陈键等：《在互联网世界种下"善之花"》，《人民日报》2010年11月30日。
④ 李舫：《成长，在虚拟和现实之间》，《人民日报》2011年4月22日。

控制的权力，而立场一旦成为常识，就有逃避追究的豁免权，游戏的文化内涵就会被微妙地忽略，形成一种使对象客体化的机制，大众媒介通过整理、编排对象来实现权力，一百多篇的报道恰是这种客体化仪式的表现。①"游戏成瘾"被高度符号化，成为主流文化审视青年文化社区的中介物，这削弱了游戏文化传播的力度和范围。

（一）专家关于网游成瘾的不同观点

研究对游戏成瘾进行医学解释的历史，将有助于理解网络游戏的工业化对用户的心智和身体造成了哪些影响。大众媒介通过专家的话语，把对网游成瘾的认知冠以"瘾、病"等医学术语，使反对沉迷网络游戏有了依据而趋于合理化。报道中专家的职业分布有院士、医生、网瘾治疗者、中小学教师、教授、网游从业者、青少年研究者、政府官员、学生、世卫组织官员和匿名专家等。报道中总共提及 59 位专家，级别最高者为中科院院士，其中医生有 6 人，专业领域分布在心理、精神卫生、社会精神病学与行为医学等。医生的观点有两种：一是赞同网游成瘾是一种疾病，认为成瘾是"反复使用网络，导致学习和社会功能出现问题，持续一段时间出现学业和社会功能障碍"② ；"游戏成瘾是专家共识，鼓励患者接受专业治疗"③ 。联合国对游戏成瘾的认定被反复报道，成为该观点的合法性依托之一。成瘾者的身体成为医疗话语关注的对象，变成各方发挥想象的场所。治理成瘾在此变成了一种"医疗"行为，反映出主流文化踏入异域后的紧张与焦虑，"病"只不过是其抗拒所采取的手段。作为病理的游戏成瘾，也是语境和环境的产物，从属于市场

---

① ［法］米歇尔·福柯：《规训与惩罚》，刘北成、杨远婴译，三联书店 1999 年版，第 210—211 页。
② 白剑峰：《网络成瘾需综合治疗》，《人民日报》2018 年 9 月 28 日。
③ 王君平：《如何规范治疗游戏成瘾》，《人民日报》2018 年 8 月 3 日。

力量，甚至带有倾向。从病理学来探讨游戏成瘾，似乎不是一个症候，而是一种态度，然而叙述和理解是嬗变的，从不同的心情、现实和处境对网游成瘾解释，会有不同的理解。媒体是在帮助重构预先制定的意识形态，英国学者霍尔等人在研究新闻界所报道的行凶抢劫案时，也表达了类似的观点，"媒体中再现的是由诸如警察等权威部门提供对犯罪的界定和看法"[①]。

社会与医学界对游戏成瘾的看法还存在另一种情形——否认其是一种"病"，如有的游戏成瘾用户本身就有生理或精神问题[②]；多属于不适当使用，远没到成瘾性疾病的地步，临床案例少见[③]；游戏成瘾疾病诊断不能扩大化，不能乱扣精神病"帽子"等[④]。此外，多数匿名专家也多持这种态度：报道对于科技造成负面健康的问题探讨，多于科学研究与指导[⑤]；游戏成瘾的诊断标准比较主观，主张谨慎使用[⑥]。

上述两种观点的所占比例约为1:1，可见医生对于游戏成瘾进行疾病认定的分歧较大，在59位专家中，有两位外国专家皆否认游戏成瘾是"病"：一位认为世卫组织还没搞清楚智能电子设备和儿童健康之间的关联。[⑦]另一位持论世卫组织只是希望在疾病目录中列入"游戏失调症"，不是一并归类为"成瘾"，[⑧]可见，游戏成瘾究竟应该被归类于纯粹的病理学还是精神病理学，目前还存在争议，然而，这种争议并没有被媒介深挖。

---

① ［荷］梵·迪克：《作为话语的新闻》，曾庆香译，华夏出版社2003年版，第12页。
② 白剑峰：《孩子网游成瘾　需要医生帮助》，《人民日报》2018年5月24日。
③ 李晓宏、王君平：《游戏成瘾列入精神疾病》，《人民日报》2018年6月20日。
④ 王君平：《如何规范治疗游戏成瘾》，《人民日报》2018年8月3日。
⑤ 施南：《手机成瘾危及心理健康》，《人民日报》2018年3月20日。
⑥ 王君平、许悦：《多管齐下治网瘾》，《人民日报》2018年8月10日。
⑦ 施南：《手机成瘾危及心理健康》，《人民日报》2018年3月20日。
⑧ 冯雪珺：《德国青少年沉迷社交网络引忧虑》，《人民日报》2018年3月23日。

　　青少年研究专家、心理专家和教育工作者的观点所占比重最大，有30人次，占比51%，这些专家分别来自高校、社科院、中科院、中小学等，观点多注重网络成瘾的原因分析，并从各自领域提出专业性建议，这些对策可概括为"学校引导、家长言传身教、游戏公司技术控制、职能部门强化监管，形成完整、有效的闭环"。① 专家想象这种新形式的秩序和理解新概念的能力很强大，但由于部分专家只掌握基于空间和时间的地方性知识，常出现用旧词来诠释新知，用原有事件来比附亚文化中的新现象，这使得主流文化作为在先的知识资源，规定着理解亚文化的视野和方向。②

　　专家的建议有三个特点：一是个别专家用"洞见"掩饰对亚文化思想的"不见"。他们未探索各种可能，形成知识上的懒惰，很难理解从游戏的经验中认识世界的青年群体。"区区一些技术产品，又何足为敌"③、"通过隔离不让孩子玩游戏"④等观点表明专家的视野与游戏文化的知识发展剥离，两者间缺乏充分的沟通性解释，这也说明在表达性真实的论域中，表达者的认识水平、认识条件、对符号的掌握情况决定表达的真实性程度。话语和现实的不一致最能表明表达的不真实性。二是有些专家的观点已在实践中体现。如实名制、成立专家委员会制度等。⑤ 三是有些观点为中外专家共同认可。如国内学者"建议将学校的信息技术课改为媒介素养课"⑥，报道中的一些国外学者也持类似观点：英国一名小学校长指出，应设置相应的课程，让孩子们正确认识网络游

---

① 周珊珊、孙志男：《怎么玩才健康　玩什么才恰当》，《人民日报》2018年9月5日。

② 葛兆光：《中国思想史（导论）》，复旦大学出版社2017年版，第76—77页。

③ 张烁：《让游戏点亮快乐童年》，《人民日报》2017年7月6日。

④ 张烁、麦田：《让青春的表情像花儿一样》，《人民日报》2011年4月29日。

⑤ 王玉琳、宋静思：《"三无网游"顽疾待治》，《人民日报》2018年4月12日。

⑥ 王舒怀、赵梓斌：《"网一代"来临》，《人民日报》2010年2月9日。

戏，① 韩国政府将开发相关游戏文化教材。②

网瘾救治机构对"病人"有一套完整的训诫程序，类似于韦伯所说的"仪式性宗教"。这种控制能否实现效果，关涉主流文化的引导策略和亚文化中的群体接受策略。随着实践发展，即便是网瘾治疗主体也质疑这种训诫方式（如电击、殴打等），转而以知识传播者（医生或大学教授等）的角色出现，这种转变的本质是权力的转移，电击和殴打是典型的暴力，它是一种低质权力（low quality power），只能用来惩罚。知识是高质权力（high quality power），意味着效率，即能用最少的权力之源达到某个目标。知识可用于惩罚、奖励、劝说甚至转化工作。③ 用医疗话语制造和包装其盈利动机，这种商品化的批判尤为让人揪心：对话有了正式的组织形式，其本身亦有了消费形式。文化商品的商业化曾经是批判的前提，但批判本身却不是商品，"批判是私人财产所有者作为'人'而且仅仅作为'人'的交往领域的中心"④。疾病被隐喻为另类文化的重度参与，而这些参与又被看成疾病：2013 年某网瘾治疗机构首次主张网游成瘾是疾病⑤，提出详细的"网络成瘾临床诊断标准"。⑥ 这些观点从论证的逻辑到叙述的词语，无不包含着专业的知识话语，从以前的暴力规训转变成意在使读者接受的话语，映射出资本通过知识的形式遮蔽盈利意图，或者，资本恰是利用网游成瘾群体对抗主流生活作为自身发展的动力。

（二）媒介参与下的治理建构

《人民日报》对职能部门的报道主要是纳入规范治理的框架内，多

---

① 　强薇：《英国收治首例"网络游戏成瘾"患者》，《人民日报》2018 年 7 月 5 日。
② 　莽九晨：《韩国出台网络游戏管理新政》，《人民日报》2010 年 4 月 19 日。
③ 　宋林飞：《西方社会学理论》，南京大学出版社 1997 年版，第 525 页。
④ 　石义彬：《批判视野下的西方传播思想》，商务印书馆 2014 年版，第 68 页。
⑤ 　李晓宏、李世琦：《网瘾也是精神疾病》，《人民日报》2013 年 9 月 27 日。
⑥ 　冯春梅、徐春峰：《我国网瘾标准首获国际认可》，《人民日报》2013 年 7 月 17 日。

是对新出台政策或法规的宣传。和游戏治理相关的部门涵盖了国务院法制办、国家互联网信息办、文化和旅游部、新闻出版广电总局、中央文明办、教育部、公安部、工业和信息化部等多元主体，报道涉及的规范文件有 11 部，这个过程形象展示了治理与知识彼此支持、相互依存。

报道中规范游戏的话语经过主管机构出台的一系列文件确认后，为话语转变为具体的治理行为提供可信依据。出台政策规范的职能部门最大的特色是多部门联合，其中又以文化和旅游部出现的频率最高。在报道的 11 部规定中，有 8 部的核心主题是"防沉迷"或"防成瘾"。从关键词中可以看出规范的思路是技术控制和多方力量结合，技术控制的对象包括游戏企业、游戏内容、玩家，规制的策略包括内容核查、控制增量、实名注册、控制时间、用户警示等，这些词语表达着主流世界的秩序，它们在文中反复出现，起到一种关于"异域想象"的微妙作用。这种想象选择和切割读者的思想，使内容变成易于接受的知识，所以，对另类文化的呈现预设，影响着大众媒体对"他者形象"的描述。

三、"冲击—反应"模式存在的问题

关于游戏成瘾国内外个案报道的选择，与其说集纳的是事实，不如说是在搜集"能指"（signifiants）并把其按照一定形式组织起来。这种报道模式经过主流思想和知识的皴染和涂抹，经过文本的选择和润饰，被攫入某种深刻的文化或经济意图。记者和专家反思"成瘾"所依据的主流文化的一些观念，往往有着无须证明的合理性，如"网游成瘾"这个词中的因果关系，这种合理可能导致一种后设的观察、一种建构的文化史。从这个角度来说，游戏成瘾不是身体疾病，而是一种逻辑或哲学病理的适应不良。①"冲击—反应"的报道模式存在的问题有：

第一，传播者以陌生人的身份邂逅游戏文化。报道者所处的物理世界和符号系统迥异于游戏玩家，由此形成的报道忽略了网络游戏的知识、社会背景，报道者对这个陌生的领域有时不太理解，对其实际功能只能诉诸想象。网络游戏的背后，有一套知识和处理知识的权力，游戏文化的丰富性、多变性或价值方面要比报道对这种文化的解读更复杂。报道忽略的一些内容，可能在亚文化中是支配性观念，而报道最终沦为对不同文化之间关系的确认手段。

第二，传播者总是选择性地使用对某个群体有利的素材，缺乏一种对不同经验保持开放的特质，而拥有这种特质的传播者通常会乐于听到和体验新观点，对于传统的安排也不墨守成规。

第三，报道策略性地回避游戏成瘾中的复杂内容，并借助医疗术语把"反常"转变成症候，由此得出有待商榷的结论。个别偏见既影响网游成瘾者的外在命运，也影响其内在意识，使被报道者背负偏见给他所塑造的形象。

第四，此模式最大的问题在于"成员体验"的缺失，缺少对新的文化"理解和洞悉"的过程，相对于"理解"而言，报道做的更多的工作是"评论"。

除了上述四个问题外，还有社会贬损和医学病理化问题，这二者在舆论场域中广泛传播，共同构成一种言语和文化层面的立场。"冲击—反应"模式擅长一种价值判断和情感表达，存在理论与技术上的窘迫，毕竟，其所用的材料只是迂回与外围助力，不能切中游戏场域中的思想世界，尤其是游戏玩家的"一般知识、思想与信仰世界的本相"。报道中所秉持的是一种"支配"的知识观，报道的"用意在于'把握'、支

---

① ［英］彼得·沃森：《西方思想史》，杨阳译，译林出版社 2018 年版，第 717 页。

配客观世界。在表述形式上，它将努力表现为一系列严密、清晰、彼此有逻辑关联的命题"。① 关于网游成瘾报道的新闻默认媒体可以超越网络游戏的社会实践，掌握关于这种亚文化的所有事实，它总是以知识权威的定位来指导人们，尽管指导者对具体的实践可能一知半解。因此对于青年文化媒介真实的呈现需要一个"去熟悉化"的过程，把作为背景的亚文化思想现象拉近，放在焦点处加以叙述。②

"冲击—反应"模式也并非一无是处，其最大的功用在于，将个人的困扰和思虑转换为可直接诉诸理性的社会论题，但这还不够，我们需要进一步思考的是如何把这个公共论题转换为它对各种类型个体的人文上的意义。从布罗代尔"长时段"的观点来看，游戏产生于社会结构的薄弱环节，其中的大量知识展现出一幅丰富的相互关联的文化图卷，它是另类生活的象征和新文化的一部分，因此它在培养用户的社会行为方面起着重要作用。较之于"冲击—反应"模式，更需要通过文化记忆、思想资源和重新诠释等手段来深度描写一种"异类资源"。当然，如果我们仅关注网络游戏的内在变化，会忽略其发展的变量，如果过于强调外部影响，又可能只注意到它带来的冲击和主流文化的被动回应。

那么，如何才能更好地实现文化报道中的表达性真实呢？本书提倡一种"内部取向"（internal approach）的路径，即"内缘立论、外缘出发"（葛兆光语）的呈现模式："内缘立论"指以一种具体微观的视野，走进游戏场域内部来反思和批判这种亚文化，而不是以道德姿态，远离游戏本身来进行批评。"外缘出发"不仅关注冲击和影响，还综合考虑影响具体文化的各种变量。这种模式重视检讨媒介报道所

---

① 项飙:《跨越边境的社区:北京浙江村的生活史》,生活·读书·新知三联书店 2018 年版,第 450—451 页。
② 葛兆光:《中国思想史（导论）》,复旦大学出版社 2017 年版,第 64—65 页。

依据的个案或经验材料选择的范围，试图重新建立一套核查的价值标准。对主流文化所熟悉的因果链条之外的乱象进行梳理，强化关于游戏亚文化的思想介入和脉络清理，从而更接近真实的亚文化景观，这是对"冲击—反应"模式的反拨。这种新模式体现在报道手段上就是要关注对亚文化"社会组成方式"的探求，"它希望读者理解、体会，以至'体味'这个社会。在这个取向下，不同文化之间的沟通和冲突，不被看作是两个实体碰在了一起，而被看作是不同的社会组成方式纠缠在一起"[①]，唯有如此，才能对网络游戏文化和主流文化之间的差异性和统一性有更好的理解，也只有这样才能跳出"冲击—反应"的模式来想象不同文化之间的关系，这是当前以描写为主的报道中所欠缺的视角。

"内缘立论、外缘出发"的模式认可网络游戏文化和主流文化之间存在深度差异，该模式下的大众媒介摈弃用那些普遍应用的大规模理论去诠释亚文化，转而关注"他者"行为的有效度和自身尊严，看到的是各种组成方式的延展性以及不同文化之间的可沟通性与交错性，这种"从对亚文化面目的描写到对社会组成方式"的报道模式转化，让报道者从"权威知情人"的角色转变成"被述说者和报纸读者之间的媒介"，使得以网络游戏为代表的亚文化成为一种可以被理解的媒介真实。总之，非常态的社会生活包括各种生动的多元性，而不是"无力的共性"，唯有如此，"不同文化间的对话"才能延续，这种对话最为理想的状态是哈贝马斯所谓的"理想对话共同体"，"在这种理想化的环境之下，没有个人或理念上的层级限制。在公开场合，各种意见都具有价值，而且为了探索社会中的真知灼见，各种观点都应该表达出来。在这种模式之

---

① 项飙:《跨越边境的社区：北京浙江村的生活史》，生活·读书·新知三联书店2018年版，第455—456页。

下，决策不容易也不可能很快做出，但参与的这种民主优势以及解决政策问题所产生的创新理念，使得额外花费的时间和资源具有了正当性"。[①] 但是，需要强调的是，不论是何种报道模式，他们本质上都在建构一种媒介事实。

第二节　不容忽视的受众事实

第一节分析了事实核查中的表达真实层面的问题，但是研究对象的局限性在于，围绕同一客观事实的各方主体处于不对等的地位，这样的状况对真实的认知会产生影响。在实践中，还会出现不同的主体围绕一个客观真实表达出不同甚至截然相反的观点，这些传播者按照各自编码要求，对筛选和锁定的事实用不同的符号进行编码。在这种情况下，受众事实的重要性就凸显出来了。

在移动互联网时代，新闻传播从"信我"时代变成"秀我"时代，这两个"我"所指却完全不同，前者指新闻工作者，而后者指受众，即新闻消费者，这一变化体现了数字时代的权力更迭，职业把关人把核查的权力交给了新闻消费者。[②] 个体或者群体作为核查的主体，这种现象越来越普遍，传授双方的互动成为事实核查实践中非常重要的考量维度，反之，在网络空间上缺乏互动的核查之举是难以持续长久的，本部分拟以西安地铁的一次宣传事件为分析对象，来探讨参与核查的个人与机构进行互动背后的受众事实问题。

---

① ［美］盖伊·彼得斯：《政府未来的治理模式》，吴爱民、夏宏图译，中国人民大学出版社 2013 年版，第 47 页。

② ［美］比尔·科瓦奇、汤姆·罗森斯蒂尔：《真相：信息超载时代如何知道该相信什么》，中国人民大学出版社 2014 年版，第 35 页。

一、企业传播面临部分挑战

2020 年 9 月 19—20 日,"西安地铁"和"西安地铁致歉"分别作为关键词登上微博热搜,作为网红城市,这个处于西北的城市擅长移动互联网时代的城市传播,但是此次事件却引发舆情。事件的起因是西安地铁在 2020 年 9 月 18 日通过微博推送一篇宣传稿,主要内容是:"# 遇见最美西安 # 近日,地铁 2 号线钟楼站内,一位踮着脚走路的女乘客被脚上新鞋磨破了脚。地铁工作人员立即拿来医药箱,为乘客简单处理伤口,并送上创可贴备用,女乘客对工作人员的细心帮助表示感谢"[①]。这种内容具有企业新闻的特点,内容设计的像新闻,但是背后的生产主体却是企业或者特定的机构团体,它依靠的不是准确或者客观的新闻理念来传播,而是一种商业文化的宣传,在这种背景下,语言就是媒介,媒介就是隐喻,而隐喻创造出文化,事实的进程是在体制内发生的,"它不可避免地是一个有导向的进程,因为体制是有目的地在运作,同样无可避免的是新闻的扭曲(deformation),它是全然无意地随着这一事实而来的,即目前一桩事件的'意义'既不包括在事件的本身之内也不取决于事件本身"[②]。

对于这篇有图有百余字的企业宣传文案,无论是创意还是文采,皆无可圈可点之处,按照"有图有真相"的逻辑,事实似乎也没有什么特殊之处,信息的生产是企业组织中的集体行为,虽然"意义的生产不是单独的、私人的过程,而是社会的、公开的过程"[③],但是网络中的主体具有多重性,信息的传播网络也有多元性,这表明统一的"网络文化"出现的

①　《西安地铁:一条创可贴引发"翻车"事故》,搜狐网,2020 年 9 月 19 日。
②　[德]阿诺德·盖伦:《技术时代的人类心灵:工业社会的社会心理问题》,何兆武、何冰译,上海世纪出版集团 2008 年版,第 58 页。
③　[美]亨利·詹金斯:《文本盗猎者:电视粉丝与参与式文化》,郑熙青译,北京大学出版社 2016 年版,第 71 页。

可能性很低，从信息的消费环节来说，对于符号的消费和解读则是个性化的，甚至被称作"一种孤独的行为"，其最大的特点个性至上，导致受众与企业传播的愿景决裂。在 2020 年 9 月 19 日，当事女乘客通过自媒体对西安地铁的宣传做了另一种解读，大致观点是"这个事件中，西安地铁作为公众媒体的，做了不实的报道"。通过传播切身感受到的事实，参与者的公共生活和私人生活之间出现了混淆，她用充满个人感情的语言来理解公共事务，此时的言语更像一种通过个人形式的话语权争夺，而且当事人也有着不言自明的能力，这种核查造成了一种新型事实的出现，即"受众事实"，它"是受众按照各自的话语策略对媒介事实进行解码的结果，是受众通过媒介所获得的事实，是他们所理解的事实，也是他们对媒介符号进行解码、阐释和还原的结果，这是一种主观事实"①。

二、大众媒介参与下的"求证"实践

"在新闻层出不穷的时代，当信息来自不同的信源时，最好核实一下，作为新闻消费者，我们要寻找这种核实发生过的标志。已经知道了什么信息？已经确证了什么信息？哪些信息还没确证？这和我已知的信息一致吗？少了什么？"②分析西安地铁的文案、当事人的核查之举和热搜上导语的书写立场，可以看出，三方基本围绕图片在做解读，西安地铁是通过图片建构出自己的媒介真实，来实现提升其社会责任的传播效果，而图片中的当事人，则围绕故事背后的细节问题展开一系列澄清，这些细节在图片中是无法看到的，比如行为背后的人物心态，即求助时哪一方处于主动地位，哪一方处于被动地位；图片中的药箱如何出现在

---

① 米丽娟：《新闻求真方法论研究》，四川大学出版社 2014 年版，第 110 页。
② ［美］比尔·科瓦奇、汤姆·罗森斯蒂尔：《真相：信息超载时代如何知道该相信什么》，陆佳怡、孙志刚译，中国人民大学出版社 2014 年版，第 113 页。

现场，使用多长时间；再就是照片生产的过程，是抓拍和摆拍？当事人的这种思路十分精准地让公众认识到该企业在文中使用的"立即"、"简单"之类的形容词在宣传中可能出现的问题，进一步引发公众对于当前一些宣传中的摆拍等行为的厌恶，这种具有公益性质的企业但凡有些风吹草动，都很容易引发公众的敏感情绪。热搜的导语在短短百余字中悄然置换了概念，拿日常工作的辛苦付出和摆拍进行对比。从信息核查的角度来说，该案例是"受众核查"信息的典型个案，留下了很大的研究空间。因为，此案开启了用事实核查来抵抗价值核查的先河，即对于当事企业发布的文案而言，事实只是一种手段，一种搭载价值观和政治立场的工具，在宣传中，事件的细节性真实往往让位并服从于价值和政治上的真实，通过运用引语、挑选信源或者主观性强的文字，引导读者得出特定的结论，在这样的逻辑下，西安地铁所在的网络社交媒介微博中的内容核查员对于此类宣传稿的真实性是无法辨别的，而事件亲历者的信息澄清使我们思考：基于事件的部分事实生产出来的价值和政治观完美的宣传文案，这种缺乏合法性基础的完美能使宣传背后的价值观为公众所认可或接受吗？这需要区分公众的类型有哪些：

> 公众被分为三种类型，一种是在某一特定话题上，我们可能是参与的公众中的一员，与议题存在直接的个人利害关系而且深刻理解该议题；也可能是感兴趣的公众中的一员，与议题不存在直接联系但承认其影响并偶尔关注；也可能是一个无关的公众，几乎不关注该议题，这三类群体构成了丰富多元、动态和不断互动的公众，他们之间相互影响。①

---

① ［美］比尔·科瓦奇、汤姆·罗森斯蒂尔：《真相：信息超载时代如何知道该相信什么》，陆佳怡、孙志刚译，中国人民大学出版社 2014 年版，第 206 页。

西安地铁事件上热搜反映了第二类和第三类公众对于这种事件亲历者（第一类公众）和地铁官方的不对等的信息核查权之争怀有浓厚的兴趣，聚焦在媒体放大镜下的这个事件的发展也是一波三折，一个重要的时间节点发生在 2020 年 9 月 19 日下午 3 点 28 分，《南方都市报》网站发布了《西安地铁宣传送创可贴遭质疑！回应称没做错，乘客自述非实情》，"有关负责人表示，事件真实情况与当事乘客所说的有很大出入，在该事件上，西安地铁没有做错"①。事件似乎朝着新闻连环反转剧的方向发展，不过此后的反转都是处于强势地位的企业在表演，紧接着又出现了一次反转，时间节点发生在 2020 年 9 月 19 日下午 5 点 29 分，西安地铁官方微博发了一条致歉声明，截至 2020 年 9 月 20 日上午 10 点，这则致歉声明的转发量为 839，评论数量为 2559，点赞量为 21315，这个数据表明，这则新闻并没有想象的那么具有热度，声明的核心观点有："有工作人员在未征得当事乘客同意的情况下对过程进行拍照，在未征得当事乘客同意的情况下编发微博信息，给该乘客带来一定不良影响"，可以看出这则致歉声明中，对事实的描述基本是针对事件亲历者的三点回应，谁主动、拿药箱过程、拍照的形式等存疑的环节都在这里从自己的视角做了叙事，基本意味着当事人所做的"信息核查"是客观真实的，这也说明能够激起人们情感的公共问题的特征是，尽管它有些非人格特点，但是却被一部分人认为是个人的事情。互动本身并不是目的，在企事业单位的宣传工作中，通过良性的互动来提升服务质量才是其应有之义，西安地铁的创可贴宣传事件确实给当事企业带来一些改变，比如，删除不实信息微博、就没经当事人同意拍照而致歉、反思工作中的形式主义问题等。这些措施有助于深入理解受众真实的重要作

---

① 詹晨枫：《西安地铁宣传送创可贴遭质疑！回应称没做错，乘客自述非实情》，《南方都市报》2020 年 9 月 19 日。

用，它让我们看到不同群体在争夺对"真实"进行界定的权力，著名的"托马斯定理"说明了这种"真实"的魅力所在，"如果人们把一种情境定义为真实的，那么它们在结果上也就是真是的"①，以本处所讨论的案例为例，如果当事企业被认为作了不诚实的宣传，那么，该企业就没有多少选择的空间，而只能按照这个标签去行动。如果某一个体被认为是个不受欢迎的人，那么他也会面临一系列被设定好的行为框架。

至此，事件的发展算是告一段落，需要反思的是，在这个舆情的发展过程中，当事人作为信息核查的主体，是如何在短短两天就让事情的真相大白于天下的？其中主流大众媒介的"推波助澜"功不可没，如《新京报》先后刊发了《西安地铁回应"微博宣传送创可贴"：责成相关人员深刻反思检查》，评论文章《西安地铁致歉，这一场"摆拍秀"尴尬了谁?》，澎湃新闻先后刊发了《西安地铁送创可贴被指形式主义，回应：向乘客道歉，反思检查》，评论文章《别给好事加戏，吸取这枚"创可贴"的教训》，《南方都市报》先后刊发了《西安地铁宣传送创可贴遭质疑！回应称没做错，乘客自述非实情》，评论文章《西安地铁陷摆拍争议，别让虚构加工毁了好人好事》，西安本地的媒体《华商报》和陕西传媒网都先后加入了对这一事件的讨论之中，如果没有这些主流媒体的助力，普通个体和机构之间的互动能取得如此显著的效果吗？答案显然是否定的，因此，在以个体为主进行信息核查的实践中，个体和大众媒介需处于一种良性互动的状态，如果没有这样一个前提条件，在事实核查过程中，个体参与的效果是堪忧的，即这种表演是处于一个复杂的符号体系中的。不管怎么说，我们发现就某一事件而言，确实能在利益诉求不同的主体之间实现共识，"共识不等于所有社会成员就所有问题或大多数问题达成一致意见，而意味着我们要养成人际互动、讨论、争

---

① 宋林飞:《西方社会学理论》，南京大学出版社 1997 年版，第 268 页。

辩、协商和妥协的习惯，要容忍异议的存在，甚至要克制自己、时刻保持冷静。当然前提是社会中不存在明晰而即刻的危险"①。

本章小结

关于"网游成瘾"的报道通过对知识的占用和分配来使核查发挥作用，呈现出的内在理路是，网络游戏作为一种亚文化，在主流的知识与思想中推衍与扩张，报道中一些常用的关键词却有着终极依据的隐喻。关于游戏的理解框架、诠释结构、观察视角和价值标准，控制着人们对于网络游戏的判断与解释，出台政策规范的职能部门最大的特色是多部门联合。《人民日报》对职能部门的报道主要是纳入规范治理的框架内，多是对新出台政策或法规的宣传。在报道的 11 部规定中，有 8 部的核心主题是"防沉迷"或"防成瘾"。从关键词中可以看出治理的思路是技术规范和多方力量结合，前者涉及的对象包括游戏企业、游戏内容、玩家，规制的策略包括内容审核、控制增量、实名注册、控制时间、用户警示等。"内缘立论、外缘出发"的模式认可网络游戏文化和主流文化之间存在深度差异，该模式下的大众媒介摈弃用那些被普遍应用的大规模理论去诠释亚文化，转而关注"他者"行为的有效度和自身尊严，看到的是各种组成方式的延展性以及不同文化之间的可沟通性与交错性。在以个体为主进行事实核查的实践中，个体和大众媒介需处于一种良性互动的状态，如果没有这样一个前提条件，在信息核查过程中，个体参与的效果是堪忧的。

---

① 〔美〕伊莱休·卡茨等编：《媒介研究经典文本解读》，北京大学出版社 2011 年版，第 119 页。

结　语

网络媒介的发展重塑了人们对于时空的认知，永不停息的信息传播表现着生活的万般风情，也改变了社会的发展，带来一系列社会问题，同时这些问题带有明显的本地性特色。自 20 世纪 30 年代社会学家吴文藻、心理学家潘光旦提出社会科学的中国化诉求以来，"本地性"层面的紧张尤其在全球化时代日趋突出。① 相对于整个互联网的内容把关而言，事实核查制度或许蕴含一种中国化的诉求于其中，它是一种反映现代生活分裂的社会事实，需要批判，也需要建设，尤其需要在批判的基础上进行建设。

关于新闻时效和新闻真实之间的矛盾，马克思给出的方法是"报纸之间的有机运动"，在当前，事实核查从策略层面解决了时效和真实之间的张力，所以它非常重要，本书对这一概念及实践做了一个从里到外、从外到内的全方位的拆解和分析，并探析了这一社会事实的结构性发展趋势，发现事实核查的嬗变分别体现在主体、方法和事实类型等三个方面：就主体而言，从新闻机构中的专业核查者嬗变成草根群体的核查者、内容产业中的把关人和企业中的内容审核员；就具体的方法而言，核查从实证和逻辑推理的手段扩散到通过对合规则性的说明来作为方法；核查的事实类型也从"主观意识中的真实和客观真实的一致"变成"符号表达与主观意识的一致"，就不同事实类型而言，大众传媒事

---

① 　刘小枫：《现代性社会理论绪论》，华东师范大学出版社 2018 年版，第 139 页。

实核查中的事实是"媒介事实",而嬗变后的事实则扩散到受众事实。这种嬗变其实也是一种内容把关方式的发展,我们发现把关权不再仅仅存在于管理机构之中,还存在于诸如微博、微信、抖音、快手等媒介的网络之中,大众媒介的把关技能被转变成服务于治理权力的方式。媒体中的事实核查是一种职业技能,它更侧重对世界"本身面貌"的查证,而不是按照核查者想象中的模样去查证,实践中的核查类栏目分布在不同种类的媒体中,存在的时间都不长,缺乏持久的发展动力,在选题方面侧重于日常生活层面上的议题,这一点和西方的事实核查差别最大。互联网时代我国内容审核实践和职业的兴起,虽然有受大众媒体内部事实核查理念影响的背景,但在诉求和运作模式上存在着巨大的差异,更多是中国迅速迭代的媒介格局变化的内生性需求。内容审核则既是一种政治需要,又是一种职业技能,该模式改变了管理主体直接介入到内容生产环节的态势,转而把对内容把关以一种较为职业化或者专业主义的面目呈现出来。这种制度的设计与生成与其说是内容把关模式的创新,不如说是网络社会发展中的人类思想史层面上的一个事件。这种定位非常重要,因为它为我们带来新的关于事实核查的角色和新的视角。

原来的针对报纸、电视等传统媒体的管理模式固然有着明显的优势,但是也存在回应弱、效率不显著等问题,这使其越来越难以应对错综复杂的国内外传播格局。网络平台迭代迅速,新问题层出不穷,即便新出台的法律规范都很难跟上这种复杂的形势,因此,之前被寄予厚望的法律,在解决一些具体的问题层面似乎力不从心。在移动短视频平台中,把内容核查纳入职业化的框架被践行的最为彻底。内容核查实现了一些转变,如从原来的让新闻舆论主管机构"为民主做"转变成"让网络平台和用户自己做主",内容审核建构出一个各种话语竞争的场域,伴随与此的还有一个注重企业和用户参与、多方合作治理的新型互联网内容把关模式,它所建构出的秩序并不意味着只有依靠管理权支配才能实现。从嵌入式理论的角度而言，内容审核介入的空间基本上是主管部门或者传统的内容把关者让渡出来的，主管部门在无暇顾及如此琐碎问题的情况下，接纳了内容审核的做法，另外，政府管理部门也可能用内容审核的优势进行创新服务，最典型的例子是开发了一套颇具媒介景观的联合辟谣平台，这是事实核查新拓展的空间，但是总体来说，让渡的空间要大于拓展的空间。

各种平台上的内容审核是一种建设性的网络社区治理新形态。在内容审核的实践中，依然存在着"用户参与"和"行政机构主导"之间的张力，思考如何把后者内化于内容审核的职业层面和生产流程在当前做得还不够充分，关于内容审核的"地方知识"和"内生力量"的研究还有很大的提升空间。内容审核的主体因与互联网原有治理主体的不同利益关联而分为合作式、竞争式和依附式三种嵌入关系。多元的治理主体通过信任机制、行动机制和能力机制将内容审核的策略予以实施，最终实现多重治理效果。在这种情景下，"事实核查"既非纯粹观念性，也不仅是现实性的，而是两者相结合下的一种象征性行动。这为互联网内容治理的改革提供了一个相对合适的空间，但是，事实核查的实践也体现出权力关系和生产关系对于社会和文化建设的重要性。

嵌入治理视角下内容审核制度可能存在的问题有：一是多元主体的专业性和自主性问题。政府和互联网公司的嵌入式治理迫使内容核查组织采取主动嵌入管理和资本的方式赢得资源和内容治理中的机会，这种依附式的状态有可能导致新型组织丧失了专业性和自主性。二是不同的网络平台是否会影响作为嵌入式治理的内容核查的效果。当前事实核查被作为一种普遍性的内容把关模式，涉及网络媒体、各类移动终端、网络游戏、音视频甚至移动终端上的浏览器等，尽管本书研究的网络媒体、移动音视频等都实现了内容审核制度的嵌入式治理，但这并不意味着不同的网络平台类型对嵌入治理没有影响，验证这个假设需要一套详细的操作流程，如对事实核查组织和其服务的类别进行变量控制，比较分析核查的过程和效果，这样才可能证明平台类型和嵌入式治理之间的关联所在。[1]

在现有背景和制度空间下开展的事实核查实践，呈现出专业建制化特征，"所谓建制化是指个体或组织朝向与国家体制之关系更紧密的方向变化其社会位置"[2]，它表现出明显的路径依赖，传统的治理格局在内容审核的实践过程中依然表现明显，尤其在互联网联合辟谣平台的实践中，这种格局的积极影响是事实核查获得了一定的发展空间，消极影响则是核查工作的专业性在实践中有被弱化的可能。尤其不能忽略的是，事实核查实践改变了互联网内容把关中的由上而下的法律制度安排，一些具有中介作用（譬如一些外包机构）的组织实践着自下而上的生产秩序。因此，在研究事实核查制度时，要注意它新颖的形式中所包含的旧要素，或者它试图通过新颖的形式所想要融合的旧要素。

培养用户的怀疑性认知方法尤为重要，批判精神和理性分析精神会让普通人意识到，看到并不等于了解，若干事实和真相之间不能画上等号，更重要的是，他们需要掌握一套检验与评估证据的系统方法，一旦普通人拥有这种时刻怀疑自己的知识和理解力，那么在面临不同的新闻信息时，他们就会做出更加科学的思考，而这些有助于把握事实核查的方向，确定新闻求真的前提与界线。事实核查嬗变的路径揭示出其作为社会治理的新形式的可能性，可以肯定的是，其最终目的不是聚焦于信息传播的效果，而是把用户还原成鲜活的人，在于人的解放，把文化工业中的大众从由于工具理性而造成的各种束缚中解脱出来。事实核查作

---

[1] 刘帅顺、张汝立：《嵌入式治理：社会组织参与社区治理的一个解释框架》，《理论月刊》2020 年第 5 期。

[2] 朱健刚、陈安娜：《嵌入中的专业社会工作与街区权力关系——对一个政府购买服务项目的个案分析》，《社会学研究》2013 年第 1 期。

为一种生产形式，不仅为主体创造了一种客体，也为客体创造了一种主体，21 世纪以来，从"人不分男女老幼"式的"人民战争"到"民间万人鉴定团"再到"网络志愿者"，这种用户参与的网络内容鉴定的发展越来越成规模，也越来越专业，在这个持续的过程中，发起者发生了重要的改变，从原来的精英个体转变成了互联网公司或者第三方边界型机构，这其中鉴定的内在动力机制发生了巨大的变化，原先是非利益相关者基于社会责任感而发起的行动，后来逐步变成利益相关者基于自身长远发展利益而展开的职责范围内的行为。

　　事实核查实践体现出一种复杂的国家社会关系，它不同于传统，但又是传统的延续，它塑造了新的可能性，但又受制于旧的路径。这一实践极具意义，因为它带来新的因素，是变化和改善的动力之源；同时它又是制度性的安排，具有极强的可复制性。① 我们还不能忽略这种模式下的社会资本问题，社区治理有三大核心主题："社区领导力、促进公共服务的供给与管理、培育社会资本……社区的社会资本主要包括信任、对自己所属团体的关心，以及遵守社区规则"②，因此跨越内容核查表层的诸多行为，面对一个人们无法直接全面接触的互联网世界，网络场域中的信任感、群体归属感和用户普遍认同并遵守的规则将是事实核查研究延伸出的纵深研究，这意味着未来辨别新闻内容真假的责任会落到每一个普通网络用户的肩上，他们是自己的编辑、自己的核查员和自己的社交媒介真正的所有者，这些设想很可能成为未来该领域研究的热点问题。

　　历史研究可分为三个层次，第一个层次是对一手史料的撰录，第二个层次是后世学者对历史进行消化和反省，第三个层次是通过对历史的

---

① 管兵：《竞争性与反向嵌入性：政府购买服务与社会组织发展》，《公共管理学报》2015 年第 3 期。

② 夏建中：《治理理论的特点与社区治理研究》，《黑龙江社会科学》2010 年第 2 期。

阐释来建立理解全人类发展的问题的一般理论[①]，本书通过事实核查对社会一个很小的切面做了观察，但很显然，还处于重视经验材料积累和撰录的层面。本书既就事实核查提出一些独到见解，而且还激发了一些新的问题，这些问题没有被本研究所关注：事实核查不能忽视网络平台的异质性问题，但是在实践中这却是一直存在的问题。如果承认本书所研究的一些个案具有独特性（它们也确实具有独特性），实际上也就认可了不同网络平台之间具有异质性，这也意味着研究的诸多个案和互联网时代外部宏观力量之间的作用方式有所不同，既然这样，通过这些个案的属性及其与外部的诸多力量之间的联系就无法阐明整体的复杂性。

---

① ［美］伊莱休·卡茨等编：《媒介研究经典文本解读》，常江译，北京大学出版社2011年版，第182页。

参考文献

一、专著

1.[美] 比尔·科瓦奇、汤姆·罗森斯蒂尔：《真相：信息超载时代如何知道该相信什么》，陆佳怡、孙志刚译，中国人民大学出版社 2014 年版。

2.[法] 让 – 诺埃尔·卡普费雷：《谣言：世界最古老的传媒》，郑若麟译，上海人民出版社 2008 年版。

3. 刘小枫：《现代性社会理论绪论》，华东师范大学出版社 2018 年版。

4.[英] 安东尼·吉登斯、飞利浦·萨顿：《社会学》，赵旭东译，北京大学出版社 2018 年版。

5.[美] 马克·格兰诺维特：《镶嵌：社会网与经济行动》，罗家德译，社会科学文献出版社 2007 年版。

6. 宋林飞：《西方社会学理论》，南京大学出版社 1997 年版。

7. 米丽娟：《新闻求真方法论研究》，四川大学出版社 2014 年版。

8. 石义彬：《批判视野下的西方传播思想》，商务印书馆 2014 年版。

9. 吴飞主编：《马克思主义新闻传播思想经典文本导读》，浙江大学出版社 2005 年版。

10.[美] 马克·波斯特：《第二媒介时代》，范静哗译，南京大学出版社 2000 年版。

11.[美] 保罗·莱文森：《新新媒介》，何道宽译，复旦大学出版社 2011 年版。

12.[美] 曼纽尔·卡斯特：《千年终结》，夏铸九等译，社会科学文献出版社 2006 年版。

13.[英] 约翰·阿米蒂奇：《维利里奥论媒介》，刘子旭译，中国传媒大学出版社 2019 年版。

14. 王迪：《街头文化：成都公共空间、下层民众与地方政治（1870—1930）》，商务印书馆 2013 年版。

15.[美] 尼尔·波兹曼：《技术垄断》，何道宽译，中信出版集团 2019 年版。

16.[西班牙] 奥尔加特·加塞特：《大众的反叛》，广东人民出版社 2012 年版。

17. 闵大洪：《中国媒体 20 年：1994—2014》，电子工业出版社 2016 年版。

18. [美] 孔飞力：《叫魂：1768 年中国妖术大恐慌》，陈谦、刘咏译，上海三联书店 2012 年版。

19. [英] 彼得·沃森：《西方思想史》，杨阳译，译林出版社 2018 年版。

20. [美] 道格拉斯·凯尔纳、斯蒂文·贝斯特：《后现代理论》，张志斌译，中央编译出版社 2004 年版。

21. 杨念群：《再造"病人"：中西医冲突下的空间政治（1832—1985)》，中国人民大学出版社 2006 年版。

22. 葛兆光：《中国思想史（导论)》，复旦大学出版社 2017 年版。

23. [法] 米歇尔·福柯：《规训与惩罚》，刘北成、杨远婴译，三联书店 1999 年版。

24. [法]米歇尔·福柯：《必须保卫社会》，钱翰译，上海人民出版社 1999 年版。

25. [法] 阿莱特·法尔热：《法国大革命前夕的舆论与谣言》，陈旻乐译，文汇出版社 2018 年版。

26. 东鸟：《网络战争：互联网改变世界简史》，九州出版社 2009 年版。

27. [法] 迪迪埃·埃里蓬：《回归故里》，王献译，上海文化出版社 2020 年版。

28. [加] 菲利普·N.霍华德：《卡斯特论媒介》，殷晓蓉译，中国传媒大学出版社 2019 年版。

29. [美] 玛丽·L.格雷、西达尔特·苏里：《销声匿迹：数字化工作的真正未来》，左安浦译，上海人民出版社 2020 年版。

30. [美] 格雷格·卢金诺夫、乔纳森·海特：《娇惯的心灵："钢铁"是怎么没有练成的?》，田雷、苏心译，生活·读书·新知三联书店 2020 年版。

31. [韩]康在镐：《本雅明论媒介》，孙一洲译，中国传媒大学出版社 2019 年版。

32. [美] 梅罗维茨：《消失的地域：电子媒介对社会行为的影响》，肖志军译，清华大学出版社 2002 年版。

33. 项飙：《跨越边境的社区：北京浙江村的生活史》，生活·读书·新知三联书店 2018 年版。

34. [德] 沃尔夫冈·希弗尔布施：《铁道之旅：19 世纪空间与时间的工业化》，金毅译，上海人民出版社 2018 年版。

35. [美] C.赖特·米尔斯：《社会学的想象力》，陈强、张永强译，生活·读书·新知三联书店 2012 年版。

36. [美] 迈克尔·舒德森：《新闻社会学》，徐桂权译，华夏出版社 2010 年版。

37. [美] 盖伊·塔奇曼：《做新闻》，麻争旗、刘笑盈、徐杨译，华夏出版社 2008 年版。

38.[荷] 梵·迪克:《作为话语的新闻》,曾庆香译,华夏出版社 2003 年版。

39.[美] 盖伊·彼得斯:《政府未来的治理模式》,吴爱民、夏宏图译,中国人民大学出版社 2013 年版。

40.[美] 彼得·L.伯格:《与社会学同游:人文主义的视角》,何道宽译,北京大学出版社 2014 年版。

41.孙柏瑛:《当代地方治理》,中国人民大学出版社 2004 年版。

42.李河:《得乐园,失乐园:网络与文明的传说》,中国人民大学出版社 1997 年版。

43.[美] 马克·格兰诺维特:《镶嵌:社会网与经济行动》,罗家德译,社会科学文献出版社 2007 年版。

44.[美] 克利福德·格尔茨:《文化的解释》,韩莉译,译林出版社 1999 年版。

45.刘北成:《福柯思想肖像》,北京师范大学出版社 1995 年版。

46.[德] 阿诺德·盖伦:《技术时代的人类心灵:工业社会的社会心理问题》,何兆武、何冰译,上海世纪出版集团 2008 年版。

47.韩鸿:《参与式影像与参与式传播》,电子科技大学出版社 2012 年版。

48.[美] 曼纽尔·卡斯特:《网络社会的崛起》,夏铸九等译,社会科学文献出版社 2001 年版。

49.[美] 乔尔·查农:《一个社会学家的十堂公开课》,王娅译,北京大学出版社 2018 年版。

50.[德] 卡尔·曼海姆:《重建时代的人与社会:现代社会机构研究》,张旅平译,北京联合出版公司 2013 年版。

51.[法] 皮埃尔·布尔迪厄:《世界的苦难:布尔迪厄的社会调查》,张祖建译,中国人民大学出版社 2017 年版。

52.[美] 亨利·詹金斯:《文本盗猎者:电视粉丝与参与式文化》,郑熙青译,北京大学出版社 2016 年版。

53. Lucas, G., *Deciding What's True: The Rise of Political Fact-Checking in American Journalism*, NY:Columbia University Press, 2016.

二、论文

1.费孝通:《从马林诺斯基老师学习〈文化论〉的体会》,《北京大学学报(哲学社会科学版)》1995 年第 6 期。

2.王寅丽、陈君华:《浮在水面的潜流》,《华东师范大学学报(哲学与社会科学版)》1998 年第 6 期。

3.陈力丹:《核实事实,不采用无消息源的新闻》,《新闻与写作》2015 年第 7 期。

4. 王君超、叶雨阳：《西方媒体的"事实核查"制度及其借鉴意义》，《新闻记者》2015 年第 8 期。

5. 郑晓迪：《西方新闻事实核查的研究与应用成果引介》，《编辑之友》2018 年第 1 期。

6. 万小广：《事实核查类新闻初创项目的启示》，《传媒评论》2014 年第 11 期。

7. 史安斌、饶庆星：《事实核查类新闻的兴起：救赎还是纵容？》，《青年记者》2016 年第 16 期。

8. 张海华、陈嘉婕：《美国事实核查网站的经验与启示》，《现代传播》2012 年第 3 期。

9. 虞鑫、陈昌凤：《美国事实核查新闻的生产逻辑与效果困境》，《新闻大学》2016 年第 4 期。

10. 周睿鸣、刘于思：《客观事实已经无效了吗？——"后真相"语境下事实查验的发展、效果与未来》，《新闻记者》2017 年第 1 期。

11. 李智、孙翔：《大数据背景下涉华报道事实核查及应用探析》，《中国报业》2015 年第 12 期。

12. 丘濂：《解密德国〈明镜〉周刊的事实核查部》，《中国记者》2013 年第 11 期。

13. 王思斌：《中国社会工作的嵌入性发展》，《社会科学战线》2011 年第 2 期。

14. 叶铁桥：《内容工业流水线上的年轻人》，《青年记者》2017 年 5 月下。

15. 陈锋：《论基层政权的"嵌入式治理"——基于鲁中东村的实地调研》，《青年研究》2011 年第 1 期。

16. 江飞：《场景研究：虚拟民族志的逻辑原点》，《学海》2017 年第 2 期。

17. 夏建中：《治理理论的特点与社区治理研究》，《黑龙江社会科学》2010 年第 2 期。

18. 吴毅：《何以个案，为何叙述》，《探索与争鸣》2007 年第 4 期。

19. 牛静、黄彩莉：《事实核查新闻的创新实践及其评价》，《新闻爱好者》2018 年第 12 期。

20. 张滋宜、金兼斌：《西方媒体事实核查新闻的特点与趋势》，《中国记者》2017 年第 2 期。

21. 雷晓艳：《事实核查的国际实践：逻辑依据、主导模式和中国启示》，《新闻界》2018 年第 12 期。

22. 张田田：《真相是"后真相"时代的解药吗？——"后真相"语境下事实核查新闻的发展与挑战》，《新闻战线》2019 年第 1 期。

23. 韩鸿：《参与式影像与参与式传播——发展传播视野中的中国参与式影像研究》，《新闻大学》2007 年第 4 期。

24.朱健刚、陈安娜：《嵌入中的专业社会工作与街区权力关系：对一个政府购买服务项目的个案分析》，《社会学研究》2013年第1期。

25.谈小燕：《以社区为本的参与式治理：制度主义视角下的城市基层治理创新》，《新视野》2020年第8期。

26.陈宇琳等：《社区参与式规划的实现途径初探——以北京"新清河实验"为例》，《城市规划学刊》2020年第1期。

27.管兵：《竞争性与反向嵌入性：政府购买服务与社会组织发展》，《公共管理学报》2015年第3期。

28.王思斌、阮曾媛琪：《和谐社会建设背景下的中国社会工作发展》，《中国社会科学》2009年第5期。

29.边防、吕斌：《转型期中国城市多元参与式社区治理模式研究》，《城市规划》2019年第11期。

30.陈书洁、张汝立：《政府购买服务发展的障碍——一个"嵌入"视角的分析》，《北京师范大学学报（社会科学版）》2016年第6期。

31.马全中：《政府向社会组织购买服务的"内卷化"及其矫正——基于B市G区购买服务的经验分析》，《求实》2017年第4期。

32.王志华：《论政府向社会组织购买公共服务的体制嵌入》，《求索》2012年第2期。

33.刘帅顺、张汝立：《嵌入式治理：社会组织参与社区治理的一个解释框架》，《理论月刊》2020年第5期。

34.周忠丽：《比较政治学研究中的个案方法：特征、类型及应用》，《比较政治学研究》2011年第2期。

35.王宁：《代表性还是典型性？——个案的属性与个案研究方法的逻辑基础》，《社会学研究》2002年第5期。

36.王富伟：《个案研究的意义和限度——基于知识的增长》，《社会学研究》2012年第5期。

37.郭建斌、张薇：《"民族志"与"网络民族志"：变与不变》，《南京社会科学》2017年第5期。

38.任珏：《身体的在场：网络民族志的性别反身性》，《新闻大学》2014年第2期。

39.王铭铭：《格尔兹的解释人类学》，《教学与研究》1999年第4期。

40.童俊：《五问：网络媒体如何做好新闻求证?》，《新闻战线》2011年第7期。

41.蓝鸿文：《用事实戳穿谣言——析邓小平口授消息 蒋方捏造"负伤""牺牲"谣言 刘伯承将军一笑置之》，《军事记者》2003年第9期。

42. 马昌豹、李勇华：《研究澄清性新闻　屏蔽干扰信息》，《中国记者》2007年第9期。

43. Yerkovich, "Gossing as a Way of Speaking", *Journal of Communication*, 1977, No.1, pp.192, 145.

44. Amazeen, M. A., "Revisiting the Epistemology of Fact-Checking", *Critical Review,* 2015, 27（1），pp. 1-22.

三、报刊资源

《时代周报》《南方周末》《人民日报》《新京报》《扬子晚报》《南方都市报》《新华社每日电讯》《天府早报》《河南商报》《南都周刊》《科技日报》《成都商报》《北京青年报》《羊城晚报》《青年时报》等。

四、互联网资源

1. 中国网信网：http://www.cac.gov.cn/2017-05/03/c_1120907226.htm。

2. 果壳网"谣言粉碎机"栏目：https://www.guokr.com/article/437589/。

3. 搜狐网"谣言终结者"栏目：http://news.sohu.com/s2014/yaoyan-117/。

4. 腾讯网"较真"栏目：https://fact.qq.com/。

5. 半岛网：http://news.bandao.cn/subject/68.html。

6. 央视网：http://news.cntv.cn/dujia/truthfinding/all/index.shtml。

7. 人民网：http://society.people.com.cn/GB/229589/index.html。

8. 中国网：http://www.china.com.cn/news/2011-08/09/content_23167793.htm。

9. 新浪网：http://finance.sina.com.cn/roll/20030710/0403363681.shtml。

10. 新浪微博：https://app.weibo.com/detail/2ytrYS。

11. 中国网络视听协会：http://www.cnsa.cn/index.php/infomation/dynamic_details/id/69/type/2.html。

12. 中国经济网：http://www.ce.cn/cysc/yy/yyzt/yyzt_338917/。

13. 重庆晨报"今日照谣镜"栏目：https://www.cqcb.com/serach.php?keyword=今日照谣镜。

14. 新华网：http://www.xinhuanet.com//politics/2016-07/04/c_129114015.htm。

15. 贵　阳 FM104 微　博：https://weibo.com/u/1985753051?profile_ftype=1&is_all=1&is_search=1&key_word= 照"谣"镜专栏 #_0。

16. 中国搜索：http://www.chinaso.com/home/contact.html。

17. 博客中国网：http://wangjipeng.blogchina.com/9611.html。

18. 浙江在线：http://yq.zjol.com.cn/yqjd/rdbd/201703/t20170324_3548703.shtml。

19. 国际在线：http://news.cri.cn/gb/3821/2004/09/22/143@307693.htm。

20. 中国新闻网：http://www.chinanews.com/sh/2014/05-13/6164750.shtml。

21. 环球网：https://china.huanqiu.com/article/9CaKrnJyYRP?w=280。

22. 中国发展网：http://cxzg.chinadevelopment.com.cn/xxh/2018/1015/1370915.shtml。

23. B 站：https://www.bilibili.com/video/BV1Zs411o7gy/?spm_id_from=333.788.videocard.0。

24. 猎云网：https://www.lieyunwang.com/archives/446451。

25. 每日财经网：https://www.mrcjcn.com/n/275205.html。

26. 澎湃新闻：https://www.thepaper.cn/newsDetail_forward_2062256。

27. 上观网：https://www.jfdaily.com/news/detail?id=59461。

28. 深圳互联网学会：https://www.isz.org.cn/news/redianhuati/2/6481.html。

29. 中国青年网：http://d.youth.cn/newtech/201906/t20190606_11975941.htm。

30. 西部网：http://news.cnwest.com/content/2017-07/28/content_15213373.htm。

31. 中国互联网联合辟谣平台：

http://www.piyao.org.cn/2019-02/15/c_1210059978.htm。

32. 虎嗅网：https://m.huxiu.com/article/278589.html。

33. 全媒观：http://www.anyv.net/index.php/article-887929。

34.《华盛顿邮报》事实核查专栏：

http://www.washingtonpost.com/blogs/fact-checker/about-the-fact-checker/。

35. Politi Fact 网站：

http://www.Politi Fact.com/truth-o-meter/article/2013/nov/01/principles-Politi Fact-punditfact-and-truth-o-meter/。

36. 明镜在线网：

http://www.spiegelgruppe.de/spiegelgruppe/home.nsf/Navigation/45CA3E395B329908C12573FC0038E5B2?OpenDocument。

37. digiday 网站：http://digiday.com/publishers/5-new-automated-fact-checking-projects-underway/。

五、学位论文

1. 颜霞：《〈新闻大求真〉的现状与发展路径研究》，湖南师范大学硕士学位论文，2018 年。

2. 姚琼：《基于风险社会视角的社交媒体健康信息事实核查研究》，华南理工大学硕士学位论文，2019 年。

3. 李雪：《美国事实核查新闻研究》，四川省社科院硕士学位论文，2018 年。

4. Lucas Graves, *Deciding What's True:Fact-Checking Journalism and the New Ecology of News*, 2013, Columbia University.

5. Amanda Wintersieck, *The Rise and Impact of Fact-Checking in U.S. Campaigns*, 2015, Arizona State University.

后　记

　　春天到来了，住所前的杏花、桃花、樱花还有丁香次第绽放，我也终于能搁下手中的笔去欣赏它们了，晚上走在小区里，能看到一排樱花寂寞开无主。之前我曾琢磨过一个问题，它们这样年复一年地在春天绚烂一段时间，又何尝不是一种单调与乏味？真正震撼我的是2020年的春天，经过一个从来没有遭遇过的严冬，疫情之后，如期见到了这些熟悉的花，竟然激动不已，不禁感慨，四季流转，不管怎样的境遇，很多东西我们都是留不住的。

　　对网络内容进行把关是一个重要的时代命题，我先后主持了与此有关的一些省部级和国家级的课题，在研究的过程中，我越来越感觉到，实践中的一些措施，其实都是传统媒体中的事实核查在主体、空间、手段和对象等层面的兜兜转转所致。本书从构思到成型，大概用了两年半的时间，有七个月的时间，我基本进入一种心无旁骛的状态，生活的主线就是教学和写作，这要感谢我的爱人吴兰兰，在无人帮衬还要顾及自己工作的情况下，她肩负起照顾两个孩子的重任，日子就这么一天天过来了。感谢陕西师范大学新闻与传播学院的领导对我工作和生活的关心，感谢我的博导、复旦大学新闻学院的刘海贵教授，刘老师温润如玉，乃谦谦君子，他的一言一行都影响着我。感谢我的硕导、兰州大学新闻与传播学院的樊亚平教授，在治学上，我一直在以他为榜样。感谢人民出版社的陆丽云老师，每次和她沟通，既能感受到她的干练，同时还能感觉到亲切。还要感谢陕西师范大学新闻与传播学院的诸多师友……需要感谢的人太多，在此一并谢过。我的研究生雷丹、孟宇、刘璐、黄琳婧、陈恒、王江川参与了本书的校对工作，田紫嫣参与第七章第一节的资料搜集工作。

由于本人的学识和能力有限，本书难免存在一些瑕疵，恳请读者诸君能提出更多的批评和建议，如果这些不足能起到抛砖引玉之功效，那更是让人欣慰。

2022 年 3 月 27 日午夜

责任编辑：陆丽云

封面设计：曹　春

图书在版编目（CIP）数据

互联网时代的事实核查嬗变研究／郭栋　著 . — 北京：人民出版社，2022.6

ISBN 978 - 7 - 01 - 023877 - 7

I.①互…　II.①郭…　III.①新闻学－传播学　IV.① G210

中国版本图书馆 CIP 数据核字（2021）第 208740 号

互联网时代的事实核查嬗变研究

HULIANWANG SHIDAI DE SHISHI HECHA SHANBIAN YANJIU

郭　栋　著

人民出版社 出版发行

（100706　北京市东城区隆福寺街 99 号）

北京汇林印务有限公司印刷　新华书店经销

2022 年 6 月第 1 版　2022 年 6 月北京第 1 次印刷

开本：710 毫米 ×1000 毫米 1/16　印张：21

字数：270 千字

ISBN 978 - 7 - 01 - 023877 - 7　定价：98.00 元

邮购地址 100706　北京市东城区隆福寺街 99 号

人民东方图书销售中心　电话（010）65250042　65289539